HANS-HENNING KORTÜM

RICHER VON SAINT-REMI

HISTORISCHE FORSCHUNGEN

IM AUFTRAG DER HISTORISCHEN KOMMISSION DER AKADEMIE DER
WISSENSCHAFTEN UND DER LITERATUR

HERAUSGEGEBEN VON

KARL ERICH BORN UND HARALD ZIMMERMANN

BAND VIII

FRANZ STEINER VERLAG WIESBADEN GMBH

STUTTGART 1985

RICHER VON SAINT-REMI

STUDIEN ZU EINEM GESCHICHTSSCHREIBER
DES 10. JAHRHUNDERTS

VON

HANS-HENNING KORTÜM

FRANZ STEINER VERLAG WIESBADEN GMBH

STUTTGART 1985

Gefördert durch das
Bundesministerium für Forschung und Technologie, Bonn,
und das Hessische Ministerium für Wissenschaft und Kunst, Wiesbaden

CIP-Kurztitelaufnahme der Deutschen Bibliothek

Kortüm, Hans-Henning:
Richer von Saint-Remi : Studien zu e.
Geschichtsschreiber d. 10. Jh. / von Hans-Henning
Kortüm. – Stuttgart : Steiner-Verlag-Wiesbaden-GmbH,
1985.
   (Historische Forschungen ; Bd. 8)
   ISBN 3-515-04288-1
NE: GT

Satz und Druck: Rheinhessische Druckwerkstätte, Alzey
Printed in Germany

Handschriftprobe des Umschlages aus dem Autograph von Richers *Historiarum libri IIII* (Buch IV cap. 50,
ed. Latouche Bd. 2, S. 224), Bamberg, Staatsbibliothek Msc. Hist. 5, fol. 49^r.

Inhaltsverzeichnis

Einleitung

„Das Bekümmernde bei Richer ist, daß er nicht nur kein Historiker für die ‚Fakten'
war, sondern auch für die Denkweise seiner Zeit nicht repräsentativ ist, und für ihre Institutionen nur mit äußerster Vorsicht herangezogen werden darf." – Solch pessimisti-
sches Urteil aus berufenem Mund[1] ist keine Ermutigung, sich mit diesem französischen
Geschichtsschreiber des ausgehenden zehnten Jahrhunderts näher zu befassen.[2] Und es
zwingt ganz sicherlich zur Rechtfertigung, warum dennoch dessen Werk im Mittelpunkt
einer Untersuchung stehen soll. Dabei ist die überwiegend negative Einschätzung Richers nicht etwa erst ein Ergebnis der jüngeren Forschung. Bei näherer Betrachtung zeigt
sich, daß diese Meinung bis in die erste Hälfte des 19. Jahrhunderts zurückreicht und,
wenn auch nicht in dieser Schärfe, bereits von Richers erstem Herausgeber, Georg Heinrich Pertz, geteilt wurde.[3] Die Palette der von der Forschung vertretenen Ansichten[4]

---

[1] K. F. WERNER, Rezension zu G. A. BEZZOLA, Das ottonische Kaisertum in der französischen Geschichtsschreibung des 10. und beginnenden 11. Jahrhunderts (= Veröffentlichungen des Instituts für
österr. Geschichtsforschung Bd. 18), Köln–Graz 1956, in: HZ 190 (1960), S. 577.

[2] Dem Verdikt K. F. Werners zum Trotz bedauerte das Fehlen einer „ausführliche(n) Würdigung Richers" B. SCHNEIDMÜLLER, Karolingische Tradition und frühes französisches Königtum (= Frankfurter Historische Abhandlungen Bd. 22), Wiesbaden 1979, S. 53 Anm. 23.

[3] Vgl. die Einleitung von G. H. Pertz in der von ihm besorgten Monumenta-Ausgabe SS 3, S. 563.

[4] Einen kurzen Überblick über die ältere Forschung findet sich bei W. WATTENBACH – R. HOLTZMANN,
Deutschlands Geschichtsquellen im Mittelalter. Die Zeit der Sachsen und Salier I, Neuausgabe besorgt von
F.-J. SCHMALE, Köln–Wien 1967, S. 299 f.; vgl. ferner ausführlich BEZZOLA, Ottonisches Kaisertum,
S. 109 ff. und zuletzt SCHNEIDMÜLLER, Karolingische Tradition, S. 52 f. Weitgehend unbekannt blieb die
nur als Dissertationsdruck erschienene Arbeit von W. GIESE, „Genus" und „Virtus". Studien zum Geschichtswerk des Richer von St. Remi. Diss. Augsburg 1971. – Die älteren Arbeiten, die vielfach noch in
der zweiten Hälfte des 19. Jahrhunderts entstanden sind, haben sich vor allem mit dem bei Richer deutlich
feststellbaren „nationalen" Einschlag seines Geschichtswerkes auseinandergesetzt, vgl. dazu am ausführlichsten BEZZOLA, Ottonisches Kaisertum, S. 109 ff. Die besondere Sensibilität, die man in jener Zeit nationalen
Fragen gegenüber an den Tag legte, hat für manch schrillen Ton in der wissenschaftlichen Diskussion zwischen deutschen und französischen Historikern gesorgt, die durch den nationalen Gegensatz besonders belastet war. Auch in den vierziger Jahren des 20. Jahrhunderts wandte man sich noch einmal erneut diesem
Problem zu; erinnert sei in diesem Zusammenhang nur an P. KIRN, Aus der Frühzeit des Nationalgefühls,
Leipzig 1943, S. 41 ff., der Richer „ein bis ins Krankhafte gesteigertes Nationalgefühl" attestierte. Die
Entwicklung nach dem 2. Weltkrieg ist demgegenüber von einer erfreulichen Emotionslosigkeit gekennzeichnet, wenngleich auch der Versuch BEZZOLAS, in einer gewissen Gegenreaktion zu früher vertretenen
Thesen Richer von einem „Nationalgefühl" fast vollständig freizusprechen, in der Forschung keinen An-
klang gefunden hat; vgl. die Meinung von P. CLASSEN, Die Verträge von Verdun und von Coulaines 843
als politische Grundlagen des westfränkischen Reiches, in: HZ 196 (1963), S. 3, und jüngst hat man Ri-

über den historischen Wert von Richers Geschichtsschreibung ist freilich bunter, als man zunächst annehmen möchte. So haben gerade in jüngster Zeit Untersuchungen das Bild von Richer wieder etwas freundlicher gezeichnet und seinen Quellenwert für so wichtige Themen wie die mittelalterliche Schul-[5], Bildungs-[6] und Verfassungsgeschichte[7] betont. An der insgesamt eher negativen Einschätzung Richers haben sie jedoch nichts Wesentliches zu ändern vermocht. Das Mißtrauen, das man Richer gegenüber an den Tag legte und legt, stützt sich nicht zuletzt darauf, wie Richer mit seiner wichtigsten Quelle, den Annalen Flodoards umging, die er, scheinbar bedenkenlos, abänderte oder durch eigene, höchst zweifelhaft klingende Nachrichten ergänzte. Insbesondere der Vergleich mit Flodoard als dem allseits anerkannten Muster an historischer Treue und Glaubwürdigkeit[8] mußte Richer in den Augen moderner Historiker diskreditieren. Seine Bestätigung findet dieses Mißtrauen auch in den Ergebnissen der neueren Verfassungsgeschichte, der es mit ihren verfeinerten Methoden gelang, die Haltlosigkeit so mancher Richer'scher Aussa-

---

chers Werk dankbar zur Illustration eines „wichtigen Elementes nationaler Differenzierung", gemeint war die Sprache, herangezogen, vgl. W. SCHLESINGER, Die Entstehung der Nationen, *in*: Aspekte der Nationenbildung im Mittelalter. Nationes, Bd. 1, Historische und philologische Untersuchungen z. Entstehung der europ. Nationen im Mittelalter, hg. v. H. Beumann u. W. Schröder, Sigmaringen 1978, S. 53; besonderes Interesse fand das Werk Richers, das „an die historiographische Blüte der Karolinger- oder Ottonenzeit erinnert", auch bei B. SCHNEIDMÜLLER, Französisches Sonderbewußtsein in der politisch-geographischen Terminologie des 10. Jahrhunderts, *in*: Beiträge zur Bildung der französischen Nation im Früh- und Hochmittelalter. Nationes, Bd. 4, hg. v. H. Beumann, Sigmaringen 1983, S. 49–81. In einer eingehenden Analyse wird das Bemühen Richers geschildert, eine Geschichte Galliens und der Gallier zu schreiben, das vor dem Hintergrund der „historiographischen Konzeption Richers" verstanden werden müsse: „Die Imperialisierung der gallischen Königsherrschaft hatte eine legitimierende Funktion für die westfränkische Monarchie des späten 10. Jahrhunderts, war doch scheinbar Karl III. als Vorgänger der regierenden Könige noch Herr über den gesamten nordalpinen und britischen Raum gewesen. – Die Umdeutung der fränkischen in eine gallische Tradition war zudem in der Lage, die Rückschläge der fränkischen Geschichte im 9. Jahrhundert zu kaschieren, denn der Verweis auf einen gallischen Bezugsrahmen westfränkischer Herrschaft war zu Zeiten Richers realistisch" (ebd. S. 85). Nach der Überzeugung Schneidmüllers „deutete die Richersche Geschichtsschreibung . . . bereits auf ein modernes Frankreichbewußtsein mit seinen natürlichen Grenzen hin" (ebd. S. 85).

[5] Vgl. G. GLAUCHE, Schullektüre im Mittelalter, Entstehung und Wandlungen des Lektürekanons bis 1200 nach den Quellen dargestellt (= Münchner Beiträge zur Mediaevistik und Renaissance-Forschung Bd. 5), München 1970, S. 63 ff.; ders., Die Rolle der Schulautoren im Unterricht von 800–1100, *in*: SSCI Bd. 19, Spoleto 1972, S. 623–624.

[6] U. LINDGREN, Gerbert von Aurillac und das Quadrivium. Wiesbaden 1976; zur Bedeutung der Medizin bei Richer vgl. L. C. MACKINNEY, Tenth Century Medicine as seen in the Historia of Richer of Rheims, *in*: Bulletin of the Institute of History of Medicine, Johns Hopkins University, 2 (1934), S. 347–375.

[7] So unterstreicht Richers Quellenwert für die Königserhebung von Hugo Capet U. REULING, Die Kur in Deutschland und Frankreich (= Veröffentlichungen des Max-Planck-Instituts für Geschichte Bd. 64), Göttingen 1979, S. 86.

[8] Zu Flodoard vgl. P. C. JACOBSEN, Flodoard von Reims. Sein Leben und seine Dichtung „De triumphis Christi" (= Mittelrheinische Studien und Texte Bd. 10), Leiden–Köln 1978; zum Unterschied der historiographischen Konzeption von Flodoard und Richer vgl. ebd., S. 84.

gen zu beweisen.[9] Was für Richer freilich in besonderem Maße zutrifft, gilt für die mittelalterliche Geschichtsschreibung ganz allgemein: als „Traditionsquelle" wird sie, was die Präzision und Zuverlässigkeit ihrer Aussagen angeht, notwendigerweise immer hinter den urkundlichen Zeugnissen zurückbleiben. Reichen geschichtlichen Erkenntniswert verspricht hingegen das Verfahren, die Historiographie ihrerseits, um die DROYSEN-BERNHEIM'sche Terminologie aufzunehmen, als Überrest" zu deuten. Eine so verstandene mittelalterliche Geschichtsschreibung kann damit ganz wesentlich zur Erhellung mittelalterlicher Geistes- und Ideengeschichte beitragen.[10] Für Frankreich ist in diesem Zusammenhang vor allem an die Schule der Annales und einen ihrer bedeutendsten mediaevistischen Vertreter, an G. DUBY zu erinnern, dessen Arbeiten[11] auch östlich des Rheins auf großes Interesse stoßen.[12] Deutliches Zeichen dieser Beeinflussung aus dem Nachbarland ist die verstärkte Verwendung des Mentalitätsbegriffes[13], von dem man gesagt hat, daß er „längst ein Wort der Umgangssprache geworden sei."[14]

Die Schwierigkeiten, auf die eine genaue Definition des Mentalitätsbegriffes stößt[15], sind freilich dazu angetan, alte Vorbehalte gegenüber der Geistes- und Ideengeschichte aufs neue zu bestätigen. Die gewisse begriffliche Unschärfe, die dem Mentalitätsbegriff anhaftet, stellt jedoch nicht unbedingt einen Nachteil dar. Nicht zuletzt in der Weite eines Begriffes kann seine Stärke liegen.

Freilich ist die Erforschung der Mentalität längst vergangener Zeiten schwierig. Denn dem Historiker stehen im Gegensatz zur heutigen Sozialpsychologie moderne Untersuchungsmethoden und Hilfsmittel nicht zur Verfügung. Die Untersuchung mittelalterlicher Denkweisen wird zudem erschwert durch die häufig geringe Zahl der Quellen, ihren oft dürftigen Aussagewert, ihre Gebundenheit an literarische Muster und Formeln.

---

[9] Vgl. insbesondere K. F. WERNER, Untersuchungen zur Frühzeit des französischen Fürstentums (9.–10. Jahrhundert), *in*: WaG Bd. 20 (1960), S. 118 f.

[10] Vgl. H. BEUMANN, Die Historiographie des Mittelalters als Quelle für die Ideengeschichte des Königtums, HZ 180 (1955), S. 449–488; Neudruck: H. Beumann, Ideengeschichtliche Studien zu Einhard und anderen Geschichtsschreibern des frühen Mittelalters, Darmstadt 1962, S. 41–79; Neudruck: H. Beumann, Wissenschaft vom Mittelalter, Köln–Wien 1972, S. 201–240; K. G. FABER, Theorie der Geschichtswissenschaft, München ⁵1982, S. 114 ff., S. 148 ff.; H.-I. MARROU, Über die historische Erkenntnis, übersetzt aus dem Französischen von C. Beumann, Freiburg/München 1973, S. 89 f., S. 148 ff

[11] Grundlegend ist in diesem Zusammenhang der Aufsatz von G. DUBY, Histoire des Mentalités, *in*: L'Histoire et ses Méthodes, ed. Ch. Samaran, Paris 1961, S. 947–965; als jüngste Arbeit, die sich diesem Ansatz verpflichtet fühlt, vgl. G. DUBY, Les trois ordres ou l'imaginaire du féodalisme, Paris 1978; deutsche Übersetzung: G. Duby, Die drei Ordnungen. Das Weltbild des Feudalismus. Frankfurt 1981. – Zu Duby und seinem Ansatz vgl. O. G. OEXLE, Die ‚Wirklichkeit' und das ‚Wissen'. Ein Blick auf das sozialgeschichtliche Œuvre von Georges Duby, *in*: HZ 232 (1981), S. 61–91.

[12] Auf Duby und seinen Mentalitätsbegriff hat sich auch ausdrücklich berufen H. LÖWE, Von Cassiodor zu Dante, Berlin–New York 1973, S. 2.

[13] „Eine fast schon inflationäre Verwendung des Wortes ‚Mentalität'" registrierte OEXLE, Die ‚Wirklichkeit' und das ‚Wissen', S. 87.

[14] So G. TELLENBACH, Mentalität, *in*: Festschrift C. Bauer, 1974, S. 17; Ndr.: M. KERNER (Hg.): Ideologie und Herrschaft im Mittelalter (= Wege d. Forschung Bd. 530), Darmstadt 1982, S. 385–407.

[15] Dazu ausführlich TELLENBACH, Mentalität, in: Festschrift Bauer, S. 17–22.

4 Einleitung

Es gibt daher, wie man zu Recht gesagt hat, keine „Patentrezepte".[16] Man wird vielmehr jeweils eine dem Untersuchungsgegenstand angemessene Methode wählen. Das heißt im Fall der mittelalterlichen Geschichtsschreibung, daß man verstärkt auf sprachliche Kriterien wird achten müssen. So haben sich insbesondere semantische Verfahren wie etwa die Wortschatzanalyse als erfolgreich erwiesen.[17] In der Auswahl, die der mittelalterliche Autor zumeist unreflektiert aus dem ihm zur Verfügung stehenden Wortschatz trifft, in der Wiederkehr zentraler Kategorien dokumentiert sich zugleich seine Sicht der Welt, seine Denkweise, seine „Mentalität". Das gilt, wie noch zu zeigen sein wird, auch für den vorliegenden Fall, das Geschichtswerk des Richer von St-Remi. Bei ihm können wir feststellen, wie ein wichtiger Begriff der Philosophie- und Bildungsgeschichte am Ende des 10. Jahrhunderts unversehens eine andere Bedeutung gewonnen hat, als er sie noch zu Ende des 8. Jahrhunderts besessen hatte.[18] So wird sprachlicher Wandel zum sichtbaren Ausdruck geistigen Wandels. Der Mentalitätsänderung entspricht die Bedeutungsänderung.

Ganz entscheidend wird die Mentalität des einzelnen Individuums von seinen äußeren Lebensumständen geprägt. Daher werden wir, ehe wir uns dem Werk unmittelbar zuwenden, einen Blick auf die allgemeine politische Situation jener Zeit werfen, in der Richer gelebt und gearbeitet hat.[19] Man wird insbesondere auch die soziale Herkunft, das geistig-kulturelle Umfeld näher betrachten müssen: Welcher Schicht entstammte unser Autor? Wie sieht sein persönlicher Lebensraum aus? Mit welchen Personen ist er zusammengekommen?[20] Die Beantwortung solcher und ähnlicher Fragen wird uns helfen, das „Weltbild" Richers, seine Sicht der Dinge besser zu verstehen. Um nur ein Beispiel vorab zu geben: So ist in Richers Augen der Ortsbischof der geeignete und rechtlich auch zuständige Mann zur Durchsetzung mönchischer Reformideen.[21] Diese Einstellung Richers läßt sich ganz sicher mit seiner Herkunft aus dem Kloster St-Remi erklären. Denn im Gegensatz etwa zu Fleury, das zur selben Zeit seine immer wieder angefochtene Selbständigkeit gegen den Diözesanbischof erkämpft, behauptet sich in Reims das episkopale Selbstbewußtsein mit seinem Führungsanspruch unangefochten.[22]

Die Angemessenheit der Methode wird sich insbesondere auch darin zeigen müssen, inwieweit sie die formale Eigenständigkeit der Geschichtsschreibung respektiert. Das heißt: eine Untersuchung hat die Tatsache zu beachten, daß es sich bei der Historiographie immer auch um ein Stück Literatur handelt. Das gilt besonders für den vorliegenden Fall, in dem der Autor selbst ausdrücklich diesen literarischen Anspruch erhoben hat.[23] Seine Beachtung bedeutet nicht nur, daß man die Intention des Autors ernst nimmt, sondern sie hilft zugleich auch zu einem besseren Verständnis seines Werkes. So enthüllt sich

---

[16] LÖWE, Von Cassiodor zu Dante, S. 3.
[17] Vgl. DUBY, Histoire des Mentalités, S. 953–957.
[18] Vgl. Kapitel 8 § 2: Philosophenstreit.
[19] Vgl. Kapitel 4: Die politische Lage in Reims am Ende des 10. Jahrhunderts.
[20] Vgl. Kapitel 2: Zur Person des Autors.
[21] Vgl. Kapitel 7 § 1: „Ecclesia" zwischen Tradition und Reform.
[22] Vgl. Anm. 20.
[23] Vgl. Kapitel 9 § 1: Zur Interpretation des Prologs.

manche Eigentümlichkeit, die man dem mangelnden historischen Verständnis des Autors zuschreiben möchte, als bewußter literarischer Formwillen.[24]

Es soll nicht geleugnet werden, daß diese generelle, bereits in der Antike feststellbare Nähe von Geschichtsschreibung und Literatur[25] die Rekonstruktion des historischen Geschehens erschwert, wenn nicht gar unmöglich macht. Jede Kritik hat aber zu bedenken, daß der Geschichtsschreiber mit literarischen Ambitionen unter einem doppelten Anspruch steht, er muß informieren wie unterhalten.[26] Daß sich Richer als ein Vertreter der rhetorischen Geschichtsschreibung verstärkt dem Gedanken der „delectatio" verpflichtet fühlte, ist darüber hinaus gerade im vorliegenden Fall kein Nachteil. Denn es geht uns ja gerade nicht um die genaue Feststellung des historischen Ablaufs. Uns interessiert vielmehr seine Mentalität und die seiner Zeit. Und dabei wird sich die Nähe von Richers Geschichtsschreibung zur Dichtung[27] als besonders hilfreich erweisen. Denn man hat zurecht betont, daß „gerade bei der zwischen unbewußten und bewußten Schichten der Seele beheimateten Mentalität . . . Dichtung mit ihrem Spürsinn für diese Bereiche oft hilfreich sein (kann)".[28] – So werden sich bei unserer Untersuchung jene Erzählungen Richers als besonders aussagekräftig erweisen, die, wie etwa die eingeschobene Anekdote[29] oder die fingierte Rede, ihren Ursprung weniger in der historischen Realität als vielmehr im dichterischen Gestaltungswillen des Autors haben. Auch wenn sie, historisch betrachtet, nicht wahr sind, so können sie doch in einem anderen, höheren Sinn „wahr" sein, wie es auch in jener oftmals zitierten Einschätzung einer Anekdote, die, wenn schon nicht wahr, so doch jedenfalls gut erfunden sei, zum Ausdruck kommt. Das bedeutet nicht, daß eine literarisch orientierte Geschichtsschreibung sich nicht der historischen Wahrheit verpflichtet fühlen würde. Ihre gleichzeitige Bindung an formalästhetische Kategorien (ver)führt sie dazu, nicht allein „Wahres", sondern vor allem auch „Wahrscheinliches" zu berichten. Das Gebot der historischen „veritas" kann in den Augen des rhetorischen Geschichtsschreibers auch durch die „verisimilitas" erfüllt werden.

---

[24] Vgl. Kapitel 3: Das Werk und seine Quellen.

[25] Vgl. Kapitel 9 § 5: Exkurs: Bemerkungen zum Verhältnis zwischen Rhetorik und Geschichtsschreibung.

[26] Vgl. Anm. 25.

[27] Über die Gefahren, welche die ästhetische Orientierung für die Geschichte mit sich bringen kann, vgl. die prägnanten Formulierungen von Siegfried Kracauer (1889–1966), der, von der Öffentlichkeit weitgehend unbemerkt, außer durch seine kulturphilosophischen und filmanalytischen Arbeiten auch als bedeutender Geschichtstheoretiker hervorgetreten ist: „Doch ist dem ästhetischen Bestreben des Historikers eine Grenze gesetzt, eine Schwelle, über die hinaus es auf seine wesentliche Tätigkeit übergriffe . . . Sobald der Historiker auch noch den Status des Künstlers anstrebt – um sich die Freiheit des Künstlers anzumaßen, sein Material in Übereinstimmung mit seiner Vision zu formen – wird Schönheit als unbeabsichtigte Wirkung seiner eigentlichen Untersuchungen verdrängt durch Schönheit als vorsätzliche Wirkung, und sein Triumph als Künstler ist dazu angetan, die Sache der Geschichte zu besiegen." (Vgl. S. Kracauer, Allgemeine Geschichte und ästhetischer Ansatz, in: S. Kracauer, Geschichte von den letzten Dingen, Frankfurt 1973, S. 204; zur Person von Kracauer vgl. das Vorwort ebd. von P. O. Kristeller, S. 7–12.)

[28] Tellenbach, Mentalität, in: Festschrift Bauer, S. 25.

[29] Zum Verhältnis von Geschichte und Anekdote vgl. H. P. Neureuther, Zur Theorie der Anekdote, in: Jahrbuch des Freien Deutschen Hochstifts 1973, S. 458–479.

Letztlich kann erst die Respektierung des literarischen Charakters zu einem tieferen Verständnis gerade der mittelalterlichen Historiographie führen.[30] Die vorliegende Untersuchung möchte dies am Beispiel eines oft gescholtenen Autors, am Beispiel Richers von St-Remi, versuchen. Sie fühlt sich damit insbesondere auch all jenen Arbeiten verpflichtet, die gerade in jüngerer und jüngster Zeit die mittelalterliche Geschichtsschreibung unmittelbar zum Gegenstand ihres Interesses gemacht haben.[31] Sie alle sind wichtige Bausteine zu einer Geschichte der mittelalterlichen Geschichtsschreibung, die man zwar seit den Zeiten von LUDWIG TRAUBE immer wieder gefordert hat, deren Erfüllung aber nach wie vor aussteht.

---

[30] „Die Schaffung einer diesbezüglichen Methodenlehre", um „die Eigenart ‚historiographischer' Überlieferung zu erkennen" forderte A. KUSTERNIG, Erzählende Quellen des Mittelalters, Wien/Köln 1982, S. 49.

[31] Vgl. zuletzt W. WULZ, Der spätstaufische Geschichtsschreiber Burchard von Ursberg. Persönlichkeit und historisch-politisches Weltbild. Diss. Tübingen 1982 (= Schriften zur westdeutschen Landeskunde Bd. 18), Stuttgart 1982.

1. Entstehung und Überlieferung

„Habent sua fata libelli". – Dies läßt sich mit Fug und Recht auch von den vier Büchern Geschichte des Richer von St-Remi sagen. Wie uns der Autor in seinem Prolog selbst mitgeteilt hat, verdanken sie ihre Entstehung einer Anregung des damaligen Reimser Erzbischofs Gerbert (991-996).[1] Da das Werk uns glücklicherweise als Autograph erhalten ist – ein für die lateinische Literatur des Mittelalters recht seltener Fall[2] – bietet sich die Chance, gleichsam einen Blick in die Werkstatt des Autors werfen zu können. So spielt bei der Frage, wie man sich die Entstehung des Werkes im einzelnen zu denken habe, der unterschiedliche Helligkeitsgrad der verwendeten Tinte eine entscheidende Rolle. Der Prolog, Buch 1 und 2, einschließlich Kapitel 78 sowie die annalistischen Notizen, welche die Jahre 995/996 betreffen und sich auf der Verso-Seite von fol. 57, dem letzten Codexblatt befinden, sind mit deutlich blasserer Farbe geschrieben als der Rest von Buch 2, Buch 3 und 4 sowie die zweite Hälfte der Notizen, welche die Jahre 996–998 betreffen und sich ebenfalls auf fol. 57[V] finden.[3] Gestützt auf diesen Befund will man das Vorgehen Richers wie folgt erklären[4]: zuerst habe Richer den Prolog, Buch 1 und 2 und die erste Hälfte der annalistischen Notizen verfaßt; dann habe er sein im Kapitel 78 von Buch 2 unterbrochenes Werk fortgesetzt, den ersten Teil des bereits geschriebenen Werkes korrigiert und die zweite Hälfte der annalistischen Notizen für die Jahre 996–998 verfaßt. Die Tatsache, daß Richer die im Prolog ausgesprochene Widmung an Gerbert als „Remorum archiepiscopo" nicht korrigiert hatte, obwohl er uns am Schluß seines Werkes noch von der Erhebung Gerberts zum Erzbischof von Ravenna berichtet hat[5], läßt vermuten, daß die Korrekturen noch vor dessen Wechsel auf den Ravennater Stuhl im August 998 abgeschlossen waren.[6] Noch vor dem Tode Papst Gre-

---

[1] „Gallorum congressibus in volumine regerendis imperii tui, pater sanctissime G(erberte), auctoritas seminarium dedit" (Latouche Bd. 1, S. 2).

[2] Vgl. P. LEHMANN, Autographe und Originale namhafter lateinischer Schriftsteller des Mittelalters, Zs. d. Deutschen Vereins für Buchwesen und Schrifttum Bd. 3 (1920), S. 6–10; Neudruck: P. Lehmann, Erforschung des Mittelalters, Ausgewählte Abhandlungen und Aufsätze, Bd. 1, Stuttgart 1959, S. 358–381.

[3] Vgl. F. LEITSCHUH, Katalog der Handschriften der königlichen Bibliothek zu Bamberg, Bd. I,2 (1897), S. 130.

[4] So R. LATOUCHE in der Einteilung (S. VII) zu seiner von ihm besorgten Edition des Richer'schen Werkes, nach der im folgenden auch zitiert werden soll: Richer, Histoire de France (888–995), 2 Bde., Paris 1930/1937 (= Les Classiques de l'Histoire de France au Moyen Age Bd. 12 und 17); unveränderter Nachdruck 1967/1963.

[5] „Gerbertus cum Rotberti regis perfidiam dinosceret, Ottonem regem frequentat et patefacta sui ingenii peritia, episcopatum Ravennatem ab eo accipit" (Latouche Bd. 2, S. 332).

[6] LATOUCHE, Einleitung, Bd. 1, S. VIII.

gors V. im Februar des Jahres 999 muß Richer die Feder endgültig aus der Hand gelegt
haben.

Der Codex ist außer von PERTZ in dessen Monumenta-Ausgabe[7] ausführlich von LEIT-
SCHUH-FISCHER in ihrem Bamberger Bibliothekskatalog beschrieben worden.[8] Danach
handelt es sich um ein noch auf der Stufe des Konzeptes befindliches Werk, das durch
zahlreiche Korrekturen, Nachträge und Ergänzungen gekennzeichnet ist.[9] Die Qualität
des verwendeten Pergaments ist durchaus unterschiedlich; Stärke desselben, Blatt-
länge der einzelnen Quaternionen und der in diese eingeschobenen Blätter, ihre
äußere Gestaltung variieren sehr stark.[10] Wiederholt hat der Autor sowohl einzelne
Wörter als auch ganze Wendungen und Sätze ausgestrichen und verbessert. Mitunter
bricht die Feder im begonnenen Wort ab und setzt neu an.

Die nur bei Richer überlieferten Kopien zweier Papstbriefe Silvesters II., die freilich
nicht von dem Geschichtsschreiber selbst, sondern von anderer zeitgenössischer Hand
geschrieben sind[11], weisen darauf hin, daß nicht nur die Entstehung, sondern auch das
weitere Schicksal des Werkes eng mit der Person des Reimser Scholasters verbunden
sind. Was PERTZ bereits vermutet hatte[12], konnte TRAUBE in einer Studie zur Bamberger
Bibliotheksgeschichte nachweisen.[13] Wie so zahlreiche andere Handschriften Reimser
Provenienz[14] ist auch Richers Werk über Gerbert, Otto III. und Heinrich II. in die „Bücherstadt Bamberg"[15] gekommen.

Erstmalig erwähnt wird der Codex als „Liber Richheri ad Gerbertum" in einem aus
dem 12. Jahrhundert stammenden Bibliothekskatalog des Klosters Michelsberg ob
Bamberg.[16] Bereits an der Schwelle zur Neuzeit steht die Gestalt des fränkischen Huma-

---

[7] MGH SS 3 (1839), S. 561–657.

[8] Vgl. Anm. 3.

[9] Den Konzeptcharakter des Richer'schen Werkes betont K. F. WERNER, Die literarischen Vorbilder
des Aimoin von Fleury und die Entstehung seiner Gesta Francorum, in: Medium Aevum Vivum, Festschrift
für W. Bulst, hg. v. H. R. Jauss und D. Schaller, Heidelberg 1960, S. 96, Anm. 101.

[10] Die gegebene Beschreibung nach LEITSCHUH, Katalog, S. 130.

[11] Zu den Briefen vgl. M. UHLIRZ, Jahrbücher des Deutschen Reiches unter Otto II. und Otto III., 2.
Bd.: Otto III. (983–1003), Berlin 1954, S. 560–565, die beide Briefe auf das Jahr 1000 (Juni) datiert
und ihr folgend H. ZIMMERMANN, Regesta Imperii II,5: Papstregesten 911–924, Nr. 909 und 911. – Eine
andere Datierung (12. Juni 1000 bzw. 1. Juni 1002 schlägt vor H. PRATT-LATTIN, The Letters of Gerbert
with his papal privileges as Sylvester II., New York 1961, S. 330–331 und S. 352–353.

[12] Vgl. Pertz in der Einleitung zu seiner Monumenta-Ausgabe SS 3, S. 568.

[13] L. TRAUBE, Paläographische Forschungen 4. Teil, in: Abhandlungen d. Königlich Bayr. Akad. d.
Wiss., 3. (Hist.) Klasse, 24. Bd., München 1904–1906, S. 6–14.

[14] Die von Traube (vgl. Anm. 13) gegebene Liste von Bamberger Handschriften Reimser Provenienz
wurde erweitert von H. FISCHER, in: Zentralblatt für Bibliothekswesen 24 (1907), S. 386 f.

[15] Zur Bezeichnung Bambergs als „Bücherstadt" und zur Geschichte ihrer Bibliotheken vgl. den infor-
mativen Überblick bei O. MEYER, Bamberg und das Buch, Bamberg ²1966.

[16] Der Katalog wurde von einem Mönch namens Ruotger unter einem Abt Wolfram verfaßt („Hi
sunt libri, quos Ruotgerus in librario invenit sub Wolframmo abbate"). Über die mit dieser Angabe verbundenen Schwierigkeiten, die keine eindeutige Zuordnung zu einem bestimmten Abt erlauben, vgl. H. BRESS-
LAU, Bamberger Studien, in: NA 21 (1896), S. 141 ff. Wiedergabe des Bibliothekskatalogs außer bei
Bresslau, Bamberger Studien, S. 165 ff. zuletzt auch bei P. RUF, Mittelalterliche Bibliothekskataloge

nisten Johannes Trithemius (1462–1516).[17] Der schon zu seinen Lebzeiten berühmte Benediktinerabt und Schriftsteller hatte, wie er seinen Lesern selbst mitteilte, in der Neubearbeitung des „Chronicon Hirsaugiense" (1495–1503), in den „Annales Hirsaugienses" (1509–1514) das Werk Richers benutzt.[18]

Wie aus seinem Nachlaßverzeichnis hervorgeht, muß Trithemius in seiner Zeit als Abt des Würzburger Schottenklosters St. Jakob (1506–1516) sogar eine heute verschollene Kopie von Richer besessen haben.[19] Mit großer Sicherheit hat Trithemius den „Liber Richheri" in Bamberg selber kennengelernt. Dafür dürften vor allem seine engen Beziehungen zu Abt Andreas von Michelsberg verantwortlich gewesen sein. Wiederholt hat sich Trithemius bei seinem Freund in Bamberg aufgehalten, mit dem ihn gleichgeartete geistige und religiöse Interessen verbanden.[20]

Über drei Jahrhunderte sollten nun verstreichen, ohne daß man sich an Richer und sein Werk erinnert hätte. Man verdankt seine „Wiederentdeckung" im 19. Jahrhundert dem systematischen Nachforschen in Archiven und Bibliotheken, das damals nach der Gründung der „Monumenta Germaniae historica" überall einsetzte. Der eigentliche Ruhm, Richer dem Staub der Bibliothek entrissen zu haben, gebührt freilich nicht dem ersten Editor Georg Heinrich Pertz, der die Handschrift erstmalig 1834 herausgab, sondern dem Bamberger Bibliothekar Joachim Jaeck.[21] Aber auch dem Mittelalter ist Richer weitgehend unbekannt geblieben. Mit Sicherheit haben sein Werk nur zwei Autoren des ausgehenden 11. Jahrhunderts, Hugo von Flavigny und Frutolf von Michelsberg, in ihren Chroniken benutzt.[22] Bei Aimoin von Fleury, dem Verfasser der wahrscheinlich zwi-

---

Deutschlands und der Schweiz, hg. v. d. Bayr. Akad. d. Wiss., Bd. 3, Teil 3: Bistum Bamberg, München 1939, S. 366–368. – Eine „gesonderte Untersuchung" dieses Katalogs forderte K. DENGLER-SCHREIBER, Scriptorium und Bibliothek des Klosters Michelsberg in Bamberg (= Studien zur Bibliotheksgeschichte Bd. 2), Graz 1979, S. 3–4.

[17] Zu Johannes Trithemius vgl. K. ARNOLD, Johannes Trithemius (1462–1516) (= Quellen und Forschungen zur Geschichte des Bistums und Hochstifts Würzburg Bd. 23), Würzburg 1971.

[18] Ann. Hirs. I, S. 46, 62, 136; vgl. Arnold, Trithemius, S. 157 mit Anm. 57.

[19] In seinem Nachlaßverzeichnis erwähnt als „Historia Gallorum Richeri monachi", vgl. P. LEHMANN, Merkwürdigkeiten des Abtes Johannes Trithemius, in: Bayr. Akad. d. Wiss., Philologisch-hist. Klasse, Sitzungsberichte, Jahrgang 1961, Heft 1, S. 64; ARNOLD, Trithemius, S. 214; es ist seltsam, worauf bereits LEHMANN, Merkwürdigkeiten, S. 64, verwies, daß Trithemius Richers Werk als nur aus 2 Büchern bestehend beschrieb: „quod in duos libros divisit (Richer sc.)" (Ann. Hirs. I, S. 136).

[20] Vgl. K. ARNOLD, Johannes Trithemius und Bamberg, in: Bericht des historischen Vereins Bamberg Bd. 107 (1971), S. 162–189.

[21] „,Entdeckt' hat die Handschrift der fleißige und bescheidene Bamberger Bibliothekar Joachim Jaeck", vgl. H. BRESSLAU, Geschichte der Monumenta Germaniae historica, in: NA 42 (1921) S. 200 mit Anmerkung über die Vorgeschichte der Edition.

[22] Die Nachweise bei M. MANITIUS, Geschichte der lateinischen Literatur des Mittelalters, Bd. 2, München 1923, S. 219, sind für Hugo von Flavigny unvollständig – vgl. dazu Anm. 24 mit der Angabe weiterer Abhängigkeiten! – und was die von Manitius behauptete Übernahme von Richer III,92 durch Hugo betrifft, unrichtig: „. . . eine wörtliche oder auch nur gedankliche Übereinstimmung ist allerdings nicht festzustellen", wie SCHNEIDMÜLLER, Französisches Sonderbewußtsein, S. 87–88 mit Anm. 228, zu Recht hervorgehoben hat. Freilich sollte aus diesem speziellen Befund nicht, wie Schneidmüller es tut, gefolgert werden, daß Hugo von Flavigny Richer überhaupt nicht benutzt hat. Siehe dazu Anm. 24.

schen 997 und 999 entstandenen „Gesta Francorum", dürfen wir zumindest eine Kenntnis von Richers Werk mit guten Gründen annehmen.[23] Hält man an der Überlieferungs-
linie Gerbert–Otto III.–Heinrich II. für den Richer-Codex fest, so müssen wir wegen
der Benutzung Richers durch Hugo von Flavigny annehmen, daß es noch eine weitere,
heute ebenfalls nicht mehr auffindbare Kopie des Werkes gegeben haben muß.[24] Un-

---

[23] Vgl. dazu WERNER, Die literarischen Vorbilder des Aimoin von Fleury, S. 96.

[24] Anderer Auffassung ist SCHNEIDMÜLLER, Französisches Sonderbewußtsein, S. 86–87, nach dem „die
vielfach geäußerte Vermutung, auch in Frankreich habe ein Exemplar der Richerschen Schrift existiert, das
zumindest von Hugo von Flavigny benutzt worden sei, . . . nach einem Textvergleich nicht mehr (zu) halten" ist. Gleichwohl vermag ein Textvergleich zahlreiche wörtliche Übereinstimmungen nachzuweisen, die
nur damit erklärbar sind, daß ein Exemplar von Richers Werk Hugo als Vorlage gedient hat. So vergleiche
man

Richer III,43 (Latouche Bd. 2, S. 50):
Qui Aquitanus genere, *in coenobio sancti* confesso-
ris *Geroldi* a puero altus et *grammatica edoctus est.*
In quo utpote adolescens cum adhuc intentus mo-
raretur, *Borellum, citerioris Hispaniae ducem,* oran-
di gratia ad idem coenobium contigit devenisse.
Qui *a loci abbate* humanissime exceptus, post ser-
mones quotlibet, an *in artibus* perfecti in Hispaniis
habeantur sciscitatur. Quod cum promptissime as-
sereret, ei mox ab abbate persuasum est ut suorum
aliquem susciperet, secumque in artibus docen-
dum duceret. Dux itaque non abnuens petenti li-
beraliter favit ac fratrum consensu Gerbertum as-
sumptum duxit, atque *Hattoni episcopo instruen-
dum commisit. Apud quem* etiam *in mathesi plurimum* et efficaciter *studuit.*

Hugo v. Flavigny (MGH SS 8, S. 367):
Hic *in cenobio sancti Geraldi* apud Aureliacum nu-
tritus fuit, *grammaticaque est eruditus,* et *ab abbate
loci Borello citerioris Hispaniae duci* commissus, ut
in artibus erudiretur, ab eo *Hattoni* cuidam *episcopo
traditus est instruendus, apud quem plurimum in mathesi* studuit.

Richer III,55 (Latouche Bd. 2, S. 64):
Quo tempore Otricus in Saxonia insignis habebatur.

Hugo v. Flavigny (MGH SS 8, S. 367):
Quo tempore Otricus apud Saxones insignis habebatur.

Richer III,57 (Latouche Bd. 2, S. 66–68):
Nam venerandus *Remorum* metropolitanus *Adalbero* post eundem *annum Romam cum Gerberto* petebat ac Ticini Augustum cum Otrico repperit. A quo
etiam *magnifice exceptus est, ductusque per Padum
classe Ravennam*; et tempore oportuno, *imperatoris
jussu,* omnes sapientes qui convenerant *intra palatium collecti sunt.* Affuit praedictus reverendus *metropolitanus*; affuit et *Adso abbas Dervensis,* qui
cum ipso metropolitano advenerat, sed et *Otricus*
praesens erat, qui *anno superiore Gerberti reprehensorem sese monstraverat. Numerus* quoque *scolasticorum non parvus* confluxerat, . . .

Hugo v. Flavigny (MGH SS 8, 367):
*Post annum Remensis Adalbero Romam cum Ger-
berto petebat, et Ticini augustum cum Otrico reperit, a
quo magnifice susceptus, ductusque per Padum classe
Ravennam, et quia anno superiore Otricus Gerberti se
reprehensorem* in quadam figura cum multiplici di-
versarum rerum distributione *monstraverat, iussu
augusti omnes palatii sapientes intra palatium collecti
sunt, archiepiscopus* quoque *cum Adsone abbate
Dervensi et scolasticorum numerus non parvus*;

wahrscheinlich ist hingegen die Annahme, daß es in Bamberg selbst noch ein zweites Exemplar gegeben habe, die sich darauf stützen konnte, daß Frutolf mitunter sehr stark von dem uns erhaltenen Originaltext Richers abwich. Diese Differenzen erklären sich höchstwahrscheinlich durch den Verlust ehemals vorhandener und eingelegter Blätter wie durch die „Verstümmelung der Handschrift durch rigorose Beschneidung der Ränder."[25]

Als Textgrundlage, nach der auch im folgenden zitiert werden soll, verwende ich die zweibändige Richer-Edition von Robert Latouche.[26] Diese Ausgabe, die erstmals in den 30er Jahren als Band 12 und 17 der „Classiques de l'Histoire de France au Moyen Age" erschien, stellt keine vollständige Neuedition dar, sondern beruht auf der Monumenta-Edition von Georg Waitz[27] aus den 70er Jahren des vorigen Jahrhunderts. Wie es der Tradition jener Sammelreihe entspricht, stehen sich lateinischer Originaltext und französische Übersetzung gegenüber. Positiv muß angemerkt werden, daß sich Latouche um eine Übersetzung bemüht, die sich sprachlich eng an ihre Vorlage anschließt. Ungleich weniger befriedigen kann jedoch der kritische Apparat, der im Vergleich zu seinem Vorgänger Waitz einen Rückschritt bedeutet. So sind die Buchstabennoten, welche die einzelnen Textvarianten wiedergeben, aus Gründen, die vom Editor nicht erläutert werden, in ihrer Anzahl erheblich reduziert worden. Demgegenüber hat der Sachkommentar von Latouche erheblich an Umfang gewonnen und überschreitet mitunter die Grenze zur Interpretation.

Richer III,65 (Latouche Bd. 2, S. 80):
Cumque verbis et sententiis nimium flueret, et adhuc alia dicere pararet, *Augusti nutu disputationi finis injectus est*, eo quod et *diem pene* in his *totum consumserant*, et audientes prolixa atque continua disputatio jam fatigabat. *Ab Augusto* itaque *Gerbertus egregie donatus cum* suo *metropolitano* in Gallias clarus remeavit.

Hugo v. Flavigny (MGH SS 8, S. 367):
et cepta *disputatione*, cum iam *pene totum diem consumpsissent, augusti nutu finis impositus est. Ibi Gerbertus ab augusto egregie donatus*, Remis *cum archiepiscopo reversus est*.

[25] Vgl. F.-J. SCHMALE, Nachträge, *in*: WATTENBACH-HOLTZMANN, Deutschlands Geschichtsquellen, Bd. 2, S. 89; vor Schmale hatte bereits G. WAITZ in der Einleitung zu der von ihm besorgten Schulausgabe des Richer'schen Werkes auf diese Erklärungsmöglichkeit hingewiesen, vgl. MGH SS. rer. Germ. (1877), S. XIII.

[26] Vgl. Anm. 4.

[27] Vgl. Anm. 25.

2. Zur Biographie des Autors

Wie bei so vielen Autoren des Mittelalters wissen wir auch über Richer sehr wenig.[1] Geburts- und Todesdatum entziehen sich unserer Kenntnis, und daß er zu Beginn des 11. Jahrhunderts in Chartres gestorben sei, bleibt eine vage, nicht beweisbare Vermutung.[2] Auch der Zeitpunkt seines Eintritts in das Kloster St-Remi ist unbestimmt. Seine Äußerungen über Flodoard, die distanziert und unpersönlich wirken[3], deuten darauf hin, daß er den Reimser Annalisten, Kirchenhistoriker und Dichter nicht mehr persönlich gekannt hat und erst nach dessen Tode am 28. März 966 in das Kloster St-Remi eingetreten ist.[4] Für das Wenige, was wir über Richers persönliche Verhältnisse wissen, sind wir auf seine Aussagen angewiesen, die er in seinem Werk über sich gemacht hat. Zeugnisse Dritter über ihn fehlen.

Nach seiner eigenen Angabe war sein Vater ein „miles" Ludwigs IV., dem der König die erfolgreiche Rückeroberung Laons zu verdanken hatte.[5] In den Auseinandersetzungen um das lothringische Erbgut der Witwe Ludwigs, Gerberga, Mitte der fünfziger Jahre, ist Rudolf ebenfalls als ein tatkräftiger und erfolgreicher Streiter karolingischer Belange hervorgetreten.[6] Der Begriff des „miles" entzieht sich freilich, so wie Richer ihn gebraucht hat, einer eindeutigen Bestimmung.[7] Mit dem „miles" kann sowohl der Soldat ganz allgemein gemeint sein, und das ist bei weitem die Mehrzahl der Fälle, als auch der Kavallerist im Unterschied zum Fußsoldaten.[8] Und schließlich hat Richer mit dem Wort „miles" eine ganz bestimmte Personengruppe bezeichnet, die in besonders enger Bezie-

---

[1] Der Name „Richer" bzw. „Richar", der germanischen Ursprungs ist, findet sich im Mittelalter häufig, vgl. die Belege bei E. FOERSTEMANN, Altdeutsches Namensbuch, Bd. 1, Bonn ²1900, Sp. 1264; ferner M.-T. MORLET, Les noms de personne sur le territoire de l'ancienne Gaule du VIᵉ au XIIᵉ siècle, Bd. 1, Paris 1968, S. 189.

[2] Vgl. MACKINNEY, Tenth-Century medicine as seen in the Historia of Richer of Rheims, S. 348, Anm. 7. MacKinney verweist auf einen Brief Fulberts von Chartres, ep. 2 (PL 141, Sp. 191), wo ein Mönch namens Richer erwähnt wird.

[3] Prolog: „. . . ex quodam Flodoardi presbyteri Remensis libello me aliqua sumpsisse" (Latouche Bd. 1, S. 4).

[4] So bereits die Vermutung von PERTZ in seiner Monumenta-Edition SS 3, S. 562, Anm. 4), die vom jüngsten Herausgeber des Richer'schen Werkes, R. LATOUCHE, eher skeptisch betrachtet wurde, vgl. dessen Bemerkungen in der Einleitung, Bd. 1, S. 5.

[5] II, 87–90 (Latouche Bd. 1, S. 274–280).

[6] III, 7–9 (Latouche Bd. 2, S. 14–18).

[7] Ausführliche Analyse des „miles"-Begriffes bei Richer durch J. M. VAN WINTER, „Uxorem de militari ordine sibi imparem", in: Miscellanea Medievalia in memoriam F. Niermeyer, Groningen 1967, S. 113–124.

[8] VAN WINTER, Uxorem de militari ordine, S. 120.

hung zu ihrem „senior" steht, in dessen persönlichem Gefolge erscheint und als eigener Stand, als „ordo militaris" auftritt.[9] Freilich steckt auch diese Bezeichnung, für die man die Übersetzung „groupe de garde-serviteurs" vorgeschlagen hat[10], voller Rätsel.[11] Nur soviel läßt sich mit Bestimmtheit sagen, daß die „milites" des „ordo militaris", zu denen auch Richers Vater Rudolf gehört hat, als eine freilich in sich selbst ebenfalls differenzierte Schicht erscheint, die sehr deutlich von der Gruppe des hohen Adels, den „principes", „primates", „primores" usw. geschieden ist, denen aber andererseits durchaus eine sozial hervorgehobene Stellung zukommt.[12]

Genaueres läßt sich hingegen über das Kloster sagen, in dem Richer lebte und wohl auch sein Geschichtswerk geschrieben hat. St-Remi gehört wie auch St-Nicaise-de-Reims zum Typ des suburbanen Klosters, im Gegensatz zu den anderen, auf dem Lande gelegenen Klöstern St-Thierry, St-Basle-de-Verzy, Hautvillers und Avenay der Reimser Diözese.[13] Der Ursprung des etwa „eine Meile" außerhalb der Stadt gelegenen Klosters[14]

---

[9] III, 110; IV, 11 und IV, 28.

[10] VAN WINTER, Uxorem de militari ordine, S. 120.

[11] So hat J. BUMKE (Studien zum Ritterbegriff im 12. und 13. Jahrhundert, Heidelberg, ²1977, S. 134) auf die mögliche Beeinflussung des Begriffes durch die antike Literatur hingewiesen: „Diese Begriffe (ordo militaris, maiores et minores sc.) spiegeln primär nicht die soziale Wirklichkeit des Mittelalters, sondern sind Zeugnisse einer literarischen Tradition." – BUMKE hat auch die Frage gestellt, „ob das Wiedererscheinen des ‚ordo equestris' seit Richer von St. Remi als ein entsprechender Renaissance-Vorgang gedeutet werden kann" (S. 134). VAN WINTER möchte dem „ordo equestris" bei Richer (I, 5) hingegen nur eine rein militärische Bedeutung („appartenant à la cavalérie") zusprechen (S. 121).

[12] Den „Typ des deutschen Ministerialen" in den „garde-serviteurs" sah J. EHLERS, Karolingische Tradition und frühes Nationalbewußtsein in Frankreich, in: Francia 4 (1976), S. 221, Anm. 43. – Freilich ist es fraglich, ob wir mit Bezug auf die französischen Verhältnisse von Ministerialen überhaupt sprechen können. Angesichts der terminologischen Schwierigkeiten, die bei der Analyse mittelalterlicher Sozialstrukturen aufgrund historiographischer Quellenaussagen auftauchen, möchten wir vor einer allzu eindeutigen Festlegung gerade bei Richer warnen. So hat P. VAN LUYN (Les „milites" dans la France du XIᵉ siècle, in: Le Moyen Age 77, 1971, S. 5–51 u. 193–238) mit Hinblick auf die „milites" historiographischer Quellen von einer „media nobilitas" zwischen großen Herrn und einfacher Landbevölkerung gesprochen und auch J. JOHRENDT („Milites" und „Militia" im 11. Jahrhundert. Untersuchungen zur Frühgeschichte des Rittertums in Frankreich u. Deutschland, Erlangen–Nürnberg 1971, S. 7) hat den sozial gehobenen und, rechtlich betrachtet, überwiegend freien Charakter der „milites" hervorgehoben, die er als „politische und gesellschaftliche Elite" verstehen möchte. Und auch für DUBY (Die drei Ordnungen, S. 88), der sich wiederholt mit dem Problem beschäftigt hat (vgl. ders., La société au XIᵉ et XIIᵉ siècle dans la région maconnaise, Paris 1953; ders., Les origines de la chevalerie, in: SSCI Bd. 15, Spoleto 1968, S. 739–761) sind die „milites" nicht die unfreien Ministerialen, sondern die kleinen Grundbesitzer; schließlich hat H. KELLER (Militia. Vasallität und frühes Rittertum im Spiegel oberitalienischer miles-Belege des 10. und 11. Jahrhunderts, in: QFIAB 62, 1982, S. 59–118) nachdrücklich die hervorgehobene Stellung der „milites" des 10. und frühen 11. Jahrhunderts unterstrichen, die er als „Adlige mit ansehnlichen Machtgrundlagen" (S. 82), als eine „sozial hochgestellte Gruppe" (S. 89) charakterisiert.

[13] Zu den genannten Klöstern vgl. F. POIRIER-COUTANSAIS, Les Abbayes bénédictines du Diocèse de Reims (= Gallia Monastica, Bd. 1), Paris 1974.

[14] Richer II, 103: „. . . sepultusque (Ludwig IV. sc.) est in coenobio monachorum sancti Remigii, quod distat fere miliario uno ab urbe" (Latouche Bd. 1, S. 294).

reicht bis in das 6. Jahrhundert zurück. Unter Erzbischof Tilpin von Reims (753–800) vollzieht sich der Übergang von der Kanonikergemeinschaft zum monastischen Leben.[15] Im Zuge der seit der zweiten Hälfte des 9. Jahrhunderts allgemein einsetzenden Schutzmaßnahmen[16] wird das Kloster mit den umliegenden Kirchen und Gebäuden durch eine Mauer geschützt; ein „castellum", das 940 die königliche Immunität erhält, wird errichtet.[17] Im Jahr 945 erhält St-Remi das Recht der eigenen Abtwahl und in dem aus dem damals schon cluniazensisch geprägten Fleury (St-Benoît-sur-Loire) stammenden Archambault seinen ersten Abt.[18] Dahinter steht wohl der Versuch des umstrittenen Erzbischofs Hugo aus dem Hause Vermandois, das bedeutende Kloster in der Auseinandersetzung mit seinem Rivalen Artold, der selbst einmal Mönch in St-Remi gewesen war, auf seine Seite zu ziehen. Vielleicht dürfen wir auch einen Einfluß Gerhards von Brogne annehmen, auf dessen Veranlassung die „cella" Thin-le-Moutier dem Kloster unterstellt wird.[19]

Die Bedeutung von St-Remi für die monastische Erneuerung innerhalb der Reimser Diözese sollte sich besonders in der Regierungszeit des Erzbischofs Adalbero (969–989) erweisen, der den Papst Johannes XIII. anläßlich einer Romreise veranlaßt hatte, ein Privileg zugunsten von St-Remi auszustellen.[20] Charakteristikum aller dieser Reformen war aber – wie es von diesem Vertreter der lothringischen Reformrichtung nicht anders zu erwarten ist – ihr konservativer Grundzug. Trotz aller Erneuerung ist St-Remi die „abbaye épiscopale" geblieben.[21]

Hohe politische Bedeutung hatte St-Remi als Grabstätte des Nationalheiligen Remigius gewonnen, dessen Ansehen und damit das Ansehen der Reimser Kirche Hinkmar von Reims durch seine „vita Remigii" propagandistisch zu steigern wußte.[22] Hier hatten die letzten bedeutenden westfränkischen Karolinger, Ludwig IV. und sein Sohn Lothar, ihre letzte Ruhe gefunden[23], und wohl nicht ohne Absicht war Robert I., der zweite Kö-

---

[15] Vgl. POIRIER-COUTANSAIS, S. 5.

[16] Vgl. G. SCHNEIDER, Erzbischof Fulco von Reims, München 1973, S. 226–239.

[17] Flodoard, Historia Ecclesiasticca IV, 19: „Hic presul (Artoldus sc.) monasterium sancti Remigii cum adiacentibus ecclesiis vel domibus muro cingens, castellum idem instituit."

[18] Flodoard, Historia Ecclesiasticca IV, 22: „Advocans denique hic pontifex (Hugo sc.) Ercamboldum monasterii sancti Benedicti abbatem, regulam monasticam monasterio sancti Remigii restituere decertat, constituit ibi abbatem Hincmarem eiusdem loci monachum."

[19] Vgl. D. MISONNE, Gérard de Brogne à Saint-Rémi de Reims, in: Revue Bénédictine Bd. 70 (1960), S. 167–176.

[20] Vgl. Kapitel 7, § 1.

[21] So das Urteil von POIRIER-COUTANSAIS, welche die „véritablement prépondérante (position)" des Reimser Erzbischofs unterstrichen hat (S. 8–9).

[22] Vgl. WATTENBACH-LEVISION-LÖWE, Deutschlands Geschichtsquellen im Mittelalter, Vorzeit und Karolinger, Heft 5, S. 519.

[23] Vgl. allgemein zu St-Remi K. H. KRÜGER, Die Königsgrabkirchen der Franken (= Münstersche Mittelalterschriften Bd. 4), München 1971, S. 74–84; „so schien St-Remi dazu ausersehen, den Platz einzunehmen, den später St-Denis innehatte. Es war nicht nur Krönungskloster, sondern auch Grablege westfränkischer Könige. Mit Recht konnte Königin Gerberga die Abtei in einer Schenkungsurkunde als ‚caput Franciae' bezeichnen", vgl. dazu C. BRÜHL, Königspfalz und Bischofsstadt in fränkischer Zeit, in: Rheinische

nig aus capetingischem Hause, an diesem Ort alter karolingischer Tradition als Gegenkönig Karls des Einfältigen erhoben worden.[24]

Als überaus wichtige Voraussetzung literarischen Schaffens darf das zeitgenössische,
geistig-kulturelle Klima gelten, in dem der Autor lebt und arbeitet. Auch das Mittelalter
macht in dieser Beziehung keine Ausnahme. Quantität und Qualität der Literatur hängen
ganz wesentlich von äußeren Faktoren ab. Zeiten großer politischer Unruhe, in denen
der einzelne auch existentiell bedroht war, mußten den „artes", der Poesie und der Prosa
abträglich sein. So sieht denn die Bilanz des Literarhistorikers für die zweite Hälfte des
10. Jahrhunderts ungleich günstiger aus als für die erste.[25] Auch das alte karolingische
Bildungszentrum Reims[26], das mit so klangvollen Namen wie Hinkmar, Remigius von
Auxerre und Hucbald von St-Amand aufwarten konnte, macht in dieser Beziehung keine
Ausnahme.[27] So hatte spätestens zur Zeit des Erzbischofs Adalbero die Reimser Ka-
thedralschule ihre alte Reputation wiedergewonnen. Denn es war der hervorragende Ruf
gewesen, den der Archidiakon Gerannus als Logiker besaß, der den Aquitanier Gerbert
veranlaßt hatte, seine Zelte in Reims aufzuschlagen.[28] Sehr bald stieg Gerbert zum Scholaster auf, dem die „discipulorum turmas" anvertraut wurden.[29] Die Genauigkeit und der
bis ins einzelne Detail reichende Charakter der Informationen, mit denen Richer seine
Leser versorgt, machen es wahrscheinlich, daß er selbst am Unterricht Gerberts teilgenommen hat. Die berühmte Disputation zu Ravenna zwischen Gerbert und
Ohtrich zeigt durch die alleinige Tatsache ihres Zustandekommens, daß es wieder – wie
schon einmal zur Blütezeit karolingischer Kultur – eine geistige Atmosphäre mit einem
Publikum gibt, das an intellektuellen Problemen sehr interessiert ist.[30] Dabei unterschei-

---

Vierteljahresblätter 23 (1958), S. 161–274; vgl. ferner aus kunsthistorischer Sicht R. HAMANN-MACLEAN,
Die Reimser Denkmale des französischen Königtums im 12. Jahrhundert. Saint-Remi als Grabkirche im
frühen und hohen Mittelalter, *in*: Beiträge zur Bildung der französischen Nation im Früh- und Hochmittelalter. Nationes Bd. 4, hg. v. H. Beumann, Sigmaringen 1983, S. 93–259.

[24] KRÜGER, Königsgrabkirchen, S. 81, verweist auf eine Vision der Mutter Christi über Remigius, die
Flodoard uns in seiner Kirchengeschichte (II, 19) erzählt: „Huic (Remigio sc.) . . . auctoritas est a Christo
tradita Francorum perseveranter imperii. Equidem, sicut hanc gentem sua doctrina percepit ab infidelitate
gratiam convertendi, sic etiam donum semper inviolabile possidet eis regem vel imperatorem constituendi."

[25] Eine Literaturgeschichte des 10. Jahrhunderts, wie wir sie für die vorangegangene Zeit durch F.
BRUNHÖLZL, Geschichte der lateinischen Literatur des Mittelalters, Bd. 1, München 1975, besitzen, bleibt
ein Desiderat der Forschung.

[26] Zur Bedeutung von Reims als geistig-kulturellem Zentrum vgl E. LESNE, Les Livres, „Scriptoria" et
Bibliothèques du commencement du VIIIᵉ à la fin du XIᵉ siècle (= Histoire de la propriété ecclésiastique en
France Bd. 4), Lille 1938, S. 258–265; der., Les écoles de la fin du VIIIᵉ à la fin du XIᵉ siècle (= Histoire
de la propriété ecclésiastique en France Bd. 5), Lille 1940, S. 276 ff. Einen kurzen Überblick mit weiterer
Literatur auch bei P. C. JACOBSEN, Flodoard von Reims. Sein Leben und seine Dichtung „De triumphis Chri-
sti" (= Mittellateinische Studien und Texte Bd. 10), Leiden–Köln 1968, S. 4–13.

[27] Nach JACOBSEN, Flodoard von Reims, S. 81, wirkt Flodoards Kirchengeschichte „wie ein Findling in
der Ebene."

[28] Vgl. Richer III, 45 (Latouche Bd. 2, S. 54).

[29] Vgl. Richer ebd.; zu Gerberts Lehrtätigkeit vgl. O. G. DARLINGTON, Gerbert, the Teacher, *in*: Ameri-
can Historical Review 52 (1947), S. 456–476.

[30] Zu diesem Streitgespräch vgl. Kapitel 8 § 2.

den sich die Neigungen der einzelnen „Wissenschaftler" durchaus. Während sich Gerbert vor allem der Musik und Mathematik zuwendet[31], verläßt Richer mit seiner starken Vorliebe für alles Medizinische den herkömmlichen Rahmen der „septem artes liberales."[32] Aber beiden gemeinsam ist die „aviditas discendi"[33] und die damit verbundene Neigung, nicht ohne Stolz auf die eigene Leistung, andere belehren zu wollen.[34] Daher scheut man weder die Mühe einer lebensgefährlichen Reise wie Richer[35], noch wie Gerbert die Kosten für mühselige und teure Bücheranschaffungen.[36] Denn nur durch das intensive Studium der Fachschriftsteller kann die nötige „scientia" erworben werden. Obwohl in Reims und St-Remi kein Mangel an gut ausgestatteten Bibliotheken herrschte[37], war man immer wieder auf die Unterstützung durch seine Freunde angewiesen. So ist es ein „amicus" von Richer, der Kleriker Heribrand, gewesen, der ihn nach Chartres „ad Aphorismorum lectionem" eingeladen hatte.[38] Und es waren Freunde wie Abt Eberhard von Tours, die Gerbert bei der Vervollständigung seiner Bibliothek behilflich waren.[39] Die „amicitia" im Sinne persönlicher Freundschaft untereinander, die man sehr sorgfältig von dem rechtstechnischen, häufig im Sinne des „Völkerrechts" gebrauchten Begriff der „amicitia" unterscheiden muß[40], erweist sich als ein Schlüsselbegriff für das Verständnis der geistigen Verbundenheit damaliger Gelehrter. Es ist die Freundschaft, die man in enger Anlehnung an Cicero und die Antike als Geschenk Gottes empfindet, und die durch die „omnium divinarum humanarumque rerum cum benevolentia et caritate consensio" charakterisiert war.[41] Wo aber konnte sich die gefühlsmäßige Übereinstim-

---

[31] Vgl. dazu U. LINDGREN, Gerbert und das Quadrivium, Wiesbaden 1976.

[32] Zu Richer und seiner Vorliebe für die Medizin vgl. Kapitel 8 § 1.

[33] Der Lerneifer, den sich Richer selbst bescheinigt hat (III, 50, vgl. Latouche Bd. 2, S. 224), geht auch daraus hervor, daß er sich nicht allein mit der „prognostica morborum" und der „simplex egritudinum cognito" begnügt – „cupienti non sufficeret!" – sondern durch weitere Lektüre seine medizinischen Kenntnisse verbessern will (vgl. Latouche Bd. 2, S. 230). – Zum Lerneifer Gerberts vgl. ep. 30 (Weigle, S. 73): „Proinde in otio, in negotio et docemus, quod scimus et addiscimus, quod nescimus."

[34] Zum Selbstbewußtsein Gerberts vgl. dessen ep. 92 (ed. Weigle, S. 120–122), in welchem der Reimser Scholaster eine von ihm entwickelte „figura artis rhetorice" als „opus sane expertibus mirabile, studiosis utile ad res rhetorum fugaces et caliginossimas conprehendendas atque in animo collocandas" rühmte (ebd. S. 121). Zur hohen Meinung Richers über seine eigenen schriftstellerischen Qualitäten vgl. Kapitel 9 § 1.

[35] Vgl. Richer IV, 50 (Latouche Bd. 2, S. 224–230). Gewisse Übertreibungen der auf der Reise erlittenen Unbilden gehen freilich auf das Konto einer von unserem Schriftsteller versuchten „imitatio Vergiliana" vgl. dazu Kapitel 3 mit Anm. 76).

[36] Vgl. die zahlreichen Bitten Gerberts um Abschrift oder Erwerb von Büchern (ep. 7, 8, 9, 17, 24, 44).

[37] Zur Bibliothekssituation in Reims vgl. JACOBSEN, Flodoard von Reims, S. 10 f.

[38] Vgl. Richer IV, 50 (Latouche Bd. 2, S. 224): „Ego mox *amici* (Heribrandi sc.) nomen et legationis causam advertens, . . ."

[39] Siehe die in Anm. 37 aufgeführten Briefe! – Zu Abt Eberhard von St-Julien de Tours vgl. Weigle, Die Briefsammlung Gerberts, S. 72, Anm. 1.

[40] Zur „amicita" als Bezeichnung für eine gemachte fränkische Schwurfreundschaft vgl. Kapitel 5 § 2! – In diesem Sinn von Gerbert verwendet in ep. 51 (Weigle, S. 92).

[41] Vgl. Gerberts Frage an Heribert, den italienischen Kanzler Ottos III., Oktober–November 996: „Quid enim est aliud vera amicitia nisi divinitatis praecipuum munus?" (Weigle, S. 218) unter Anspielung an Cicero (Laelius 6, 20): „Est enim amicitia nihil aliud nisi omnium divinarum humanarumque rerum cum

mung („consensio")[42], das „eadem velle, eadem nolle" der Freundschaft[43] besser erweisen als bei der vertraulichen Lektüre gemeinsam geschätzter Autoren? Darüber hinaus bot die Beschäftigung mit den Klassikern die von Gerbert und Richer gern ergriffene Gelegenheit, sich von den alltäglichen Sorgen lösen zu können.[44] Wieder einmal wurde die Philosophie damit, wie schon bei Boethius, zur großen Trösterin in schweren Zeiten.[45] Dem bewunderten Vorbild Cicero[46] war es jedoch zu danken, daß man nicht in stoischer Passivität verharrte, sondern versuchte, philosophische Erkenntnis in der alltäglichen Praxis anzuwenden.[47] Nicht nur seine eigenen Schriften, sondern auch der damals vielgelesene Sallust hatten Cicero als einen Menschen vorgestellt, der Philosophie und Politik, Theorie und Praxis miteinander zu verbinden wußte. Zwar ist Richer im Ge-

---

benevolentia et caritate consensio; qua quidem haut scio an excepta sapientia nihil melius homini sit a dis immortalibus datum" (Weigle S. 218, Anm. 4). Vgl. in diesem Zusammenhang auch ep. 46 mit Gerberts einleitender Feststellung „An quicquam melius amicis divinitas mortalibus concesserit nescio" (Weigle, S. 75) und ep. 190 (Gerbert an Bischof Arnulf von Orléans Mitte April 994): „Multum mortalibus divinitas largita est, o mei animi custos, . . . Habeo igitur et rependo gratias tantorum munerum largitori, et quod michi in nullo a me dissentientem amicum reservaverit, . . ." (Weigle, S. 227).

[42] Zum Begriff der ciceronianischen „consensio" vgl. Anm. 41. – Die „consensio" erweist sich im gemeinsamen Teilen von Freud und Leid, vgl. etwa ep. 13 (Gerbert an Erzbischof Egbert von Trier, vor Dezember 983): „Vestram felicitatem gloriam existimamus esse nostram. Incommoditatem si quam sustinetis, simul patimur" (Weigle S. 35), ebenso ep. 9 (Gerbert an Abt Giselbert, vor Dezember 983): „Si bene valetis, gaudemus. Indigentiam vestram nostram putamus" (Weigle S. 32).

[43] Sallust (Cat. 20, 4) zitiert von Gerbert ep. 123: „Sitque nostra amicitia eadem velle atque eadem nolle" (Weigle S. 151).

[44] Im Sommer 988 schreibt Gerbert, „labore obsidionis in Kar(olum) defatigatus ac vi febrium graviter exagitatus", an den Mainzer Kleriker Tetmarus: „Et quia inter graves estus curarum sola philosophia quasi quoddam remedium esse potest, . . ." (Weigle S. 151).

[45] Manchmal, in besonders schwieriger Zeit („in tanta perturbatione et confusione") war auch dies nicht mehr möglich. Vgl. ep. 152, die Gerbert nur wenige Monate nach dem Tode des Erzbischofs Adalbero Mitte April 989 an den Trierer Mönch Remigius richtete: „Num in eiusmodi discrimine re publica derelicta demigrandum fuit ad philosophorum commenta interdum non necessaria? . . . Patere ergo patienter moras necessitate imposita ac meliora tempora expecta, quibus valeant resuscitari studia iam pridem in nobis emortua" (Weigle S. 179).

[46] So hat sich Gerbert selbst „in otio et negotio" als der „praeceptorum M. Tullii diligens . . . executor" gesehen, vgl. ep. 158 (Weigle S. 187); in der politisch schwierigen Zeit zu Beginn der neunziger Jahre bittet er den Abt Romulf von Sens: „Agite ergo, ut cepistis, et fluenta M. Tullii sicienti praebete. M. Tullius mediis se ingerat curis, quibus post urbis nostre proditionem sic inplicamur, ut ante oculos hominum felices, nostro iuditio habeamur infelices" (ep. 167, Weigle S. 195–196); vgl. dazu P. E. SCHRAMM, Kaiser, Rom und Renovatio, Darmstadt [3]1975, S. 99.

[47] Zum „Praxisbezug" der Philosophie vgl. ep. 44: „Sed quia non is sum, qui cum Panetio interdum ab utili seiungam honestum, sed potius cum Tullio omni utili admisceam, has honestissimas atque sanctissimas amicitias nulla ex parte suo cuique utili vacare volo. Cumque ratio morum dicendique ratio a philosophia non separentur, cum studio bene vivendi semper coniuncxi studium bene dicendi, quamvis solum bene vivere praestantius sit eo, quod est bene dicere, curisque regiminis absoluto, alterum satis sit sine altero. At nobis in re publica occupatis utraque necessaria. Nam et apposite dicere ad persuadendum et animos furentium suavi oratione ab impetu retinere summa utilitas. Cui rei praeparande bibliothecam assidue comparo" (Weigle S. 72–73).

gensatz zu Gerbert politisch nicht hervorgetreten, aber auch er hat versucht, aus seiner philosophisch-medizinischen Lektüre praktischen Nutzen zu ziehen. Seine Eigenart, die Todesursachen wichtiger Persönlichkeiten in seinem Geschichtswerk medizinisch zu deuten, ist nicht frei von persönlicher Eitelkeit und entbehrt sowohl medizinischer wie historischer Glaubwürdigkeit. Sie verdient aber als ein rationaler Erklärungsversuch eines im Mittelalter sonst sehr häufig metaphysisch interpretierten Naturphänomens wie des Todes[48] unseren Respekt.

Wir müssen uns mit diesen wenigen Bemerkungen, was die Person Richers anlangt, begnügen, wollen wir uns nicht auf das unsichere Gebiet der Spekulation begeben. Dunkel wie das Jahrhundert, in dem Richer lebte und sein Werk schrieb, bleibt auch seine Lebensgeschichte. Der einzig mögliche Weg, um unseren Autor genauer kennenzulernen, bleibt die nähere Betrachtung seiner „vier Bücher Geschichte". Wie oft so muß auch in diesem Fall das Werk für den Verfasser sprechen.

---

[48] Vgl. P. ARIÈS, Geschichte des Todes, München–Wien 1980.

3. Das Werk und seine Quellen

Die weitaus wichtigste Quelle ist für Richer Flodoard gewesen. Vor allem dessen Annalen, weniger die „Historia ecclesiastica", hat Richer zur Grundlage seiner Arbeit gemacht.[1] Er hat in seinem Prolog die Abhängigkeit von Flodoard zugegeben, sie aber
gleichzeitig zu reduzieren und zu rechtfertigen gesucht.[2] Darüber wird bei der Interpretation des Prologs noch ausführlicher zu sprechen sein.[3] Nur soviel sei hier angedeutet, daß
Richer – im Gegensatz zu vielen anderen Autoren des Mittelalters – ein bedenkenloses
Abschreiben einer historischen Vorlage offensichtlich als ein Problem empfand. Freilich
ist Richer seinem Vorsatz, zumindest stilistisch von Flodoard abzurücken, nicht immer
gefolgt. Sehr vieles hat er wörtlich von ihm übernommen. Daneben hat er sich aber immer um Änderungen, Ergänzungen, zusätzliche Erläuterungen und Ausschmückungen
bemüht.[4] Die literarische Arbeitstechnik von Richer trug natürlich nicht dazu bei, seine
Glaubwürdigkeit bei der historischen Forschung zu erhöhen, die ohnehin schon schwer
erschüttert schien, als man seine Abhängigkeit von Sallust erkannte.[5] Vor allem hinter so
manchem Charakterportrait und bei einigen Reden zeichnet sich deutlich das klassische
Vorbild ab. Zur Entschuldigung Richers muß jedoch gesagt werden, daß er die Vorliebe
für Sallust mit zahlreichen anderen Schriftstellern seiner Zeit geteilt hat.[6] Darüber hinaus
hat man erst in jüngster Zeit Richers Abhängigkeit von Sallust wieder etwas einge-
schränkt.[7]

Das Ende von Flodoards Annalen, die mit dem Jahre 966 abbrechen, bedeuten einen
wichtigen Einschnitt für Richers Werk. Da seine wichtigste Quelle versiegt ist, beschränkt sich Richers Erzählung auf die breite Darstellung Reimser Lokalgeschichte und
ihrer von Richer bewunderten Protagonisten Erzbischof Adalbero und Domscholaster
Gerbert. Richers Interesse gilt jedoch bezeichnenderweise nicht dem politischen Wirken

---

[1] Die jeweiligen Übernahmen aus Flodoard verzeichnet die Richer-Edition von LATOUCHE.

[2] „. . . ex quodam Flodoardi presbyteri Remensis libello me aliqua sumpsisse non abnuo, at non verba
quidem eadem, sed alia pro aliis longe diversissimo orationis scemate disposuisse, res ipsa evidentissime demonstrat" (Latouche Bd. 1, S. 4).

[3] Vgl. Kapitel 9 § 1: Selbstbewußtsein und Autorenstolz: Zur Interpretation des Prologs bei Richer.

[4] Zahlreiche Beispiele gibt PERTZ in der Einleitung zu der von ihm besorgten Richer-Edition (MGH SS
3, S. 563–564).

[5] Vgl. F. VOGEL, Quaestionum Sallustianarum pars altera, in: Acta Seminarii philologici Erlangensis 2
(1881), S. 418 ff.

[6] Zu Umfang und Ausmaß der Sallust-Imitatio im frühen Mittelalter vgl. J. SCHNEIDER, Die Vita Heinrici IV. und Sallust (= Deutsche Akad. d. Wiss., Berlin, Schriften d. Sektion f. Altertumswiss. Bd. 49), Berlin (Ost) 1965, S. 34 ff.

[7] Vgl. VAN WINTER, Uxorem de militari ordine sibi imparem, S. 117 f.

beider Männer, die sich persönlich und im praktischen Handeln der Tagespolitik vor allem dem ottonischen Reich verpflichtet fühlten.[8] Seinem im Prolog formulierten Anspruch, eine französische Nationalgeschichte zu schreiben[9], ist Richer erst dann gerecht geworden, als er daran ging, auch von Ereignissen zu berichten, die außerhalb von Reims Ende der siebziger Jahre sich ereigneten. Sehr genau hat er von den wechselvollen Kämpfen berichtet, die damals mit kurzen Unterbrechungen in den Jahren 968 bis 986 zwischen Frankreich und Deutschland um das „regnum Lotharii" geführt wurden.[10] Seine topographisch überaus exakte Beschreibung des in jener Zeit heftig umkämpften Verdun läßt auf gute geographische Kenntnisse des lothringischen Raumes schließen.[11] Zwar wissen wir nicht, wie alt Richer war, als er sein Geschichtswerk verfaßte, doch spricht nichts dagegen, aber so manches dafür – man denke an Richers große Ausführlichkeit und die Übereinstimmung seines Berichts mit anderen Quellen[12] –, daß er die unruhigen achtziger Jahre noch aus eigener Anschauung gekannt und bewußt miterlebt hat.

Mit Sicherheit gilt dies von der letzten Dekade des zehnten Jahrhunderts, die in Richers Schilderung von zwei großen Themen beherrscht wird. Für die Darstellung des Reimser Bistumsstreits mit seinem spektakulären Höhepunkt, der Absetzung des Erzbischofs Arnulf[13], konnte Richer auf die von Gerbert selbst publizierten Synodalakten zurückgreifen.[14] Auch als Richer die Synode von Mouzon (Juni 995) zu schildern hatte, auf der sich Gerbert, der Nachfolger Arnulfs auf dem erzbischöflichen Stuhl, vor dem Papst-

---

[8] Vgl. Kapitel 4: Zur politischen Lage in Reims am Ende des 10. Jahrhunderts.

[9] Prologus: „bella a Gallis saepenumero patrata variosque eorum tumultus ac diversas negotiorum rationes ad memoriam reducere scripto specialiter propsitum est" (Latouche Bd. 1, S. 4). – In Richer den „ersten Verfasser einer französischen Geschichte" sah CLASSEN, Die Verträge von Verdun und von Coulaines 843, S. 3; vgl. auch BEZZOLA, Ottonisches Kaisertum, S. 109 ff.

[10] Richer III, 67–108 (Latouche Bd. 2, S. 82–104); zur Rolle von Lothringen vgl. W. MOHR, Geschichte des Herzogtums Lothringen, Teil I: Geschichte des Herzogtums Groß-Lothringen 900–1048, Saarbrücken 1974.

[11] Vgl. LATOUCHE, Bd. 2, S. 133, Anm. 2: „Ces détails précis indiquent que Richer connaissait les lieux."

[12] Erinnert sei an die bekannte Anekdote Richers (III, 71), der zufolge anläßlich der Plünderung der Aachener Pfalz im Jahre 978 durch König Lothar von Frankreich auch der auf dem First angebrachte Adler gedreht wurde. Das Zeugnis Richers wird bestätigt durch Thietmar von Merseburg (III, 8), der freilich von einer Drehung in entgegengesetzter Richtung berichtet. Für Thietmar und gegen Richer entschied sich MOHR, Geschichte des Herzogtums Lothringen, Teil 1, S. 53 ff. – „Hält man am Ostgiebel der Halle (als Standort für den Adler) fest", so besitzt aus architekturgeschichtlichen Erwägungen Thietmars Zeugnis ebenfalls die größere Glaubwürdigkeit für J. E. KORN, Adler und Doppeladler, in: Der Herold, Neue Folge 6, Heft 1, 1966, S. 303 mit Anm. 5. Positiv zum Bericht Richers und seiner militärischen Interpretation des Adlers als antikem Feldzeichen, das bereits unter Karl dem Großen Verwendung fand, H. HORSTMANN, Der Adler Karls des Großen, Archivum heraldicum 80, 1966, S. 18–21, der den Adler als Zeichen der Kaiserlichen Kriegsflotte auf einem neu aufgefundenen Denar Karls des Großen nachweisen konnte.

[13] Zu Richers Bericht über die Synode von St-Basle vgl. Kapitel 7 § 2.

[14] Acta conc. Rem., MGH SS 3, S. 658 ff.

legaten Abt Leo und den deutschen Bischöfen rechtfertigte, benutzte er dessen Aufzeichnungen.[15]

Seiner im März 991 unternommenen Reise nach Chartres hat man es zugeschrieben, daß sich Richer so sehr für die schweren Kämpfe der beiden untereinander verfeindeten capetingischen Kronvasallen, Graf Odo I. von Chartres und Fulco Nerra, Graf von Anjou, interessiert und ihnen breiten Raum in seinem Werk eingeräumt hat.[16] Aber auch noch nach seiner Abreise wird er weiterhin in Kontakt mit seinem Freund, dem „clericus Carnotensis" Heribrand, verblieben sein. Eine gute Gelegenheit, sich über diese „bella civilia" zu informieren, gab Richer sein Aufenthalt in Chartres.[17] Es waren wissenschaftliche Gründe gewesen, die Richer zu seiner Reise nach Chartres veranlaßt hatten.[18] Ein dort intensiv betriebenes Studium medizinischer Schriftsteller, insbesondere einer „concordia Yppocratis, Galieni et Sorani", eines vermutlich alphabetisch gegliederten medizinischen Kompendiums, hat in seinem Geschichtswerk deutliche Spuren hinterlassen.[19] In so manche von Richer erzählte Krankheitsgeschichte sind die Lesefrüchte seiner Zeit in Chartres geflossen.

Andere von Richer benutzte Quellen treten demgegenüber in den Hintergrund. Noch am wichtigsten sind die Etymologien Isidors von Sevilla. Bereits in der das Geschichtswerk einleitenden Kosmographie zog er neben Orosius, Caesar und Hieronymus[20] den spanischen Enzyklopädisten zu Rate[21], auf den er auch später noch zurückgreifen sollte.[22] Wie Richers Schilderung der Ravennater Disputation, die 982 zwischen Gerbert von Reims und Ohtrich von Magdeburg stattfand[23], erkennen läßt, muß er auch von Boethius und dessen ersten Kommentar zur Isagoge des Porphyrius, vielleicht auch von seinem theologischen Werk „De Trinitate" Kenntnisse besessen haben.[24] Wiederholt finden sich in Richers Werk Ankläge an den gerade in Reims am Ende des zehnten Jahrhunderts so geschätzten Cicero und an dessen philosophisch-rhetorische Schriften.[25]

---

[15] Acta conc. Mosomensis, MGH SS 3, S. 690–691. – Die sich an das Konzil von Mouzon (1. Juli 995) anschließende und in St-Remi tagende Synode, wo abermals über die „causa Arnulfi" verhandelt wurde, ist von Richer lediglich erwähnt worden, vgl. Latouche Bd. 2, S. 328 Anm. 2.

[16] IV, 74–86 (Latouche Bd. 2, S. 266–286) und IV, 90–94 (Latouche Bd. 2, S. 292–300).

[17] Vgl. Latouche Bd. 2, S. 267 Anm. 2.

[18] Sein Freund Heribrand hatte ihn zur „Aphorismorum lectionem" eingeladen (IV, 50, vgl. Latouche Bd. 2, S. 224). Zum Wissenschaftsverständnis Richers vgl. Kapitel 8 § 2.

[19] Nachweis im einzelnen bei MacKinney, Tenth-Century Medicine, S. 347 ff.

[20] Zu den genannten Autoren vgl. Latouche Bd. 1, S. 6 Anm. 1 u. 3; S. 9 Anm. 2; S. 11 Anm. 1.

[21] Vgl. Latouche Bd. 1, S. 7 Anm. 2 u. S. 9 Anm. 1.

[22] Vgl. Kapitel 5, Anm. 17.

[23] Richer III, 57–65 (Latouche Bd. 2, S. 66–80).

[24] Vgl. dazu Kapitel 8 § 2.

[25] Das gilt für die ciceronianischen Begriffe des „utile et honestum" (vgl. Richer III, 82, Latouche Bd. 2, S. 102) als deren Vermittler wir den von Richer so bewunderten Gerbert annehmen müssen, der wiederholt das spannungsvolle Verhältnis von sittlich Gebotenem (honestum) und praktischem Nutzen (utile) thematisiert hatte (vgl. etwa ep. 44, Weigle S. 72–73); zur Bedeutung des Begriffes „honestum", der bei Gerbert „im Zentrum seiner Ethik stand", vgl. Schramm, Kaiser, Rom und Renovatio, S. 98, 129.

Nur sehr sparsam hat Richer die Bibel verwendet. Zitate aus der Heiligen Schrift finden sich überwiegend im Zusammenhang vorwiegend kirchlicher Thematik[26] und stammen mitunter aus Richers Vorlage, den Gerbert'schen Konzilsakten.[27] Stilisierungen nach biblischem Muster bleiben die Ausnahme und erklären sich, wie etwa die zwischen Karl von Niederlothringen und Bischof Adalbero von Laon spielende Abendmahlszene, vor allem aus dramaturgischen Gesichtspunkten.[28]

Schließlich müssen wir mit dem Einfluß einer so wichtigen Quellengruppe wie der Sage und Legende rechnen, deren schriftliche Aufzeichnung noch vor der eigentlichen Blüte der „chanson-de-geste"-Dichtung im 12. Jahrhundert bereits in karolingischer Zeit beginnt.[29] Insbesondere am Anfang seines Werkes, als er noch nicht die erst mit dem Jahr 919 einsetzenden Annalen Flodoards verwenden konnte, hat Richer auf Sage und Legende zurückgegriffen.[30] Dies verbindet ihn mit seinem Schriftstellerkollegen Widukind, dessen spezifische Orientierung an sächsischer Stammestradition bei Richer freilich durch eine gesamtfränkisch-französische Perspektive ersetzt ist.[31] Aber auch im weiteren Verlauf des Richer'schen Werkes haben Sage und Legende ihren spürbaren Einfluß ausgeübt. Deren Ausmaß ist jedoch gerade wegen des im Mittelalter engen und wechselseitigen Verhältnisses von Geschichtsschreibung und Geschichtsdichtung[32] nur sehr schwer zu bestimmen.[33] So ist der Versuch gescheitert, durch einen Vergleich von Richers Werk mit „Gormond et Isembart", einer „chanson-de-geste" aus dem ausgehenden elften Jahr-

---

[26] Vgl. Richer IV, 11 (Latouche Bd. 2, S. 162); IV, 31 (Latouche Bd. 2, S. 192); IV, 64 (Latouche Bd. 2, S. 252); IV, 89 (Latouche Bd. 2, S. 290).

[27] IV, 102 (Latouche Bd. 2, S. 318); IV, 104 (Latouche Bd. 2, S. 322).

[28] Richer IV, 47 (Latouche Bd. 2, S. 216–220). Vgl. dazu die ausführliche Besprechung dieser Szene bei C. CAROZZI, Le dernier des Carolingiens, de l'histoire au mythe, in: Le Moyen Age 82 (1976), S. 453–476. Nach Carozzi hat Richer Bischof Adalbero von Laon als verräterischen Judas gezeichnet, um die „usurpation capétienne" zu verschleiern (ebd. S. 471). Dies mag ein wichtiger Grund gewesen sein. Für die so umfangreiche, bis ins einzelne Detail reichende Schilderung muß aber auch mit Richers Freude an der dramatischen Einzelepisode gerechnet werden. Darüber hinaus ist daran zu erinnern, daß gerade das Abendmahl Christi für den mittelalterlichen Historiker ein beliebtes Motiv gewesen ist, vgl. für einen durchaus ähnlichen Bericht Lamperts von Hersfeld H. ZIMMERMANN, Der Canossagang von 1077, Wirkungen und Wirklichkeit, Wiesbaden 1975, S. 159 f.

[29] Grundlegend zum Problem der „chanson-de-geste", ihrer vermutlich bereits in karolingischer Zeit einsetzenden schriftlichen Fixierung und ihres Verhältnisses zur Geschichte die Tübinger Dissertation von U. KLOOCKE, Joseph Bédiers Theorie über den Ursprung der Chansons de geste und die daran anschließende Diskussion zwischen 1908 und 1968, Göppingen 1972. Kloocke zeigt, wie man heute wieder im Gegensatz zur lange geltenden Epentheorie von J. Bédier sich der Meinung der älteren Forschung angeschlossen hat, die vom Vorhandensein epischer Werke vor 1100 überzeugt war.

[30] Vgl. Latouche in der Einleitung zu seiner Edition, Bd. 1, S. IX.

[31] Vgl. WATTENBACH-HOLTZMANN, S. 27.

[32] Das enge Verhältnis beider Gattungen namentlich in ottonischer Zeit betont J. FLECKENSTEIN, in: Gebhardt. Handbuch d. deutschen Geschichte, Bd. 1, Stuttgart 1970, S. 281 Anm. 11.

[33] Den Einfluß germanischer Sagen bei Dudo von St-Quentin betonte A. NITSCHKE, Beobachtungen zur normannischen Erziehung im 11. Jahrhundert, in: AKG 43 (1961) S. 265 ff.; in den Annalen Lamperts von Hersfeld das „Bruchstück einer epischen Dichtung" erkannte T. STRUVE, Die Ausfahrt Roberts von Flandern, in: Zs. für deutsche Philologie Bd. 89 (1970), S. 395 ff.

hundert, die faktische Übereinstimmung zwischen historischem Bericht und dichteri-
scher Erzählung zu erweisen.[34] Um die Nähe von Richers Geschichtsschreibung zur
„chanson-de-geste" aufzuzeigen, muß ein anderer Weg beschritten werden. Der mittelalterlichen Epenforschung ist es gelungen, durch die Inhaltsanalyse zahlreicher einzelner
„chansons" eine Liste immer wiederkehrender typischer Motive aufzustellen.[35] Viele
dieser stereotypen Formeln finden sich auch bei Richer.[36] Dies gilt insbesondere für den
„militärischen Bereich": Wie die mittelalterlichen „jongleurs" ist Richer vor allem am
Kampf Mann gegen Mann interessiert. Die Schlacht löst sich in dramatisch geschilderte
und heroisch empfundene Einzelszenen auf.[37] Weder fehlt das traditionelle Motiv des
Zweikampfs, dessen Ausgang die Entscheidung über Sieg und Niederlage vorwegnimmt, noch die übliche Beleidigung des Gegners vor und seine Verfolgung nach der
Schlacht.[38]

Nicht immer ist das epische Klischee so deutlich erkennbar, wie bei der Erzählung Richers über die Empörung fränkischer Großer gegen Karl den Einfältigen[39] und über die
Ereignisse, welche zur Ermordnung Herzog Wilhelms von der Normandie führen.[40]
Schon sehr früh hat man bei beiden Geschichten „nur verschiedene Anwendungen und
Ausmalungen derselben, unbestimmten Tradition" sehen wollen.[41] Jedesmal hat Richer
innere Auseinandersetzungen des französischen Hochadels der persönlichen, zuvor erlittenen Kränkung eines ihrer Mitglieder zugeschrieben.[42] Unser Mißtrauen, das durch diesen Erklärungsversuch bereits nachhaltig geweckt ist, bestätigt sich bei näherem Hinse-
hen: die Kränkung, die der jeweilige Adlige durch eine unwürdige, seiner Person und seiner Ehre nicht angemessene Plazierung im Rahmen einer „rituellen" Sitz- und Tischord-

---

[34] Unternommen wurde der Versuch von PH. LAUER (Romania 26, 1897, S. 161–174), der jedoch von
F. LOT (Gormond et Isembart, Romania 27, 1898, S. 3 ff.; Neudruck: F. Lot, Études sur les légendes épi-
ques, S. 179 ff.) überzeugend widerlegt wurde.

[35] Vgl. J. RYCHNER, La Chanson de geste. Essai sur l'Art épique des Jongleurs. Genf–Lille 1955; vgl.
insbes. S. 126 ff.: „Les Moyens d'Expression: Motifs et formules". – Zum Ansatz von Rychner vgl.
KLOOCKE, Joseph Bédiers Theorie, S. 400 ff.

[36] Auf die Nähe von Richers Werk zu Sage und Legende ist wiederholt hingewiesen worden; so auch
mit dem Hinweis auf Rychner von K. F. WERNER, Untersuchungen zur Frühgeschichte d. französischen
Fürstentümer, *in*: WaG 20 (1960), S. 117 Anm. 116.

[37] Richer I, 9 (vgl. Latouche Bd. 1, S. 24); I, 17 (vgl. Latouche Bd. 1, S. 44); I, 46 (vgl. Latouche Bd.
1, S. 88–90); II, 35 (vgl. Latouche Bd. 1, S. 180–184); Zur epischen Erzähltradition vgl. RYCHNER, La
chanson, S. 129.

[38] Richer III, 76 (vgl. Latouche Bd. 2, S. 92–94); zur Motivtradition vgl. RYCHNER, La chanson, S.
130.

[39] I, 16 (vgl. Latouche Bd. 1, S. 38–40).

[40] II, 30–31 (vgl. Latouche Bd. 1, S. 170–174).

[41] So bereits K. V. D. OSTEN-SACKEN in seiner Übersetzung Richers, *in*: Geschichtsschreiber d. deutschen
Vorzeit, 2. Gesamtausgabe, Leipzig ²1891, S. 94 Anm. 1.

[42] So beschwert sich der Capetinger Robert über den Lothringer Hagano: „... cum rex in palatio sedisset, eius jussu dux dexter, Hagano quoque ei levus resedit. Rotbertus vero dux tacite indignum ferebat, personam mediocrem sibi aequari, magnatibus praeponi ..." (Latouche Bd. 1, S. 40). – Auch der Ausbruch der
Feindseligkeiten zwischen Otto I., Hugo dem Großen, Arnulf von Flandern einerseits und Wilhelm von
der Normandie andererseits geht ein Streit um die Sitzordnung voraus (vgl. Latouche Bd. 1, S. 172).

nung erleidet[43], ist ein Thema, das gerade das mittelalterliche Epos – man denke nur an das Nibelungenlied – besonders gern aufgriff.[44] Andererseits verbirgt sich hinter dieser Anekdote ein historischer Kern.[45] Deutlich anekdotische Züge trägt auch die Geschichte, die Richer anläßlich der Rückkehr Ludwigs IV. in sein Vaterland erzählt hat. So habe Ludwig unmittelbar nach seiner Ankunft auf heimischem Boden – „neglecta stapha!" – ein recht ungestümes Pferd gebändigt. Die Reaktion der Zuschauer war denn auch eindeutig: „Quod etiam fuit omnibus gratum ac mutuae gratulationis provocatio."[46]

Hier handelt es sich um das der Epenforschung wohlvertraute Motiv des „essai de cheval"[47], wie wir es beispielsweise unter ganz ähnlichen Vorzeichen in der „Chanson de Roland" wiederfinden.[48] Die gelungene Zähmung des Pferdes vor versammelter Mannschaft ist symbolischer Ausdruck künftigen, erfolgreichen Herrschertums.

Auch was die äußere Form angeht, ist das Richer'sche Werk durch seine Nähe zum Epos charakterisiert. So haben wir insbesondere in den Partien des Werkes, bei denen wir den Einfluß von Sage, Legende, Anekdote vermuten dürfen, mit einer epischen Stilisierung zu rechnen.[49] Das heißt beispielsweise, wie oben bereits angedeutet, daß der Gebrauch der epischen Episodentechnik zur Auflösung des Schlachtberichts in einzelne Kampfbilder führt. Häufig wird die Spannung erzeugt und gesteigert durch einen Span-

---

[43] Es handelt sich um ein Sitzen „in palatio" bzw. „in conclavi"! – Zur Bedeutung vgl. auch K. HAUCK, Rituelle Speisegemeinschaft im 10. und 11. Jahrhundert, in: Studium Generale 3 (1950), S. 611–621.

[44] So beginnt die Auseinandersetzung zwischen Brunhild und Kriemhild (10. Aventiure) bezeichnenderweise an der *Tafel* König Gunthers und berührt auch Fragen der Tischordnung. So nehmen Gunther und Brunhild den königlichen Hochsitz ein, während Siegfried und Kriemhild „an daz gegensidele" Platz nehmen (Vers 617).

[45] Wie bedeutsam diese Frage dem ganzen Mittelalter und beileibe nicht nur den Dichtern gewesen ist, lehrt der Blick auf das „bedeutendste Dokument der mittelalterlichen deutschen Verfassungsgeschichte" (MITTEIS), die Goldene Bulle. Diese handelte in Kapitel 3 und 4 ausführlich „De sessione" der „principes electores" mit dem erklärten Ziel, Streit und Zank unter den Kurfürsten zu vermeiden. Vgl. cap. 3: „De sessione Treverensis, Coloniensis et Maguntinensis archiepiscoporum ... Ut igitur inter venerabiles ... Maguntinensem ... Coloniensem ... necnon ... Treverensem archiepiscopos sacri imperii principes electores omnium lituum et suspectuum (materie), que et qui de prioritate seu dignitate sessionum suarum in curiis imperialibus et regalibus suboriri valerent imposterum, perpetuis inantea temporibus amputentur, et ipsi in cordis et animorum quieta conditione manentes de oportunitatibus sacri imperii concordi favore et virtuose dilectionis studio convenientius meditari valeant ... (Die Goldene Bulle Karls IV. vom Jahr 1356, ed. Fritz (1972), MGH Font. iur. Germ. Bd. 11, S. 57).

[46] Richer II, 4 (vgl. Latouche Bd. 1, S. 132).

[47] Vgl. RYCHNER, La Chanson de geste, S. 128.

[48] La Chanson de Roland (übersetzt v. H. W. KLEIN, Klassische Texte des Roman. Mittelalters, München 1963, S. 177), Vers 3165–3171: Er (Emir Baligant, von seinem Lehnsherrn König Marsilie gegen Karl d. Großen zu Hilfe gerufen) spornt sein Pferd, daß das helle Blut hervorrieselte. Er sprengt an und setzt über einen Graben: der mochte seine fünfzig Fuß breit sein! Da rufen die Heiden: „Dieser soll die Marken verteidigen! Es gibt keinen Franken, der nicht, wenn er an ihn gerät, dabei sein Leben verliert, ob er will oder nicht. Karl ist ein Tor, daß er nicht abgezogen ist."

[49] Vgl. C. HAINER, Das epische Element bei den Geschichtsschreibern des frühen Mittelalters, Diss. Gießen 1914.

nungsumschwung (Peripetie).[50] Man findet den Gebrauch poetischer Bilder[51] ebenso
wie die Freude des Erzählers am charakteristischen Detail.[52] Nicht ausschließlich auf das
Militärische beschränkt sind die von Richer so bevorzugten Stimmungsbilder[53] und die
ebenfalls zumeist in der anekdotischen Schilderung eingesetzte Dialogtechnik.[54] Durch
den bewußt vorgenommenen Tempuswechsel in das historische Präsens[55] und die An-
gleichung von Erzählzeit und erzählter Zeit, die durch eine Aneinanderreihung szeni-
scher Einzelbilder erreicht wird[56], erzielt Richer hohe Anschaulichkeit und unmittelbare
Vergegenwärtigung des Geschehens.

Die enge Verbindung von Epos und Historiographie mag beim modernen Betrachter
Erstaunen hervorrufen. Aber die Antike und ihr folgend das Mittelalter hatten nie so
streng und eindeutig zwischen Geschichtsschreibung und Geschichtsdichtung unter-

---

[50] Vgl. etwa Richers Bericht über die Schlacht von Soissons (923). Der Sieg schien bereits Karl dem
Einfältigen zu gehören: „cum ecce Hugo, Rotberti filius, vix adhuc pubescens in proelium ab Heriberto deduci-
ter succuritque labentibus" (vgl. Latouche Bd. 1, S. 90). Vgl. auch Richers Schilderung des Kampfes zwischen Fulco Nerra und Conan. Der Sieg schien schon Conan zu gehören, als es überraschend gelingt, Conan in einer Gefechtspause zu töten (vgl. Latouche Bd. 2, S. 286). Vgl. ferner Richers Erzählung über die
Eroberung Laons durch eine Kriegslist seines Vaters, die beinahe mißlungen wäre: „Et jam nimium omnes
sauciati pene deficibant, cum regiae cohortes tubis excitatae ab aditis erumpunt multoque impetu jam prope
victis subveniunt . . ." (Latouche Bd. 1, S. 280).

[51] Vgl. IV, 21: „Interea rigore hiemali elapso, cum aere mitiori ver rebus arrideret et prata atque campos
virescere faceret" (Latouche Bd. 2, S. 178).

[52] So vergißt Richer beispielsweise nicht, ausdrücklich darauf hinzuweisen, daß König Robert, von sie-
ben(!) Lanzenstichen durchbohrt, sein Leben verliert (Latouche Bd. 1, S. 90), während es dafür bei
Vuarner, dem Vizegrafen in Sens und Grafen von Troyes († 924) zehn Blessuren bedarf (Latouche Bd. 1, S.
100). Ebenfalls an sieben Lanzenstichen ist nach Richers Meinung Erzbischof Fulco von Reims gestorben
(Latouche Bd. 1, S. 44).

[53] Richers Vorliebe für dramatische Stimmungen entspricht es, daß Untaten auch zur Unzeit geschehen
müssen. Beliebte Formeln Richers, die beim Leser den beabsichtigten Schauer auf dem Rücken hervorrufen
sollen, sind etwa der Hinweis auf die Tages- oder besser Nachtzeit: „Sol jam occiderat" (Latouche Bd. 1, S.
146); „nox affuit" (Latouche Bd. 1, S. 220); „dum sol occideret" (Latouche Bd. 2, S. 170); „qua nocte"
(Latouche Bd. 2, S. 196); „nocte quadam" (Latouche Bd. 2, S. 216); Eroberung von Reims durch Karl
von Niederlothringen: „Nec multo post, nox cui hoc debebatur flagitium, affuit" (Latouche Bd. 2, S. 196).

[54] Richer III, 59–65 (Latouche Bd. 2, S. 70–80); IV, 47 (Latouche Bd. 2, S. 216–218); IV, 75 (Latouche Bd. 2, S. 268–270); IV, 97–98 (Latouche Bd. 2, S. 306–312).

[55] Vgl. Richers Schilderung über die Eroberung von Laon durch die Tüchtigkeit seines Vaters (II, 90,
Latouche Bd. 1, S. 278–280).

[56] Besonders eindringlich Richers Bericht über die Befreiungsaktion, die Erzbischof Heriveus zugunsten
des gefangengehaltenen Karls des Einfältigen durchführen läßt (I, 22): Heriveus dringt in die Stadt Soissons ein. – Er stört die Unterredung der Verschwörer, die Karl den Einfältigen gefangenhalten („concilium
penetrat"). – Heriveus gerät in Wut („factus terribilis"). – Er fragt die Verschwörer: „Ubi est dominus
meus?" – Die Verschwörer können aufgrund ihres Schreckens kaum antworten, („pauci admodum respondendi vires habuere"). – Sie antworten. – Die Tür, hinter der sich Karl der Einfältige als Gefangener befin-
det, muß aufgebrochen werden. – Heriveus findet Karl. – Er ergreift ihn bei der Hand. – Er wird aus der
Mitte der Verschwörer geführt. – Heriveus besteigt ein Pferd. – Er verläßt die Stadt. – Er kommt nach
Reims (vgl. Latouche Bd. 1, S. 54).

schieden. Ein Beispiel hierfür ist der viel gelesene Lukan, den wir deshalb herausgreifen, weil er auch von Richer erwähnt worden ist.[57] Nach der in diesem Fall vertrauenswürdigen Aussage seines Schülers Richer hat Gerbert von Reims in seinem Unterricht neben den Dichtern Vergil, Statius und Terenz, den Satirikern Juvenal, Persius und Horaz auch den *Historiker* Lukan behandelt.[58] Die überraschende Einschätzung Lukans als Historiker ist nun freilich nicht eine Eigenheit Richers, sondern beruht auf der Autorität Isidors von Sevilla.[59] Wie bereits in der Antike so hat man auch in späterer Zeit geschwankt[60], ob man nun Lukan den Dichtern oder den Historikern zuordnen sollte und hat sich, wie etwa Konrad von Hirsau (gest. 1120), für ein „sowohl als auch" entschieden.[61] Die Konsequenzen für den modernen Historiker sind eindeutig: So wie es unzulässig wäre, anhand von Lukans „Pharsalia" die Geschichte des Bürgerkrieges zwischen Caesar und Pompeius rekonstruieren zu wollen, so verfehlt wäre die Annahme, das Richer'sche Werk spiegele die Realität des zehnten Jahrhunderts unverfälscht wider.[62] Aber es wäre nicht nur ungerecht, sondern auch unhistorisch, wollte man die epische Orientierung eines Werkes als ein Defizit seines Autors beklagen. Vielmehr wird deutlich, daß dem Historiker nicht nur die Aufgabe gestellt war, von Vergangenem zu berichten. Als wichtig erwies sich auch die Form ihrer Darstellung.

Wodurch erklärt sich aber Richers besonderes Bemühen um die formale Gestaltung, wie sie beispielhaft in der epischen Stilisierung zum Ausdruck kommt? Eine Antwort könnte darin liegen, daß ihm der erste Weg, der rein sachliche, historisch-informative Bericht über vergangene Ereignisse durch seinen Vorgänger Flodoard bis zum Jahre 966, bis zum Abbruch von dessen Annalen verbaut war. Um das Interesse der Leser überhaupt beanspruchen zu können, mußte Richer, der eben nicht wie Wipo auf die „novitas rerum" seiner „historia" verweisen konnte[63], mit der „(novitas) verborum" seine Geschichtsschreibung rechtfertigen.[64]

---

[57] Richer III, 47 (Latouche Bd. 2, S. 56).

[58] Zu den genannten Autoren und zum Bericht Richers, der „den Fortschritt in der Entwicklungsgeschichte des mittelalterlichen Kanons" dokumentiert, vgl. GLAUCHE, Die Rolle der Schulautoren, S. 623–624; ausführliche Behandlung dieser Thematik bei GLAUCHE, Schullektüre im Mittelalter, passim.

[59] „Unde et Lucanus ideo in numero poetarum non ponitur, quia videtur historias conposuisse" (Etymologiae VIII 7, 10).

[60] Zur gattungstheoretischen Einordnung Lukans im Mittelalter ausführlich P. VON MOOS, „Poeta" und „Historicus" im Mittelalter. Zum Mimesis-Problem am Beispiel einiger Urteile über Lucan, *in*: Beiträge zur Geschichte der deutschen Literatur und Sprache 98 (1976), S. 93–130; von Moos wertet das Richer-Zitat (III, 47; vgl. Anm. 57) als „früheste(n) Beleg für die Unterordnung der Historie unter die Poesie" (S. 116).

[61] Vgl. dessen „Dialogus super auctores" (ed. R. B. C. HUYGENS, Accessus ad auctores, Bernard d'Utrecht, Conrad d'Hirsau, Leiden 1970, S. 110–111), wo Lukan zwar als „poeta", zugleich aber auch als „verax in historiae veritate" beschrieben wird.

[62] Vgl. die diesbezüglichen Bedenken von WERNER (Kapitel 1, Anm. 1).

[63] In deutlicher Wendung gegen die Anhänger der antiken Geschichte betont Wipo, wie wichtig es sei, auch die Geschichte seiner eigenen Zeit zu beachten: „Verendum est modernis scriptoribus vitio torporis apud Deum vilescere, cum primitiva auctoritas veteris testamenti, quae historias patrum fructifero labore diligenter exarat, novarum rerum frugem in memoriae cellario recondi debere praefiguret et doceat" (Wipo,

Die Dominanz des formalen Gestaltungswillens zeigt sich auch in der Art und Weise, wie Richer nicht nur mit seiner Hauptquelle Flodoard, sondern mit dem vorliegenden Stoff überhaupt umgegangen ist. Wiederholt hat man auf das für Richer so typische Bemühen hingewiesen, die Erzählung auszuschmücken, aufzuputzen, aufzuschwellen. Das heißt mit anderen Worten, er hat sich der „amplificatio" bedient, jenes Verfahrens, das man als „schlechthin grundlegend" für die mittelalterliche Dichtung angesehen hat.[65] Es ist also die Gemeinsamkeit der literarischen Technik, die bei Richer die Grenzen zwischen „poeta" und „historiographus" verwischt hat.[66] Innerhalb der von den Poetiken des Mittelalters[67] für die „amplificatio" empfohlenen Verfahren[68] hat Richer vor allem auf die „digressio" und die „descriptio" zurückgegriffen. Vor allem die Abschweifung (digressio), eine literarische Technik[69], die auch von anderen Autoren jener Zeit bewußt eingesetzt wurde[70], hat die Komposition des Werkes unmittelbar beeinflußt. So ist der chronologisch geordnete Erzählfluß, der „ordo naturalis", zu dem sich Richer auch in seinem Vorwort bekannt hatte[71], immer wieder unterbrochen. Wie von der poetischen Theorie grundsätzlich vorgesehen, so lassen sich auch in der erzählerischen Praxis von

---

Gesta Chuonradi, Prologus, ed. H. Bresslau (³1915), MGH SS rer. Germ., S. 5. – Zum Rechtfertigungsproblem des Neuen gegenüber dem hoch eingeschätzten und zumeist autoritativ verehrten Alten vgl. H. BEUMANN, Der Schriftsteller und seine Kritiker im frühen Mittelalter, in: Studium Generale 12 (1959), S. 497–511), Neudruck: H. Beumann, Wissenschaft vom Mittelalter, S. 9–40 (der freilich in diesem Zusammenhang Wipo nicht miteinbezogen hat).

[64] Vgl. Kapitel 9 § 1: Zur Interpretation des Prologs bei Richer.

[65] H. BRINKMANN, Zu Wesen und Form mittelalterlicher Dichtung, Halle a. d. Saale, 1928, S. 48.

[66] Richer war sich der literartechnischen Bedeutung der „amplificatio" sehr wohl bewußt, vgl. I, 39: „Unde et . . . multis suasionibus (Karolus rex) permovebat. Heinricus vero . . . multis amplificationibus agitabat" (Latouche Bd. 1, S. 78). Auch Gerbert hat es in diesem Sinne benutzt, vgl. dessen Acta conc. Rem., Prologus, MGH SS 3, S. 658.

[67] Vgl. E. FARAL, Les arts poétiques du XIIe et XIIIe siècle, Paris 1928.

[68] Vgl. dazu die übersichtliche Darstellung bei BRINKMANN, Zu Wesen und Form mittelalterlicher Dichtung, S. 47 ff.

[69] Zur „digressio" als literarischer Technik vgl. BRINKMANN, Zu Wesen und Form mittelalterlicher Dichtung, S. 49 ff. – Wenn auch die ausführliche Behandlung der „digressio" erst den Poetiken des späteren Mittelalters vorbehalten bleibt, so mußte doch dem Dichter und Historiker auch des früheren Mittelalters sowohl durch die Lektüre der antiken Klassiker wie durch das Studium der als maßgeblich geltenden Rhetoriklehrbücher (Rhetorica ad Herennium, M. Victorinus, Julius Victor), welche die „digressio" ebenfalls erwähnten, dieses Stilmittel bekannt sein.

[70] Namentlich erwähnt bei Gerbert, Acta conc. Rem., Prologus (MGH SS 3, S. 658). Auf die „digressio" berief sich auch ein berühmter Zeitgenosse Richers, Bischof Adalbero von Laon in seinem „Carmen ad Rotbertum regem" (Vers 355–356): „Sistere cuncta velim quamvis sub temate vero/hic tamen est extra quaedam digressio causa" (ed. C. CAROZZI, Les Classiques de l'Histoire de France, Bd. 32, Paris 1979, S. 28); ausdrücklich erwähnt und als literarische Technik eingesetzt wird die Abschweifung auch durch Gunzo von Novara: „Hec quasi per digressionen dicta sint; ad proposita recurram" (Epistula ad Augienses, ed. K. Manitius (1958), MGH Quellen zur Geistesgeschichte des Mittelalters Bd. 2, S. 45).

[71] Prologus: „Ubi enim rerum ordo non advertitur, tanto nitentem error confundit, quanto a serie ordinis errantem seducit" (Latouche Bd. 1, S. 2).

Richer zwei verschiedene Typen der „digressio"[72] voneinander unterscheiden. Neben der thematisch eng mit der Haupthandlung verbundenen Abschweifung gibt es Partien in Richers Werk, die nur sehr entfernt oder überhaupt nicht mehr mit dem bisher behandelten Thema in Zusammenhang stehen. Dies gilt etwa vom Bericht Richers über seine im März des Jahres 991 unternommene Reise nach Chartres[73], seiner „digressio" die am bekanntesten geworden ist.[74] Mit der vor allem an sich selbst gerichteten Aufforderung: „sed ut iam superioris negotii seriem repetamus"[75] hat Richer seinen Erlebnisbericht beendet und sich gleichsam zur erzählerischen Disziplin ermahnt. Denn so interessant Richers Abenteuer als Zeugnis einer mittelalterlichen „conditio humana" (A. BORST) auch sein mag – was man freilich nur mit Einschränkung wird sagen dürfen, da sein Bericht doch Spuren einer „imitatio Vergiliana" zeigt[76] –, so unbefriedigend ist die von der literarischen Kritik geforderte und von Richer versuchte erzählerische Integration nicht nur dieser „digressio" in den Gesamtrahmen seines Geschichtswerkes geblieben. Obwohl um die nötige erzählerische Überleitung bemüht, ist Richer nichts Besseres eingefallen, als auf die ungefähre zeitliche Übereinstimmung seiner Reise mit der Gefangennahme Karls von Niederlothringen zu verweisen.[77]

Ausgiebig hat Richer auch das Stilmittel der „descriptio" benutzt.[78] Daß ihn dabei vornehmlich literarische Ambitionen leiteten, lehrt das von ihm versuchte Charakterporträt des lothringischen Fürsten Giselbert. Ihn interessiert nicht die historische Einmaligkeit und Unverwechselbarkeit des Lothringers, sondern dessen Persönlichkeit wird so geschildert, wie sich die dichterische Einbildungskraft, geschult am klassischen Vorbild Sallust, den Typ des Verräters und Staatsfeindes vorstellte.[79] Es ist der idealisierende Stil des Dichters, der „die Personen dem Wunschbild angleicht, das wir uns von ihnen machen."[80]

Ein reiches Betätigungsfeld eröffnete sich für Richer in den traditionellen Bereichen literarischer Beschreibung, in der „descriptio rerum ut pedestris proelii vel navalis pugnae

---

[72] Zu den verschiedenen Formen vgl. BRINKMANN, Zu Wesen und Form mittelalterlicher Dichtung, S. 49 ff.

[73] Richer III, 50 (Latouche Bd. 2, S. 224–230); zu dieser „Bildungsreise" Richers ausführlich A. BORST, Lebensformen im Mittelalter, Berlin 1973, S. 146–150.

[74] Unter dem Titel „Bildungsreise" aufgenommen von BORST, Lebensformen, S. 146–150.

[75] III, 51 (Latouche Bd. 2, S. 230).

[76] Vgl. *Richer* (III, 50):   und *Vergil*, Aeneis (III, 586):
Imbres nimia infusione ruebant; *caelum nubila*   erant ... obsuro sed *nubila caelo*
praetendebat; *sol* jam in occasu minabatur *tene-*   (III, 194–195): tum mihi caerulus supra caput
bras; (Latouche Bd. 2, S. 226); *nox inhorruerat,* adstitit *imber/noctem* hiememque ferens et *in-*
mundumque *tetra caligine* obduxerat" (Latouche   *horruit* unda *tenebris* (III, 20): Tris adeo incertos
Bd. 2, S. 228);   *caeca caligine* soles/erramus palago, totidem, sine
                                                     sidere *noctes.*

[77] Vgl. Richer III, 50 (Latouche Bd. 2, S. 224).

[78] Zur „descriptio"-Technik vgl. BRINKMANN, Zu Wesen und Form mittelalterlicher Dichtung, S. 54 f.

[79] Das heißt: Giselbert wird als ein zweiter Catilina gezeichnet, vgl. Richer I, 35 (Latouche Bd. 1, S. 72–74).

[80] BRINKMANN, Zu Wesen und Form mittelalterlicher Dichtung, S. 58.

descriptio" wie in der „descriptio locorum ut litoris, campi, montium".[81] Wir hatten bereits Anlaß, auf das große Interesse Richers an militärischen Dingen hinzuweisen. Da aber weniger Strategie und Taktik im Mittelpunkt stehen, und sich der Blick vor allem auf militärisch eher unbedeutende Details, die einzelne Kampfszene richtet, können wir ebenfalls nur sehr begrenzte historische Erkenntnis aus Richers Schilderungen ziehen. Der Vorteil, der durch die „descriptio"-Technik erreicht werden soll, die Vergegenwärtigung des Dargestellten („commemoratio"[82]), die Plastizität der Schilderung, muß auch bei Richer mit dem Nachteil erkauft werden, daß die Beschreibung sich verselbständigt und zum Selbstzweck werden kann. So hat Richer beispielsweise weniger die politische und militärische Bedeutung der Politik König Lothars gegenüber seinem östlichem Nachbarn interessiert. Statt dessen rückt der äußerst minuziös beschriebene Bau eines Belagerungsturmes, der aus Richers Darstellung über die Wiedereroberung Verduns durch König Lothar erwachsen war, in den Vordergrund.[83] Ließe sich die aufwendige Beschreibung allenfalls noch durch dessen große militärische Bedeutung rechtfertigen – seinem Einsatz verdankt man laut Richer den erfolgreichen Sturm auf Verdun[84] –, so wenig angebracht wirkt eine weitere ausführliche Beschreibung Richers, die sich mit dem Bau eines Sturmbocks beschäftigt.[85] Die motivgeschichtlich identische Situation – auch hier handelt es sich um die Belagerung einer Stadt durch königliche Truppen –, mag Richer dazu verleitet haben, erneut seine literarische Brillanz durch eine umfangreiche „descriptio" unter Beweis zu stellen. Daß ihn wirklich nur literarischer Ehrgeiz dazu getrieben hatte, verrät der folgende abschließende, durch seine lakonische Kürze durchaus bemerkenswerte Hinweis:

> „At quia urbis situs accedere prohibuit, eo quod ipsa urbs in eminenti montis cacumine eminet, aries fabricatus cessit."[86]

Daß die Belagerer ein so ausgeprägt schildbürgerhaftes Verhalten an den Tag gelegt hätten, nämlich erst unter großem Aufwand eine Belagerungsmaschine zu bauen, nur um dann anschließend feststellen zu müssen, daß man sie gar nicht einsetzen könne, ist mehr als unwahrscheinlich.

Was schließlich das äußere Erscheinungsbild seines Werkes angeht, so ist bekannt, welch große Aufmerksamkeit ihm Richer geschenkt hat. Überall ist seine korrigierende Hand sichtbar. Neben stilistischen Änderungen hat er sich vor allem um orthographische und grammatische Korrektheit bemüht.[87] Demgegenüber treten sachliche Korrekturen, die den Inhalt grundlegend verändern, in den Hintergrund.[88] Die zahlreichen Reden, die

---

[81] Priscian, Praeexercitamenta cap. 10 (ed. Halm S. 559), zitiert von BRINKMANN, Zu Wesen und Form mittelalterlicher Dichtung, S. 62 Anm. 6.

[82] Zur „commemoratio" vgl. H. LAUSBERG, Handbuch der literarischen Rhetorik, München 1960, § 415, S. 229 f.

[83] Richer III, 105 (Latouche Bd. 2, S. 134–136).

[84] Richer III, 107 (Latouche Bd. 2, S. 136–138)

[85] Richer IV, 22 (Latouche Bd. 2, S. 178).

[86] Richer ebd.   [87] Vgl. Kapitel 1.

[88] Freilich gilt dies nicht ausschließlich: zur bekannten Vertauschung der Namen Giselbert mit Heinrich und Belgien mit Germanien und ihrem politischen Hintergrund vgl. BEZZOLA, Ottonisches Kaisertum, S. 130 f.

Richer, der Antike verpflichtet, in sein Gesichtswerk einbaute, boten ihm Gelegenheit, sein rhetorisches Geschick zu entfalten. Darauf werden wir bei gegebenem Anlaß noch zu sprechen kommen.[89] In den rein erzählerischen Partien ist Richer, entgegen seinem im Prolog formulierten Anspruch, nicht über den nüchternen, annalistischen Stil seines Vorgängers Flodoard hinausgekommen. Beiden gemeinsam ist ein weitgehend normiertes, stereotypes Begriffsformular, das zur Beschreibung immer wiederkehrender Situationen wie Belagerung, Beratung, Königsumritt, Verwüstung usw. eingesetzt wird.[90] Formales Bemühen kennzeichnet auch die Gliederung seines Werkes.[91] Richer hat sich, was den äußeren Umfang anbelangt, für eine gleichgewichtige Einteilung in vier Bücher entschieden, die in sich sachlich abgeschlossen sind. Der Tod der Könige Rudolf (gest. 936), Ludwig IV. (gest. 954) und Lothar (gest. 986) setzen die jeweilige Zäsur. Die beiden letzten Bücher wirken im Vergleich zu den vorangegangenen in sich weniger geschlossen. Die einzelnen Digressionen sind zumeist ausführlich gehalten und gewinnen fast novellenartigen Charakter.[92] Ebenso sind Unstimmigkeiten in der Komposition zu beobachten, die durch den abrupten Abbruch eines Erzählstranges sich ergeben. So kommt es in Richers Geschichtswerk zu einer Lücke von vier Jahren (966–969), über die er nichts zu berichten wußte, da ihm seine Hauptquelle, die Annalen von Flodoard, nicht mehr zur Verfügung standen, die mit dem Jahr 966 bekanntlich abbrechen.[93] Sicherlich wird man neben dem Fehlen einer fortlaufenden Vorlage, wie Flodoard sie bot, auch politische Vorsicht und Rücksichtnahme des Autors in Rechnung stellen dürfen. So hat man zurecht auf die merkwürdige Diskrepanz hingewiesen, die darin besteht, daß Richer, nachdem er im dritten Buch von Kapitel 43 bis 65 in ausführlicher Weise Leben und wissenschaftliches Wirken Gerberts dargestellt hatte, in der weiteren Fortsetzung sich über den Reimser Scholaster ausgeschwiegen und eher beiläufig dessen kirchenrechtlich überaus

---

[89] Vgl. Kapitel 9.

[90] Man hat zurecht darauf aufmerksam gemacht, daß nicht nur Urkunden und Briefe, sondern auch die Geschichtsschreibung „Formularcharakter" besitzt, vgl. H. BEUMANN, Topos und Gedankengefüge bei Einhard, in: AKG 33, 1951, S. 350 Anm. 36; Neudruck: H. Beumann, Ideengeschichtliche Studien zu Einhard und anderen Geschichtsschreibern des früheren Mittelalters, Darmstadt 1962, S. 14, Anm. 36.

[91] Wie wir aus dem Widmungsschreiben, das Otto von Freising an Friedrich I. richtete und das am Anfang seiner Chronik steht, wissen, galt das formale Bemühen des Autors nicht zuletzt auch kompositorischen Fragen der Gliederung. Die bewußte Distanzierung des Freisinger Bischofs von der reinen Ereignisgeschichte („rerum gestorum seriem") und seine gleichzeitige Berufung auf das Amt des Tragödiendichters sind zugleich Ausdruck für den engen Zusammenhang zwischen Dichtung und Geschichte (vgl. dazu Kapitel 9 § 5: Exkurs): „Unde nobilitas vestra cognoscat nos hanc historiam nubilosi temporis, quod ante vos fuit, turbulentia inductos ex amaritudine animi scripsisse ac ob hoc non tam rerum gestarum seriem quam earundem miseriam in modum tragediae texuisse et sic unamquamque librorum distinctionem usque ad septimum et octavum – per quos animarum quies resurrectionisque duplex stola significatur –, in miseria terminasse" (Chronica sive Historia de duabus civitatibus, ed. Hofmeister (1912), MGH SS rer. Germ., S. 2–3).

[92] Ein gutes Beispiel hierfür ist die „Bildungsreise" Richers nach Chartres (IV, 50), vgl. Latouche Bd. 2, S. 224–230. Zu ihrer Bedeutung als Zeugnis einer mittelalterlichen „conditio humana" und der stilistischen Beeinflussung der Schilderung Richers durch Vergils Aeneis vgl. Anm. 74 u. Anm. 76.

[93] Vgl. GIESE, „Genus" und „Virtus", S. 29.

problematische Erhebung zum Erzbischof von Reims erwähnt hat.[94] Jede Kritik an formalen Unzulänglichkeiten des Werkes hat aber zu bedenken, daß es sich bei Richers
Autograph noch nicht um die endgültige Fassung, sondern um ein Konzept handelte,
dem der Autor seine abschließende Form noch nicht gegeben hatte.

---

[94] Dazu und zu den möglichen politischen Hintergründen ausführlich F. EICHENGRÜN, Gerbert (Silvester II.) als Persönlichkeit, Leipzig–Berlin 1928, S. 25 ff.; kritisch zur Meinung von EICHENGRÜN, der das
Werk Richers zu sehr unter dem Blickwinkel seiner Beziehung zu Gerbert betrachtet, bleibt GIESE, „Genus"
und „Virtus", S. 30 ff.

4. Die politische Lage in Reims am Ende des zehnten Jahrhunderts

Die Geschichte des Reimser Erzbistums im zehnten Jahrhundert hat wiederholt das Interesse der historischen Forschung gefunden.[1] Und dies zurecht! Denn die sehr wechselvollen und oft verwirrenden Geschicke, welche die nordfranzösische Metropole im Laufe eines Saeculum durchlebte, sprengen den lokalen, durch die Grenzen des Erzbistums gebildeten Rahmen.[2]

Die Schwäche des französischen Königtums, die Beschränkung seiner tatsächlichen Machtbasis auf einige wenige Kernlandschaften mußte naturgemäß die Bedeutung der dem Monarchen noch verbliebenen Machtzentren stärken. Dazu gehörte neben der „urbs regia" Laon vor allem das „regni Francorum caput" Reims.[3] Man versteht daher das ganze Ausmaß der Bedrohung für König Hugo Capet, als es dem Karolinger Karl von Niederlothringen, der sich in seinen Thronansprüchen beim Dynastiewechsel von 987 übergangen fühlte, gelingt, neben dem 988 durch Verrat in seine Hände gefallenen Laon im darauffolgenden Jahr auch noch das Erzbistum Reims zu gewinnen.[4] Möglich war dies durch den Übertritt von Erzbischof Arnulf geworden, eines illegitimen Sohnes König Lothars von Frankreich.[5]

Bei der Besetzung des erzbischöflichen Stuhles mit Arnulf mag das Interesse von Hugo Capet, einen Teil der karolingischen Partei auf seine Seite zu ziehen, eine wichtige Rolle gespielt haben.[6] Aber auch die Erfahrungen mit Arnulfs Vorgänger, dem aus Lo-

---

[1] Vgl. A. DUMAS, L'Eglise de Reims au temps de luttes entre Carolingiens et Robertiens, 888–1027, *in*: Revue d'Histoire de l'Eglise de France 30 (1944), S. 4–38; H. ZIMMERMANN, Ottonische Studien I: Frankreich und Reims in der Politik der Ottonenzeit, *in*: MIÖG-Ergbd. 20 (1962) S. 122–146.

[2] ZIMMERMANN, Ottonische Studien, S. 124.

[3] Die Bezeichnung von Reims als „regni Francorum caput" findet sich in einem Schreiben des Bischofs Adalbero von Laon an König Hugo (April 989), vgl. WEIGLE, Briefsammlung Gerberts von Reims, ep. 154, S. 182.

[4] Denn der Vergleich von Reims als „caput" impliziert, daß dem „Haupt" die „Glieder" folgen würden. So warnt Adalbero von Laon Hugo Capet davor, als Nachfolger des verstorbenen Erzbischofs von Reims „vel dolosum vel idiotam . . . praeficere cum omnia membra capud sequantur" (ep. 154, Weigle S. 182) und Gerbert hatte mit denselben Worten seine Bitte an Königin Adelheid (Frühjahr 997) um Hilfe für die „Remensis ecclesia desolata et attrita" motiviert: „Que (ecclesia Remensis sc.) quoniam regni Francorum est capud, si deperierit, ut membra sequantur, necesse est" (ep. 181, Weigle, S. 212).

[5] Für die einzelnen Ereignisse bleiben nach wie vor unersetzlich die Darstellung von F. LOT, Les derniers Carolingiens, Paris 1891 und *ders.*, Etudes sur le règne de Hugues Capet et la fin du Xᵉ siècle, Paris 1903. Ferner sei verwiesen auf ZIMMERMANN, Ottonische Studien und K. F. WERNER, Westfranken-Frankreich unter den Spätkarolingern und frühen Kapetingern (888–1060), *in*: Handbuch d. europ. Geschichte, Bd. 1, Stuttgart 1976, S. 731.

[6] ZIMMERMANN, Ottonische Studien, S. 142.

thringen stammenden Erzbischof Adalbero (972–989), mußten Hugo Capet davor
warnen, dessen „alter ego", den Domscholaster Gerbert[7], zum Erzbischof wählen zu lassen. So hatte sich Adalbero bei der Unterstützung königlicher Interessen als wenig tatkräftig erwiesen.[8] Ungeachtet aller Vorsichtsmaßnahmen[9] war doch nicht verborgen geblieben, daß er und sein Vertrauter Gerbert sich vor allem den Ottonen verpflichtet fühlten.[10] Dennoch war die Bestellung Arnulfs auf den erzbischöflichen Stuhl ein, wie sein
bald nach der Wahl erfolgender Übertritt auf die Seite Karls zeigte, großer politischer
Fehler Hugo Capets gewesen. Als überzeugter Anhänger der Capetinger hat Richer dies
dadurch zu kaschieren versucht, daß er die Verantwortung für die Wahl nicht dem König, sondern der Reimser Bürgerschaft zugeschoben hat. Seine Behauptung, daß die „eligendi domini optio" ausdrücklich den „cives" (Remenses sc.) überlassen worden sei[11],
besitzt keinerlei Glaubwürdigkeit. Nicht nur die große politische und kirchliche Bedeutung dieser Wahl, sondern auch die sonst übliche Praxis, die Bistümer mit den Kandida-
ten des Königs zu besetzen, wie sie Richer uns selbst geschildert hat, spricht eindeutig dagegen.

Die Auslieferung Karls von Niederlothringen und mit ihm die Arnulfs von Reims
durch Bischof Adalbero von Laon, Ende März 991, sollte die Wende zugunsten der Capetinger bringen. Während Karl verhaftet und nach Orléans verbracht wurde, machte
man Erzbischof Arnulf auf der Synode von St-Basle-de-Verzy noch im selben Jahr den
Prozeß.[12] Zu seinem Nachfolger bestimmte man Gerbert, der schon im Jahr 989 nach
dem Tode Erzbischofs Adalbero die berechtigte Hoffnung hatte, den Reimser Stuhl besteigen zu dürfen.[13] Seine große Enttäuschung und Verbitterung über die Haltung König

---

[7] Über sein Verhältnis zu Erzbischof Adalbero sagt Gerbert, was man nicht allein einer verklärenden
Rückschau zugute halten sollte (der Brief ist ein knappes Jahr nach dem Tode Adalberos geschrieben worden): „Ego cum statuissem non discedere a clientela et consilio patris mei beati Ad., repente sic eo privatus
sum, ut me superesse expavescerem, quippe cum esset nobis cor unum et anima una, nec hostes eius eum puta-
rent translatum, cum me superesse viderent" (ep. 163, Weigle, S. 191).

[8] So hatte sich Erzbischof Adalbero anfänglich geweigert, der Krönung von Hugos Sohn Robert zum
Mitkönig zuzustimmen, mit dem Hinweis „non recte posse creari duos reges in eodem anno" (vgl. Richer
IV, 12). Zu den vermutlichen Hintergründen für Adalberos Reserviertheit WERNER, in: Handbuch d. europ.
Geschichte, S. 753.

[9] Wie solche Vorsichtsmaßnahmen ausgesehen haben, zeigen die Briefe 49 und 54 der Briefsammlung
Gerberts (Weigle, S. 79 bzw. 84), in denen jeweils der Inhalt vorangegangener Schreiben des Erzbischofs
Adalbero mit dem Hinweis widerrufen werden, daß sie unter dem Druck der politischen Lage geschrieben
seien und daher nicht der wahren Meinung des Absenders entsprächen.

[10] Vgl. beispielsweise ep. 117 (Erzbischof Adalbero an Kaiserin Theophanu, Sommer 988?): „Semper
quidem utilitati vestre prospicere volumus ac prospiciendo gaudemus, quippe qui nos nostraque omnia vestre
servituti devoverimus" (Weigle, S. 144).

[11] Vgl. Richer IV, 26 (Latouche Bd. 2, S. 186). Ihm zufolge hat Hugo Capet den Reimser Bürgern
auch ausdrücklich versichert: „Nihil etiam deliberatum."

[12] Zur Synode von St-Basle-de-Verzy vgl. Kapitel 7 § 2.

[13] In einem Brief an den Trierer Mönch Remigius kurze Zeit nach dem Tode von Erzbischof Adalbero
schreibt Gerbert, daß „pater A(dalbero) me successorem sibi designaverat cum tocius cleri et omnium episcoporum ac quorundam militum favore" (ep. 152, Weigle, S. 179).

Hugos, der sich für Arnulf entschieden hatte, mögen mit ein Grund dafür gewesen sein, daß der Reimser Scholaster für kurze Zeit (Frühjahr 990) auf die Seite des Karolingers Karl wechselte. Gerade noch rechtzeitig, das heißt vor der Gefangennahme Karls und Arnulfs im März des darauffolgenden Jahres hat Gerbert, der vorgab, ihn plage sein schlechtes Gewissen, zur „aula regalis" zurückgefunden.[14]

Mit Gerbert bestieg im Jahre 991 „favore et coniventia utriusque principis domni Ugonis augusti et excellentissimi regis Rotberti"[15] ein Mann den Reimser Stuhl, den sein politisches Geschick bereits in den Ruf gebracht hatte, Könige ein- und absetzen zu können.[16] Seine tiefe Verwurzelung in der Stadt Reims[17], die guten Beziehungen zum ottonischen Hause, seine überragende rhetorische Begabung[18], wie auch sein bereits bewiesenes politisches Gespür mochten bei den französischen Königen die Hoffnung wecken, daß der ehemalige Scholaster den zu erwartenden Stürmen standhalten werde. Denn daß er mit erheblichem Widerstand zu rechnen hatte, war bereits auf der Synode von St-Basle-de-Verzy deutlich geworden. Die Kritik kam vor allem aus dem cluniazensisch geprägten Mönchtum und entzündete sich an der Absetzung des Erzbischofs Arnulf. Besonderes Gewicht erhielt diese Opposition durch ihren Wortführer, Abt Abbo von Fleury, dem gefährlichsten Gegner von Gerbert.

Allen äußeren Anfeindungen zum Trotz hat sich Gerbert etliche Jahre in Reims als Erzbischof behaupten können. Eine unabdingbare Voraussetzung dafür war allerdings, daß die Capetinger hinter Gerbert standen. Daß zumindest König Hugo in der Anfangsphase des Streites (992/993), der sehr bald die nationalen Grenzen sprengte und für den sich zunehmend auch der päpstliche Stuhl zu interessieren begann[19], hinter Gerbert stand, zeigt sein Brief an Johannes XV.[20] Voller Selbstbewußtsein, das genährt wird durch die noch nicht erschüttert scheinende Einheitsfront von Episkopat und Krone,

---

[14] Vgl. den Brief Gerberts an Erzbischof Egbert von Trier (Mai/Juni 990), in dem er bekannte, daß er die Partei Karls wieder verlassen habe: „Veritus itaque sum stimulante conscientia, ne in oculis vestris displicerem, qui michimet ipsi displicere iam ceperam ... Nunc ergo regiam incolo aulam ..." (ep. 172, Weigle, S. 199).

[15] Proclamatio der Reimser Suffraganbischöfe (ep. 179, Weigle, S. 207).

[16] „Me ad invidiam K(aroli) nostram patriam tunc et nunc vexantis digito notabant (hostes Gerberti sc.), qui reges deponerem regesque ordinarem" (ep. 163, Weigle, S. 191).

[17] In einem Mai 990 oder Mai 991 geschriebenen Brief bittet Gerbert Erzbischof Arnulf, den er verlassen hat, seinen umfangreichen Besitz in Reims zu schonen: „... domos, quas proprio labore multisque sumptibus exedificavimus, michi meisque cum sua suppellectili reservate. Ecclesias quoque, quas sollempnibus ac legitimis donationibus iuxta morem provincie consecuti sumus, nullis praeiudiciis attingi oramus, de reliquo non multum deprecaturi" (ep. 178, Weigle, S. 205).

[18] Zur hohen Bedeutung und Wertschätzung der Rhetorik gerade für das bischöfliche Amt vgl. die einfühlsamen Bemerkungen von DUBY, Die drei Ordnungen, S. 30–35.

[19] Vgl. H. ZIMMERMANN, Abt Leo an König Hugo Capet. Ein Beitrag zur Kirchengeschichte des 10. Jahrhunderts, in: Festschrift K. PIVEC, Innsbruck 1966, S. 327–343.

[20] ep. 188 (Weigle, S. 225 f.).

wird dem Papst nahegelegt, doch höchstpersönlich über die Alpen nach Frankreich zu kommen, um sich dort an Ort und Stelle von der Wahrheit ein Bild zu machen.[21]

Auch die wahrscheinlich im Mai 994 unter dem Vorsitz von König Robert II. statt-findende Synode von Chelles[22] bedeutete noch einmal eine Stärkung der Position von Gerbert. Unter Berufung auf das Bibelwort: „Erat eis cor unum et anima una" (Apg. 4,32) beschwor man die bischöfliche Eintracht und verpflichtete sich ausdrücklich auf ein gemeinsames Vorgehen.[23] Der Ton, der gegenüber dem Papst angeschlagen wird, unterscheidet sich in seiner Schärfe durch nichts von dem heftigen Angriff, den Bischof Arnulf von Orléans auf der nunmehr drei Jahre zurückliegenden Synode von St-Basle ge-gen Rom gerichtet hatte.[24] Dennoch hatte es schon im selben Jahr 994 einen größeren Konflikt zwischen der Krone und Teilen des Episkopats gegeben, in den auch Gerbert verwickelt worden war.[25] Treibende Kraft war Abbo von Fleury, dem es in seiner Aus-einandersetzung mit den konservativ eingestellten Bischöfen gelang, die Capetinger und insbesondere den frommen Robert für seine Reformziele zu interessieren.[26] Gerbert hat sich über die Gefährlichkeit seines Gegenspielers keine Illusionen gemacht. Die Strategie Gerberts beruhte unter anderem darauf, den an der Absetzung Beteiligten klarzumachen, daß sie alle miteinander, die Könige Hugo und Robert und die Bischöfe, mit ihm Ger-bert, den sie gewählt hatten, „im selben Boot säßen".[27] Aber sie hat sich als nicht wirksam erwiesen. Schon kurze Zeit nach der ersten Romreise Abbos, die im Herbst des Jahres 994 stattfand[28], wurde ihm bewußt, daß er seine Reimser Position auf Dauer nicht wür-de behaupten können.[29] Dennoch verbot ihm schon sein Naturell, das Terrain kampflos

---

[21] „Nichil nos contra apostolatum vestrum egisse scimus. Quod si absentibus non satis creditis, praesen-tes de praesentibus vera cognoscite. Gratianopolis civitas in confinio Italie et Gallie sita est, ad quam Roma-ni pontifices Francorum regibus occurere soliti fuerunt. Hoc, si vobis placet, iterare possibile est" (Weigle, S. 225–226).

[22] Zu den Datierungsschwierigkeiten, welche die nur von Richer (IV, 89) überlieferte Synode von Chelles bietet, vgl. UHLIRZ, Jahrbücher des deutschen Reiches unter Otto II. und Otto III., Bd. 2, Otto III., S. 478–486.

[23] Vgl. Richer IV, 89 (Latouche Bd. 2, S. 290).

[24] „Placuit quoque sanciri, si quid a papa Romano contra patrum decreta suggereretur, cassum et irritum fieri juxta quod apostolus ait: ‚Hereticum hominem et ab ecclesia dissentientem penitus devita'" (Latou-che Bd. 2, S. 290).

[25] Vgl. ep. 190 (Weigle, S. 227–229).

[26] Zu Abbo und seinen Zielen vgl. Kapitel 7.

[27] Vgl. ep. 191: „Reducetur ad memoriam eius (Arnulfi sc.) captio, carcer prolixus, alterius in eius sedem ordinatio. Ordinatores, ordinatus atque ab eo ordinati calumpnie subiacebunt. Ipsi quoque reges in singulis peccatis peccatores apparebunt. Nec sibi quisquam blandiatur quolibet conquassato se incolomi, nec falso nomine sponsionis decipiatur, cum res et facta non ex indulgentia iudicum sed ex stabilitate pendeant causa-rum" (Weigle, S. 230).

[28] Das genaue Datum der Romreise Abbos ist umstritten, vgl. die verschiedenen Datierungsansätze bei Weigle, S. 229, Anm. 1.

[29] „Satis super venerabilis A(bbonis) legatione miratus sum . . . Hec autem omnia non dolores sed initia dolorum sunt. Maius est, quod queritur et quod appetitur, quam ego humilis et parvus" (ep. 191, Weigle, S. 229).

preiszugeben. Bis zum bitteren Ende, bis zu seinem endgültigen Übertritt in die Dienste Ottos III. im Herbst 996 oder Frühjahr 997[30], sieht man ihn unermüdlich seine Rechtsposition verteidigen, sei es durch seine persönliche Anwesenheit auf zahlreichen Synoden[31], sei es durch eine umfangreiche Korrespondenz mit einflußreichen Persönlichkeiten[32] oder sei es durch die Herausgabe sorgfältig redigierter Konzilsakten.[33] Die letzte Zeit in Reims muß für Gerbert sehr schwer gewesen sein. So hat er davon gesprochen, daß man ihn sogar nach dem Leben trachte.[34] Besonders schmerzlich berührte ihn, daß nicht nur seine „milites", sondern auch die eigenen Kleriker jeden „privaten" wie „dienstlichen" Umgang mit ihm vermieden.[35] In dieser Situation äußerster Anspannung hat sich Gerbert in einer Art und Weise, die man fast sentimental nennen möchte, seines alten Heimatklosters St-Gérald in Aurillac erinnert und den Beistand im Gebet der dortigen „patres" erbeten.[36] Er sollte sich aber als wirkungslos erweisen. Denn noch während sich Gerbert in Reims aufhielt, war Königin Adelheid, die Witwe des im Oktober 996 verstorbenen Hugo Capet, bereits fest entschlossen, den abgesetzten Arnulf freizulassen. Dies war freilich weniger ein Nachgeben gegenüber päpstlichem Druck als vielmehr der Versuch, mit dem Pontifex Maximus ein Geschäft auf Gegenseitigkeit abzuschließen. Denn Adelheids Sohn, Robert (II.), der sich von seiner ersten Gemahlin Susanne getrennt hatte, beabsichtigte, die Witwe Odos I. von Blois, Bertha, zu heiraten.[37] Es ehrt Gerbert, daß er, obschon persönlich in bedrängter Situation, von dieser kanonisch höchst bedenklichen Heirat abgeraten hatte. Durch die Freilassung Arnulfs hoffte man, die päpstliche Zustimmung zur Heirat zu gewinnen: ein Traum, der nie in Erfüllung gegangen ist.

---

[30] Der Zeitpunkt, zu dem Gerbert endgültig in die Dienste Ottos III. eintritt, ist umstritten. Während UHLIRZ, Jahrbücher, S. 491, für den Herbst 996 plädiert, entschieden sich WEIGLE, Briefsammlung, S. 2, und WERNER, *in*: Handbuch d. europ. Geschichte S. 757, für Frühjahr 997.

[31] Mouzon (2. Juni 995), Reims (1. Juli 995), Krönungssynode in Rom (21. Mai 996).

[32] Vgl. ep. 192 und 193 (Weigle, S. 230–235).

[33] Acta conc. Rem. (MGH SS 3, S. 658–686).

[34] Vgl. ep. 181 (Gerbert an König Adelheid v. Frankreich): „Qui enim Ar(nulfum) ad vestri regni confusionem suae sedi restituere querunt, non sibi hoc totum fore putant, nisi me prius qualibet occasione perdant . . . (Weigle, S. 211), . . . reditum meum sine capitis mei periculo non est intelligere" (Weigle, S. 212).

[35] Vgl. ep. 181: „Memini etiam meos conspirasse non solum milites, sed et clericos, ut nemo mecum comederet, nemo sacris interesset" (Weigle, S. 212).

[36] ep. 194 (August 996): „Adeste ergo, reverendi patres, vestroque alunno fusis ad Deum precibus opem ferte . . . Valeat sanctum collegium vestrum . . . Valeant quondam michi noti vel affinitate coniuncti, si qui supersunt, quorum tantum speciem nec nomina satis novi, non eorum aliquo fastu oblitus, sed barbarorum feritate maceratus totusque, ut ita dicam, alteratus. Que adulescens didici, iuvenis amisi, et que iuvenis concupivi, senex contempsi. Tales fructus affers michi, o voluptas, talia mundi honores pariunt gaudia. Credite ergo michi experto: In quantum principes exterius attolit gloria, in tantum cruciatus angit interius" (Weigle, S. 236–237).

[37] Zu den drei Ehen Roberts II., insbesondere zu seiner Liaison mit Bertha, von der man gemeint hat, sie habe den französischen König verführt, vgl. J. DHONDT, Sept femmes et un troi de rois, *in*: Contributions à l'Histoire économique et sociale, Bd. 3 (1964–65), S. 37 ff.

Zu Beginn seines Exils zeigte sich Gerbert noch zuversichtlich, eines Tages in das „caput regni" nach Reims zurückkehren zu können. Nur so ist der ausgesucht höfliche und freundschaftliche Ton, den Gerbert gegenüber Adelheid und ihrem Sohn anschlug, verständlich. Auch wenn er die Aufforderung Adelheids, unverzüglich nach Reims zurückzukommen, abschlägig beschied, wollte er doch keineswegs alle Brücken hinter sich abbrechen und weckte die Hoffnung auf seine Rückkehr.[38] Die Geschichte hat bekanntlich anders entschieden. Und wenn Gerbert versucht hat, sein Exil als schmerzensvoll und beschwerlich zu beschreiben, so haben es doch viele seiner Zeitgenossen bereits besser gewußt[39], und auch er selbst hat seinem „domino et glorioso" Otto gegenüber seine persönliche Hochstimmung nicht verborgen.[40]

---

[38] Vgl. ep. 181 (Weigle, S. 209–214).

[39] ep. 181 : „. . . exilium, quod a multis felix putatur, non sine multo dolore tolero" (Weigle, S. 213).

[40] Vgl. ep. 187, mit der Gerbert der Bitte Ottos III. um Unterweisung entspricht: „Non enim deesse possumus obsequio, qui nichil inter humanas res dulcius aspicimus vestro imperio" (Weigle, S. 225).

5. Dynastiewechsel: Richer zwischen Karolingern und Capetingern

§ 1. Von König Odo (888–898) zu Rudolf von Burgund (923–936)

Lange Zeit galt Richer vielen Forschern als ein Anhänger des karolingischen Hauses.[1] Aber eine sorgfältige Interpretation, die möglichst genau alle Nuancen des Bildes einzubeziehen versucht, das Richer von Karolingern und Capetingern zeichnet, wird zu einer wesentlich differenzierteren Einschätzung zwingen.[2] Bereits Ort, Entstehungszeitraum und Auftraggeber des Geschichtswerkes hätten zur Vorsicht mahnen müssen. So verbot schon die Rücksichtnahme auf die herrschende Dynastie, die „politische Vergangenheit" der Robertiner allzu schwarz zu malen. Bereits der erste Robertiner auf dem westfränkischen Königsthron, Odo (888–898), bekommt eine bemerkenswert gute Beurteilung. Richer feiert in ihm – die Stilisierung ist unverkennbar[3] – den tüchtigen Mann, dem, aus bescheidenen Verhältnissen stammend, der Aufstieg bis an die Spitze der „res publica" gelingt.[4] Einem möglichen Usurpationsvorwurf seitens der Karolinger und ihrer Anhänger versucht Richer dadurch aus dem Wege zu gehen, daß er die tatsächliche Regierungsunfähigkeit des legitimen karolingischen Erben, Karls des Einfältigen, betont[5], und es bei dieser Gelegenheit nicht versäumt, den ohnehin schon sehr jungen Karl nochmals um ganze fünf Jahre jünger zu machen.[6] Die Wahl Odos zum König, dem selbst keinerlei Machtgelüste („cupido") vorgeworfen werden, erscheint als ein Akt staatspolitischer

---

[1] Dies gilt vor allem für die ältere Forschung. Vgl. die Übersicht bei BEZZOLA, Ottonisches Kaisertum, S. 114, Anm. 32.

[2] Ein wesentlich nuancierteres Bild zeichnet demgegenüber BEZZOLA, Ottonisches Kaisertum, S. 114–117, der sich für ein „Sowohl-als-auch" entscheidet: So sei Richer keiner „Schwarzweißmalerei" verfallen. Die Position Bezzolas ist in der Forschung häufiger vertreten worden, so auch von J. EHLERS, Karolingische Tradition und frühes Nationalbewußtsein in Frankreich, in: Francia 4 (1976), S. 213–235, der einen „Wechsel des Standortes" durch Richer „erst für eine spätere Zeit" annehmen möchte (ebd., S. 220), was freilich problematisch ist. Denn was hätte Richer auf einmal bewegen können, seinen bisherigen Standpunkt zu wechseln? Wir hoffen demgegenüber zeigen zu können, daß Richer, was Karl den Einfältigen und Ludwig IV. anbetrifft, keineswegs „fest von der einzigartigen Legitimität der Karolinger" überzeugt war, und daß der Wechsel nicht „rasch und dramatisch vollzogen (wurde)", wie Ehlers vermutet, sondern sich die procapetingische Haltung Richers bereits zu Beginn seines Werkes ankündigt.

[3] Vgl. dazu WERNER, in: WaG 20 (1960), S. 18.

[4] Richer I, 5 (Latouche Bd. 1, S. 16).

[5] Richer I, 4: „Et quia Karolus vix adhuc triennis erat, de rege creando deliberant (principes sc.); non ut desertores, sed ut in adversario indignantes" (Latouche Bd. 1, S. 16).

[6] In Wahrheit war Karl der Einfältige nicht, wie Richer behauptete, bei der Wahl Odos zum König drei, sondern bereits acht Jahre alt, vgl. Latouche Bd. 1, S. 16, Anm. 1.

Klugheit der „principes"[7], angesichts innerer wie äußerer Bedrohung. Die Erfolge des Königs, Abwehr der Normannen[8], Wiederherstellung des Rechtsfriedens[9], seine (verbale) Orientierung am Ideal eines „sozialen Königtums"[10], die Richer ihm in den Mund gelegt hat, und der damit verbundene Nachweis herrscherlicher „humilitas"[11], bestätigen die Richtigkeit seiner Wahl. Um das Bild der Harmonie nicht zu beeinträchtigen, läßt Richer Odo rechtzeitig genug sterben und kann es somit vermeiden, von den in der historischen Realität tatsächlich stattgefundenen Kämpfen zwischen Robertinern und Karolingern berichten zu müssen.[12] Hatte sich Richer noch als ein uneingeschränkter Befürworter und Bewunderer Odos gezeigt, so ist seine Einstellung gegenüber Karl dem Einfältigen, dem er erst nach dem Tode Odos den „rex"-Titel zubilligt, ungleich kritischer. Im Charakterbild Karls, das Richer aus der historischen Distanz von über sechzig Jahren zeichnet, scheinen die negativen die positiven Züge zu überwiegen. So ist Karl insbesondere „exercitiis militaribus non adeo assuefactus" und „duplici morbo notabilis": „libidinis intemperans ac circa exsequenda juditia paulo neglegentior".[13] Vor allem der Vorwurf mangelnder militärischer Tüchtigkeit wie der Nachlässigkeit gegenüber Aufgaben der Rechtsbewahrung mußte schwer wiegen angesichts einer äußeren Umwelt, die Richer von Normannennot und Bürgerkriegsgefahr gekennzeichnet sah. Sein Interesse lag offenbar darin, die Diskrepanz zwischen den Anforderungen, die das königliche Amt an seinen Inhaber stellt und den Grad ihrer tatsächlichen Erfüllung durch Karl aufzuzeigen. Er verfolgte damit eine Methode, deren sich bereits die karolingische Hofgeschichtsschreibung mit Erfolg bedient hatte, um den Sturz der Merowinger zu rechtfertigen und deren Grundlage die mittelalterliche Namenstheorie bildete, der sich auch Richer verpflichtet zeigt.[14]

---

[7] Die „principes" sollen Richer zufolge (I, 4) dem Rat weiser Männer gefolgt sein („sapientibus usi consilio"); ein Verfahren, das nicht nur unser Geschichtsschreiber, sondern auch die Fürstenspiegel wiederholt empfohlen hatten, vgl. H. H. ANTON, Fürstenspiegel und Herrscherethos in der Karolingerzeit (= Bonner Hist. Forschungen Bd. 32), Bonn 1968, S. 91, Anm. 73.

[8] „Nam pyratas signis collatis intra Neustriam septies(!) fudit ac in fugam novies compulit, atque hoc fere per quinquennium" (Latouche Bd. 1, S. 16).

[9] „. . . nobilium causas quae litibus agitabantur, ibi aequissime ordinat" (Latouche Bd. 1, S. 30).

[10] „Quibus (pyratis sc.) repulsis, fames valida subsecuta est, cum triennio terra inculta remanserit. Jam enim mensura frumenti quae sedeties ducta modium efficit, decem dragmis veniebat. Gallinatius quoque quatuor dragmis; ovis vero tribus unciis; atque vaca iabo tollebatur. Vini nulla coemptio erat, cum vinetis ubique succisis, vix eius aliquid habebatur. Rex interea per loca, quae piratis irruentibus aditum praebebant, munitiones exstruit ac in eis militum copias ponit. Ipse in Aquitaniae partes secedens, non ante se rediturum propones, quam supradicta modii frumentarii mensura duabus dragmis veniret, gallinatius vero denario atque ovis duabus itidem dragmis, vacca vero tribus unciis venumdaretur" (Latouche Bd. 1, S. 16–18).

[11] Daß sich herrscherliche „humilitas" besonders in der Armenfürsorge erweist, ist gerade ein in ottonischer Zeit häufig geäußerter Gedanke, vgl. L. BORNSCHEUER, Miseriae regum, Untersuchungen zum Krisen- und Todesgedanken in den herrschaftstheologischen Vorstellungen der ottonisch-salischen Zeit, Berlin 1968, S. 156 ff.

[12] „Le récit des cinq dernières années du règne d'Eudes depuis le couronnement de Charles le Simple est précipité" (Latouche Bd. 1, S. 35, Anm. 1).

[13] Richer I, 14 (Latouche Bd. 1, S. 34).

[14] Nachweis bei SCHNEIDMÜLLER, Karolingische Tradition und frühes französisches Königtum, S. 58.

Schwer mußte der Vorwurf wiegen, Karl lasse seiner „libido" freien Lauf.[15] Dahinter verbirgt sich mehr als nur der Vorwurf, „unmäßig in der Wollust" gewesen zu sein.[16] Richer spricht Karl damit die Kardinaltugend der „temperantia" ab, die Isidor von Sevilla als diejenige „virtus animae" bezeichnet hatte, „qua (virtute sc.) libido concupiscentiaque rerum frenatur:"[17] Auch dies ein erneuter, kaum verhüllter Angriff Richers auf das Königtum Karls. Denn die etymologische Interpretation des Mittelalters, der auch Richer anhing[18], leitete den Begriff des „rex" von „(recte) regere" ab.[19] Die elementare Voraussetzung dafür, daß der König seine Untertanen „richtig regiere", war zunächst einmal – die Fürstenspiegel in karolingischer Zeit haben dies immer wieder betont – daß der König die eigene Person, sich selbst „richtig regiere".[20] Wie aber konnte man dies von Karl dem Einfältigen erwarten, der nicht einmal Herr seiner eigenen „libido" wurde?

Nicht nur Karl III., sondern auch allen anderen Karolingern fehlt nach Richers Ansicht noch eine weitere Kardinaltugend, die „fortitudo", wie Isidor sie verstand, als geistige Haltung, die Widrigkeiten des Lebens „aequanimiter" zu ertragen.[21] Wiederholt brechen die Karolinger in Weinen und Wehklagen aus, wenn Unglücksfälle in Form politischer Niederlagen sie treffen[22], eine Haltung, die sie nach Richers Meinung nachhaltig von ihren Gegenspielern, den Robertinern, unterscheidet.[23] Dies ist für ihn einerseits willkommener Anlaß, seine rhetorische Sprachkunst einzusetzen, zum anderen ergibt sich die Möglichkeit, den fehlenden Gleichmut der Karolinger wirksam mit dem ganz anders gearteten Verhalten der Robertiner zu kontrastieren, die, anstatt wie Karl von Niederlothringen zu weinen[24], tatkräftig handeln.[25]

---

[15] Richer I, 14: „libidinis intemperans".

[16] So die Übersetzung von K. v. d. Osten-Sacken, *in*: Geschichtsschreiber d. deutschen Vorzeit, 2. Gesamtausgabe, Leipzig ²1891, S. 21.

[17] Isidor, Etymologiae II, XXIV, 6. – Die enge Verbindung der beiden Zentralbegriffe „libido" und „temperantia" sowohl bei Richer wie bei Isidor läßt als Quelle für den französischen Historiker an den spanischen Bischof denken.

[18] Außer III, 94 (Latouche Bd. 2, S. 118, vgl. dazu Schneidmüller, wie Anm. 14) hat sich Richer auch ein zweites Mal ausdrücklich zu diesem Verfahren bekannt, vgl. I, 43: „Si de desertore ac transfugis agitur, horumque ominum si advertatur interpretatio . . ." (Latouche Bd. 1, S. 82).

[19] Isidor, Etymologiae I, XXIX, 3.

[20] Vgl. Anton, Fürstenspiegel und Herrscherethos, S. 389: „Rex sein heißt die ‚sensus proprios' und ‚motus resistentes regere'." – Zu der bereits bei Cicero sich findenden Pflicht des Königs zum „Se et suos regere" vgl. Anton, S. 384 ff.

[21] Isidor, Etymologiae II, XXIV, 6: „Fortitudo, qua adversa aequanimiter tolerantur."

[22] Karl der Einfältige: Richer I, 42 (Latouche Bd. 1, S. 82): „plurimum de suo infortunio agitabat querelam"; Ludwig IV.: Richer II, 52 (Latouche Bd. 1, 212); Karl von Niederlothringen: Richer IV, 9 (Latouche Bd. 2, S. 154–156) und IV, 14 (Latouche Bd. 2, S. 166-168).

[23] Vgl. z. B. Richer III, 81, wo er die Reaktion von Hugo Capet auf einen zwischen König Lothar und Otto II. arglistig, ohne Wissen des Herzogs, abgeschlossenen Vertrag schildert: „dux constanti animo tristitiam dissimulans, omnia ferebat, et sicut moris ei erat, consulto omnia deliberare, primatibus advocatis declamaturus resedit" (Latouche Bd. 2, S. 102).

[24] Vgl. Kapitel 9 § 3.

[25] Hugo Capet reist nicht nur nach Rom (III, 84), sondern es gelingt ihm durch sein geschicktes und energisches Verhalten, das Richer stilistisch durch parataktische Fügungen mit Prädikatsabschluß besonders

Auch sonst hält sich Richer mit seinem Unmut über Karl den Einfältigen nicht zurück. Die Bevorzugung seines Rates Hagano vor allen anderen Großen beurteilt er als einen schweren politischen Fehler Karls.[26] Voller Sympathie äußert er sich hingegen über den „dux Celticae" und späteren Gegenkönig Robert I. (921–923)[27], dessen kämpferische Energie und Entschlossenheit in starkem Gegensatz zu Karls Passivität stehen.

Diese wohlwollende Einstellung Richers überträgt sich auch auf den folgenden, mit den Robertinern eng verwandten Rudolf von Burgund (923–936), der sich „widerwillig genug" („eo licet satis reclamante") zum König wählen läßt[28], und dessen Regierungszeit sich in Richers Augen als ähnlich erfolgreich wie die Odos darstellt.[29] Der Tod Karls des Einfältigen, dessen politisches Ende sich bereits in der für den Karolinger unglücklich verlaufenden Schlacht von Soissons ankündigt[30], ist dem Reimser Mönch und Geschichtsschreiber nur wenige dürre Zeilen wert.[31] Worte des Bedauerns sucht man vergebens. Sein erstes Buch beendet er hingegen mit dem Tode des Königs Rudolf, dessen Tatkraft und Bildung er unterstrichen hatte.[32]

---

hervorgehoben hat, den Nachstellungen seiner Feinde auf dem Heimweg zu entgehen (III, 88): „Dux horum non nescius, reditum accelerat, dolisque premetuens, vestam mutat seseque unum de clientibus simulat. Equos onera ferentes ipse regit atque exagitat. Onera imponit et deponit, omnibus se serviturum accomodat. Tantaque industria in abiecta veste et inculto habitu se ducem dissimulavit, ut per insidiarum loca transiret, quae nec vitare poterat et insidiantes efficaciter falleret" (Latouche Bd. 2, S. 112).

[26] I, 14: „Et forte felicissimus per omnia fuisset (Karolus sc.), si in uno nimium non errasset" (Latouche Bd. 1, S. 36); zur Person und Rolle Hanganos aus der Sicht Richers vgl. Kapitel 6 § 1.

[27] So hat ihm Richer (I, 14) durchaus den rex-Titel zugestanden. Im Gegensatz zu Karl nimmt er, unerschrocken („intrepidus") wie er ist, an der Schlacht von Soissons (923) persönlich teil („hinc inde feriendo toto campo fureret"). Es bedarf 7(!) Lanzenstiche, um ihn zu töten. Was schließlich die Bezeichnung Roberts als „tyrannus" anlangt, so hat schon BEZZOLA, Ottonisches Kaisertum, S. 117, darauf hingewiesen, „wie leicht eine an und für sich sympathische Persönlichkeit" zum „tyrannus" werden konnte, und ausdrücklich davor gewarnt, „die Verwendung des Begriffes als Ausdruck der Parteinahme Richers für die eine oder andere Dynastie zu deuten" (S. 117).

[28] I, 47 (Latouche Bd. 1, S. 94); zur Bedeutung der Wahl als Legimitätsgrundlage für das Königtum vgl. Kapitel 6 § 2.

[29] Richer hat König Rudolf (923–936), den er als „vir strenuus ac litteris liberalibus non mediocriter instructus" (I, 47) lobt, vor allem als erfolgreichen Normannenkämpfer gezeichnet. So soll er nach Richers glorifizierendem Bericht nicht nur 1100 Piraten getötet haben, wie Flodoard noch meinte, sondern sogar 8000 (I, 51, vgl. Latouche Bd. 1, S. 102).

[30] Vgl. den Bericht (I, 46) mit seiner Vorliebe für dramatische Akzente. Die Schlacht schien bereits zugunsten Karls des Einfältigen entschieden, als Hugo, der Sohn des toten König Robert, auf den Plan trat und sich das Blatt zu seinen Gunsten zu wenden beginnt: „Et jam quidem Karoli victoria videbatur, eo quod, tiranno occiso, qui illius fuerant in fugam ferebantur, cum ecce Hugo, Rotberti filius, vix adhuc pubescens, in praelium ab Heriberto deducitur succurritque labentibus" (Latouche Bd. 1, S. 90).

[31] Richer I, 56: „Karolus post haec tedio et angore deficiens, in machronosiam decidit, humoribusque noxiis vexatus, post multum languorem vita privatus est" (Latouche Bd. 1, S. 108–110).

[32] Vgl. Richer I, 47 (Latouche Bd. 1, S. 94).

§ 2. Die letzten Karolinger (936–987): Ludwig IV., Lothar und Ludwig V.

Auch die folgenden Bücher II und III seines Werkes, welche die Geschichte von Ludwig IV. Transmarinus und dessen Sohnes Lothar behandeln – die nur sehr kurze Regierungszeit des letzten westfränkischen Karolingers Ludwig V. fällt auch erzähltechnisch nicht weiter ins Gewicht –, verfolgen eine Linie, wie sie sich bereits im ersten Buch abgezeichnet hatte. Bald versteckt, bald offen äußert Richer seine Kritik an einem karolingischen Königtum, das für ihn weitgehend seinen charismatischen Glanz verloren hat. Die Restitution der Karolinger in Gestalt Ludwigs IV., den man aus dem englischen Exil holen muß, stellt sich als ein Wiederbelebungsversuch an einem bereits „historisch" gewordenen Königsgeschlecht dar, der sich vor allem aus Gründen politischer Klugheit empfiehlt.[33] Richer scheut sogar nicht vor der Andeutung zurück, Karl der Einfältige könne sein Schicksal selbst verschuldet haben.[34] Er versäumt es auch nicht, die Aktivitäten Hugos des Großen bei der Wiederherstellung der karolingischen Dynastie gebührend zu unterstreichen. So hat es Ludwig IV. in Richers Augen vor allem dem selbstlosen Einsatz des Capetingers zu danken, daß er seine französische Heimat wiedersehen darf.[35]

Die schon bald nach dem Regierungsantritt Ludwigs ausbrechenden Auseinandersetzungen, die als Ausdruck der „königlichen Entschlossenheit, den Kampf um ein würdiges Königtum aufzunehmen" (K. F. WERNER), gewertet werden müssen[36], stellten Richer naturgemäß vor nicht geringe Probleme. Wie es aber von einem Anhänger der Capetinger nicht anders zu erwarten war, schob er die Schuld für die Entzweiung dem Karolinger zu. So ist es nicht etwa Hugo der Große gewesen, der seine dem König geschuldete Treuepflicht verletzt hatte. Vielmehr liegt ein Rechtsbruch auf seiten Ludwigs IV. vor. Denn der König hatte doch „voller Übermut" über den erfolgreichen Beginn seiner Regierungstätigkeit geglaubt, „praeter ducis (Hugonis sc.) procurationem res suas ordinari posse."[37] Um die Schwere dieses Vorwurfs, den Richer auch noch an anderer Stelle dem König gegenüber erhoben hat[38], ermessen zu können, muß man sich daran erinnern, was Richer über die Bedingungen für eine Rückkehr Ludwigs auf den französischen Königsthron zu berichten wußte. Die ausdrückliche Voraussetzung dafür bildete ein zwischen

---

[33] Vgl. die „oratio Hugonis ducis ad Gallos pro Ludovico" (II, 1). Hugo entscheidet sich nach Richer vor allem deshalb für Ludwig, weil damit handfeste Vorteile verbunden sind, während bei einem König aus einer anderen Dynastie innere Unruhen („principum dissensus") zu befürchten sind: „Repetatur ergo interrupta paullulum regiae generationis linea ac, Karoli filium Ludovicum a transmarinis partibus revocantes, regem vobis decenter create. Sicque fiet, ut et antiqua nobilitas regiae stirpis servetur, et fautores a querimoniis quiescant" (Latouche Bd. 1, S. 126).

[34] Richer II, 2: „Karolo rege miserabili fortuna defuncto, sive id eo promerente . . ." (Latouche Bd. 1, S. 124–126).

[35] Vgl. Richer II, 1–4 (Latouche Bd. 1, S. 124–132).

[36] Handbuch d. europ. Geschichte Bd. 1, S. 746.

[37] Richer II, 6 (Latouche Bd. 1, S. 136).

[38] Vgl. Richer II, 16: Die „principes Belgicorum" werfen Ludwig IV. vor, „inconsulte", das heißt allein, ohne den Rat der Großen, zu handeln: „Quo tempore Belgicorum principes ad regem conveniunt ac Lauduni apud eum gravissime conqueruntur, eo quod inconsultus omnia appetat. Si eorum quoque consiliis adquiescat, in bonum exitum res suas deventuras memorant" (Latouche Bd. 1, S. 150).

Ludwig und dem Herzog von Franzien und den übrigen Großen („magnates") von Gallien abgeschlossener Herrschaftsvertrag. Die Großen waren nur dann bereit, dem König Gefolgschaft zu leisten, wenn der Monarch seinerseits versprach, daß er „a suis (ducis Hugonis et reliquorum Galliarum magnatorum) consiliis non absistat."[39] Wie im folgenden Kapitel zu erörtern sein wird, hat sich die ursprüngliche Pflicht des Vasallen, dem Lehnsherrn das „consilium" zu geben, angesichts der prekären Situation des Königtums in die Verpflichtung für den Monarchen verwandelt, das „consilium" seiner Kronvasallen einzuholen.[40] Tat er dies nicht, so handelte er gegen Recht und Gesetz und gab den Vasallen die (willkommene) Gelegenheit – dies hatte bereits die Hagano-Episode gezeigt[41] – in rechtsförmlicher Weise den Gehorsam aufkündigen zu können. Auch für die nach einer kurzen Versöhnungsphase erneut ausbrechenden Kämpfe, in deren Mittelpunkt der Streit um das Reimser Erzbistum steht[42], macht Richer Ludwig IV. zumindest teilweise verantwortlich. Denn dieser hatte, entgegen seiner ursprünglichen Zusicherung, das normannische Bayeux selbst in seinen Besitz genommen, statt es, wie versprochen, dem Capetinger als Dank für seine den normalen Rahmen sprengende militärische Unterstützung zu verleihen.[43] Bürgerkrieg ist die logische Folge dieser erneuten „dissidentia principum", und wie bereits bei Karl dem Einfältigen kommt es zu einer äußerst bedrohlichen Situation für die herrschende Karolingerdynastie.[44] Die Intervention ausländischer Könige zugunsten ihres Verwandten Ludwig bietet Richer die gern wahrgenommene Chance, neben einer Befriedigung seines „Nationalgefühls" Herzog Hugo den Großen als einen ebenso überzeugten wie tatkräftigen Verfechter nationalfranzösischer Interessen darzustellen.[45] Daß es schließlich sogar dreier Könige und einer „Universalsynode" – so die Bezeichnung Richers für das Konzil von Ingelheim im Juni 948[46] – be-

---

[39] Richer II, 4 (Latouche Bd. 1, S. 130).

[40] Vgl. Kapitel 6 § 3.

[41] Vgl. Kapitel 6 § 1.

[42] Richer II, 27–97 (Latouche Bd. 1, S. 158–286).

[43] Richer II, 42–43: „Rex, malorum nimias esse copias considerans, ab Hugone duce suppetias congrediendi per legatos postulat et, ut ipse cum sufficientibus copiis veniat, Bajocarum urbem ita, si eam cum reliquis expugnet, accommodat. Dux donum regium excipiens, suppetias parat regique subvenit. Cum suis itaque ac quibusdam Cisalpinorum potentibus trans Sequanam iter faciens, Bajocas pervenit. Quam aggressus multa obsidione premit. Inter haec a regiis stipatoribus persuasi Nortmanni ad regem redeunt. Dux autem Bajocenses urgebat. Rex duci obsidionem solvere per legatos iubet. Ille autem utpote ab rege datum amplius oppugnat. Rex quoque iterum mandat, quod, nisi cito discedat, sese in eum cum copiis iturum. Dux regiis jussis contraire non valens, ab obsidione coactus discedit. Rex urbem consequenter ingreditur ... Dux apud suos hanc injuriam sepissime memorans, de regis pernicie pertractabat, fideles et amicos hortans, ut hoc ultum iri accelerent" (Latouche Bd. 1, S. 194–196).

[44] Richer II, 47–48 (Latouche Bd. 1, S. 202–206).

[45] Richer II, 50: „Indignatio ducis in Edmundum regem. Dux gravi legatione confectus, Ottoni pro parte dissentit, pro parte favet ... Regis vero Edmundi legatis id nec in proximo nec praeter rationem agendum respondet; ob minas Anglorum nil sese facturum: ipsos, si veniant, quid in armis Galli valeant, promtissime experturos; quod si formidine tacti non veniant, pro arrogantiae tamen illatione Gallorum vires quandoque cognituros et insuper poenam luituros" (Latouche Bd. 1, S. 208).

[46] Richer II, 69 (Latouche Bd. 1, S. 240).

durfte, um Hugo Paroli zu bieten, konnte in den Augen des Lesers nur die außerordentliche Macht des Herzogs und seine prinzipielle Ebenbürtigkeit mit den Großen dieser Welt unterstreichen. Endlich ist auch die Versöhnung zwischen Karolingern und Capetingern nicht etwa das Ergebnis einer politischen oder militärischen Niederlage Hugos, der „im Felde unbesiegt" bleibt. Sie ist vielmehr das Zeichen seiner christlichen Demut, der apostolischen Lehre zu gehorchen, die Unterwerfung unter die von Gott eingesetzte Obrigkeit fordert.[47] Ebenso harmonisch wie sie begonnen hatte, endet denn auch die Regierungszeit Ludwigs IV.[48] und mit ihr das zweite Buch des Richer'schen Werkes.

Die Geschichte König Lothars, des vorletzten Karolingers auf dem westfränkisch-französischen Königsstuhl, gerät in der Darstellung Richers zu einem Spiegelbild der Verhältnisse, wie sie bereits unter Lothars Vater, Ludwig IV., geherrscht hatten. Wiederum präsentiert sich der Capetinger als treuer Gefolgsmann des Königs[49] und unterstützt diesen bei dessen Versuch, Lothringen wiederzugewinnen.[50] Als Otto aber seinerseits im Gegenschlag tief nach Frankreich eindringt, ist der französische Widerstand allein dem energischen Handeln Hugo Capets zu danken[51], nicht aber Lothar, der sich mangels eigener Truppen nach einem erniedrigendem Bittgang zu Hugo nach Étampes zurückziehen muß.[52] Wie bereits dessen Vater, Hugo den Großen, kann Richer damit auch dessen Sohn Hugo Capet als den Wahrer nationaler Interessen darstellen. Und wie bereits bei dessen Vater schiebt der Reimser Geschichtsschreiber allein der karolingischen Seite die Verantwortung für die Entzweiung zwischen Lothar und Hugo zu, die mit den üblichen negativen Folgen für die „res publica" verbunden ist: „ohne Wissen des Herzogs" („duce ignorante") habe Lothar die Verständigung mit Otto II. gesucht!53 Da

---

[47] Richer II, 96–97: „Episcopi itaque Galliarum anathemate moti, apud ducem colliguntur et inde gravissime conqueruntur, ex decretis patrum sacrisque canonibus duci demonstrantes, neminem stare pertinaciter adversus dominum suum debere nec temere in eum quicquam moliri. Illud etiam promptissime monstrant, secundum Apostolum regem honorificandum, et non solum regem, verum omnen potestatem maiorem subjectis dominari debere asserunt ... Talibus dux persuasus, regi humiliter reconciliari deposcit eique satisfactrum sese pollicetur" (Latouche Bd. 1. S. 284–286).

[48] Richer II, 97: „Et quanto vehementius ante in sese grassati fuere, tanto amplius exinde amicita se coluere" (Latouche Bd. 1, S. 286).

[49] Vgl. Richer III, 2: „Dux continue ei (regi sc.) individuus assidet. Et ad multam regis benevolentiam animum intendens, postquam principes in sua discessere, privatis cum rege colloquiis coutebatur, et ut sua fidelitatis virtuten penitus demonstraret, regem ejusque matrem suas urbes et oppida in tota Neustria visere petit obtinetque" (Latouche Bd. 2, S. 10).

[50] Vgl. Richer III, 69: „Mox dux et alii primates sine deliberandi consultatione sententiam regiam attolunt. Sese sponte ituros cum rege, et Ottonem aut comprehensuros aut interfecturos aut fugaturos, pollicentur" (Latouche Bd. 2, S. 84); zu den Ereignissen vgl. W. Mohr, Die Rolle Lothringens im zerfallenen Karolingerreich, in: RBPH 47 (1969), S. 377 ff.

[51] Richer III, 75: „Dux enim in altera fluvii parte milites colligebat" (Latouche Bd. 2, S. 92).

[52] Richer III, 74: „Sic etiam versa vice (Otto sc.) Lotharium adurgens eo quod militum copiam non haberet, fluvium Sequanum transire compulit et gemebundum ad ducem ire coegit" (Latouche Bd. 2, S. 90).

[53] Richer III, 78: „Legati igitur a Lothario directi, ab Ottone liberalissime suscepti, de habenda utriusque amicitia duce ignorante elaborant" (Latouche Bd. 2, S. 96–98).

es sich um einen Vertrag handelt, der hinterlistig von Lothar abgeschlossen wurde[54], ist der „dux" seinerseits in moralischer Hinsicht berechtigt[55], wie aus politischer Klugheit verpflichtet[56], ebenfalls die Verständigung mit Otto zu suchen, deren rechtliche Grundlage die „amicitia" bildete.[57]

Auch der letzte regierende Karolinger, Ludwig V., hat keine Gnade vor Richers Augen gefunden. Obwohl seine Regierungszeit (986–987) recht kurz gewesen ist, wußte der westfränkische Geschichtsschreiber manch Negatives zu berichten: Bereits die Heirat des noch sehr jungen Ludwig mit der weitaus älteren aquitanischen Fürstentochter Adelaidis gab Richer die Möglichkeit, mancherlei Klatsch über das so ungleiche Brautpaar zu verbreiten.[58] Die äußerliche Anpassung des prinzlichen Bräutigams an die fremden aquitanischen Sitten durch das Anlegen der Landestracht ist für Richer Gegenstand herber Kritik.[59] Damit steht er ganz im Gegensatz zum Anonymus der „Vita Ludovici", der für die Bereitschaft zum ethnischen Anschluß[60] des damaligen aquitanischen

---

[54] Vgl. Richers Charakterisierung des zwischen Lothar und Otto II. abgeschlossenen Friedens (III, 81): „Lotharius vero Laudunum veniens apud suos quaeque congrua sibi pertractabat, nec jam quicquam spei ex duce habebat, cum propter pacem dolo quaesitam, nec mediocriter eum suspectum haberet" (Latouche Bd. 2, S. 100–102).

[55] Den Vorwurf, daß König Lothar einseitig seine Pflichten verletzt habe, indem er hinter dem Rücken von Hugo Capet die Verständigung mit Otto II. suchte, hat Richer durch eine Wiederholung (III, 82) zu verstärken gesucht. Besonders schändlich wirkt das Verhalten Lothars, da der Historiker es mit der treuen und keineswegs immer als selbstverständlich empfundenen Erfüllung der vasallitischen Auxiliumpflicht durch den Capetinger kontrastiert hat, vgl. die Klage Hugo Capets (Richer III, 82): „Cui (Lothario sc.) a mente penitus excessit, quam liberali animo quantum periculum aggressus sim, cum per me hostem nuper fugaverit, Belgicam quoque insignibus sublatis hostilibus subarraverit" (Latouche Bd. 2, S. 102–104).

[56] Vgl. die ausführliche Erörterung Richers über die möglichen negativen Folgen, die das Bündnis zwischen Otto II. und Lothar für die Position des Capetingers mit sich bringen würde (III, 83). Interessant ist, daß Richer auch dieses Mal es nicht unterlassen kann, wie bereits bei Hugo Capets Vater, auf die faktische Überlegenheit des Capetingers zu verweisen: „Non enim sic parvi es ingenii Otto ut te potiorem Lothario armis et opibus ignoret, cum sepe et id audierit et per sese expertus sit" (Latouche Bd. 2, S. 104–106).

[57] Vgl. Richer III, 79 bzw. III, 83–84; zur „amicitia" als dem Begriff einer ‚gemachten' (Schwur-)Freundschaft vgl. R. Schneider, Brüdergemeine und Schwurfreundschaft, Lübeck 1964; W. H. Fritze, Papst und Frankenkönig. Studien zu den päpstlich-fränkischen Rechtsbeziehungen 754–824, VuF Sonderbd. 10, Sigmaringen 1973.

[58] Vgl. Richer III, 94: „Amor quoque conjugalis eis pene nullus fuit; nam cum ille adhuc pubesceret, illa vero anus foret, contrariis moribus dissentiebant. Cubiculum commune sibi non patiebantur; requieturi quoque diversis hospitiis potiebantur. Si quando colloquendum erat, locum sub divo habebant; pro sermonibus producendis paucissima dicere sat erat" (Latouche Bd. 2, S. 118–120).

[59] Vgl. Richer III, 95: „Ludovicus vero, quia morum informatorem non habebat, utpote adolescens levium rerum vanitatibus insistebat. Habitum patriae gentis pro peregrinis penitus deposuerat. Itaque in miserandum fortunam res penitus dilapsa est ut et moribus degener, et regnandi impotentia inglorius esset; . . ." (Latouche Bd. 2, S. 120).

[60] Der Trachtenwechsel ist symbolischer Ausdruck für den Wechsel der „ethnischen Selbstzuordnung", der im Fall von Aquitanien, das von jeher seine eigenen Wege ging, besonders angebracht war, vgl. allgemein R. Wenskus, Stammesbildung und Verfassung, Das Werden der frühmittelalterlichen gentes, Köln/Wien ²1969, S. 79, 103, 261.

Unterkönigs und späteren Kaisers, Ludwig des Frommen, großes Verständnis gezeigt Hatte.[61]

Die zeitliche Verknüpfung des Todes von Ludwig V. mit dem vom König selbst anberaumten Gerichtstermin, an dem sich Erzbischof Adalbero von Reims vor dem Gericht des Königs zu verantworten gehabt hätte, mußte den königlichen Jagdunfall, der tödlich endete, als Gottesgericht erscheinen lassen.[62] Bereits vorher hatte Richer deutlich gemacht, für wie haltlos er die Anschuldigungen Ludwigs gegenüber Adalbero hielt, dem der König Unterstützung seines Feindes Otto II. vorgeworfen hatte[63], obwohl der Reimser Geschichtsschreiber es hätte besser wissen können und wohl auch gewußt hat. Die anfängliche Unterstützung des Königs durch Hugo Capet versuchte Richer durch die rechtliche Zwangslage, in welcher der Herzog stecke, zu rechtfertigen.[64]

§ 3. Hugo Capet wird König (987)

Richer hat sich bemüht, dem Dynastiewechsel von 987 jeden Anschein einer Usurpation zu nehmen. Bereits das formale Gliederungsprinzip seines Geschichtswerkes: Buch III endet mit dem Tode König Lothars IV., Buch IV behandelt die Regierungszeit Ludwigs V. und unmittelbar daran anschließend die Erhebung Hugo Capets zum „rex Francorum" – soll den vom Thronwechsel keinesfalls gestörten Kontinuitätsgedanken unterstreichen. Damit entspricht er den offiziellen, von der neuen Dynastie vertretenen Vorstellungen, die sich als „Fortführer" der Karolinger (K. F. WERNER) fühlen.[65] In der offiziösen Version Richers ist die karolingische Königsdynastie mit dem Tode Ludwigs V. erloschen. Es gibt keinen legitimen Erben, da Ludwig V. keinen legitimen Sohn hinterlassen hat.[66] Infolgedessen können die „principes" bei der Wiederbesetzung des Königsthrons völlig frei entscheiden. Als alleiniger Maßstab für die „ratio querendi regis" darf der „profectus rei publicae" gelten.[67] Man wird einwenden, daß in Gestalt des Herzogs Karl von Niederlothringen – er war der Bruder König Lothars und somit der Onkel Ludwigs V. –, es sehr wohl jemanden gab, dem die Königskrone „iure hereditario" zu-

---

[61] Vgl. MGH SS 2, cap. 4, S. 609.

[62] Vgl. Richer IV, 5 (Latouche Bd. 2, S. 150).

[63] Vgl. Richers lakonische Kommentierung der Anklage, die Ludwig gegenüber dem Erzbischof Adalbero erhoben hatte (IV, 3): „Cujus (Ludovici sc.) oratio vim suadendi non habuit, eo quod suggestionibus malorum in summum pontificem efferatus praeter justum aliqua indigna dixisse videretur" (Latouche Bd. 2, S. 148).

[64] Vgl. Richer IV, 3: „Pro parte tamen ei (regi sc.) fautum est, pro parte vero suppressum, ita tamen, ut et regi injuria non fieret, et operi nefario dux non consentiens pareret" (Latouche Bd. 2, S. 148); Hugo Capet beteiligt sich auch nur „passiv" am weiteren Vorgehen Ludwigs gegen den Reimser Erzbischof (IV, 3): „Rex tanto animo praeceps in metropolitanum assumpto duce cum exercitu fertur" (Latouche Bd. 2, S. 148).

[65] Vgl. dazu WERNER, in: Handbuch d. europ. Geschichte, Bd. 1, S. 753.

[66] „Oratio Metropolitani pro duce" (vgl. Richer IV, 11): „Divae memoriae Ludovico sine liberis orbi subtracto, querendum multa deliberatione fuit, qui ejus vices in regno suppleret, . . ." (Latouche Bd. 2, S. 158–160).

[67] Vgl. Richer IV, 8 (Latouche Bd. 2, S. 154).

stand. Richer selbst hat dieses Argument aufgenommen und es dem um seine Thronansprüche kämpfenden Karl in den Mund gelegt.[68] In seinem Gespräch mit dem einflußreichen Erzbischof Adalbero von Reims hat sich Karl darauf berufen, daß es ihm insbesondere an zwei Eigenschaften nicht mangele, die man von zukünftigen Herrschern („regnaturis") besonders erwarte, nämlich an „genus" und an „virtus".[69] Aber die Zeiten hatten sich geändert. Wie bereits in Deutschland so hatte sich auch in Frankreich der Grundsatz der Individualsukzession und der mit ihr verbundenen Unteilbarkeit durchgesetzt.[70] Und Karl konnte nicht umhin, dies auch zuzugeben.[71] In diesem Zusammenhang verdient, wie die Interpretation des berühmten Diploms Ottos I. vom 13. September 936 durch KARL SCHMID gezeigt hat, der Begriff der „generatio" besondere Aufmerksamkeit: „Nach DO. I. 1 haben nur Angehörige der ‚generatio'... ein potentielles Anrecht auf den Königsthron."[72] Daß es sich bei der „generatio" wirklich um einen Schlüsselbegriff des damaligen Thronfolgerechts handelt, zeigt auch der Blick auf Richer. In einer Rede vor der Reimser Bürgerschaft hatte Hugo Capet seine Wahl zum französischen König wie folgt verteidigt:

> „Divae memoriae Ludovico, Lotharii filio, orbi subtracto, si proles superfuisset,
> eam sibi successisse, dignum foret. Quia vero *regiae generationi* successio nulla est,
> idque omnibus ita fore patet, vestri ceterumque principum, eorum etiam qui in
> militari ordine potiores erant optione assumptus, praemineo."[73]

Der entscheidende Grund dafür, daß die „electores" bei ihrer Wahl im Jahr 987 ungebunden waren, ist das Erlöschen der königlichen „generatio" mit dem Tode Ludwigs V., der ohne einen legitimen Erben zu hinterlassen, gestorben war. Die alleinige Zugehörigkeit zum „genus" der Karolinger, wie sie Karl von Niederlothringen vorweisen konnte[74], wird als nicht mehr ausreichend dafür angesehen, den Thron zu besteigen. Die ungleich schlechtere Rechtsposition desjenigen, der nicht zur „generatio", wohl aber zum „genus" gehört, korrespondiert mit dem minderen Rechtsanspruch, die nach dem DO. I. 1 derjenige besitzt, der ebenfalls nicht der „generatio", wohl aber der „cognatio"

---

[68] Vgl. Richer IV, 9 (Latouche Bd. 2, S. 156): „Omnibus notum est, pater venerande, jure hereditario debere fratri et nepoti me succedere."

[69] „His etiam non careo, quae in regnaturis quibuslibet plurimum solent queri, genere et, ut audeam, virtute" (Latouche, Bd. 2, S. 156). Vgl. dazu GIESE, „Genus" und „Virtus", passim.

[70] Vgl. G. TELLENBACH, Die Unteilbarkeit des Reiches, *in*: HZ 163 (1941), S. 20–43, Neudruck: Die Entstehung des Deutschen Reiches, hg. v. H. KÄMPF, Darmstadt ⁵1980 (= Wege der Forschung Bd. 1), S. 110–134.

[71] Vgl. Richer IV, 9 (Conquestio Karoli apud Metropolitanum de regno): „Licet enima a fratre de regno pulsus sim, tamen natura nihil humanitatis mihi derogavit:... Frater regnorum *dominium totum possedit*, nihilque mihi concessit" (Latouche Bd. 2, S. 156).

[72] K. SCHMID, Die Thronfolge Ottos des Großen, *in*: ZRG GA 81 (1964), S. 80–163, Neudruck: Königswahl und Thronfolgerecht in ottonisch-frühdeutscher Zeit, hg. v. E. HLAWITSCHKA, Darmstadt 1971 (= Wege der Forschung Bd. 178), S. 417–508, das Zitat ebd. S. 473.

[73] Richer IV, 28 (Latouche Bd. 2, S. 188).

[74] Vgl. Anm. 69.

zuzurechnen ist.[75] Der vieldeutige Charakter aller dieser genealogischen Begriffe, auf den man zurecht hingewiesen hat[76], mahnt aber zur Vorsicht, was den denkbaren Vergleich von „cognatio" und „genus" betrifft.[77] Als Ergebnis dürfen wir jedoch festhalten, daß man sich davor hüten sollte, rechtstheoretische Differenzierungsversuche Richers vorschnell als Fabeleien eines Anhängers der Capetinger abzutun.

Dem Leser des Richer'schen Werkes erschien die Wahl Hugo Capets zum französischen König als der natürliche Abschluß einer Entwicklung, die bereits Ende des 9. Jahrhunderts begonnen hatte. Im Gegensatz zu ihren karolingischen Rivalen zeichneten sich in Richers Geschichtsdarstellung *alle* Vertreter der capetingischen Dynastie durch persönliche Tüchtigkeit aus. Ja, die karolingischen Könige selbst hatten der herausragenden Stellung der Robertiner Rechnung getragen, indem sie ihnen den Titel eines „dux Francorum" verliehen.[78] Nicht allein die Analogie zum „rex Francorum" und die politisch so bedeutungsvolle Vorgeschichte dieser Bezeichnung machen es wahrscheinlich, daß mit dieser Formulierung nicht nur die Zuständigkeit der Capetinger für das engere Gebiet der Francia angesprochen war.[79] Mit so ungewöhnlichen Formulierungen wie „dux Gallorum", „dux Galliae" und „dux Galliarum", die zuweilen an die Stelle des „dux Franco-

---

[75] SCHMID, Die Thronfolge Ottos, S. 446 ff.

[76] Vgl. die einschränkenden Bemerkungen von H. JAKOBS, Zum Thronfolgerecht der Ottonen, *in*: Königswahl und Thronfolge in ottonisch-frühdeutscher Zeit, S. 509–528, der davor warnt, „Verwandtschaftsbegriffe des Mittelalters eindeutig festzulegen" (S. 517) und darauf hinweist, daß „im ganzen Mittelalter ,generatio', ,agnatio' und ,cognatio' schillernde Begriffe" gewesen seien (S. 517).

[77] Unter „cognatio" versteht SCHMID, Die Thronfolge Ottos, S. 471 die „Blutsverwandtschaft von Frauenseite", während JAKOBS im Anschluß an Rosenstock-Hussey unter „cognatio" die „Sippe" verstehen möchte (S. 522). Was für die Annäherung der Begriffe „genus" und „cognatio" spricht, ist die Tatsache, daß mit „genus" ebensowenig wie mit „cognatio" „kaum primär die Sohnesfolge" (JAKOBS, S. 522), sondern vielmehr weitere Verwandtschaftsbeziehungen mit einem deutlich schlechteren Rechtsanspruch, d. h. ohne ein Erbrecht auf den Thron, angesprochen sind. Ein „Erbrecht" hätte nur die „generatio" Ludwigs V. besessen, nicht aber Karl von Niederlothringen, der als Onkel Ludwigs V. nach hausrechtlichen Kategorien betrachtet, nicht mehr dem königlichen „Haus" angehört. Seine ,Abschichtung' erklärt sich dadurch, daß nur ein Sohn vom Hausherrn „zum Nachfolger auf dem Hochsitz bestimmt wird" (JAKOBS, S. 523), d. h. mit den Termini der Verfassungsgeschichte ausgedrückt, daß sich der Grundsatz der Individualsukzession durchsetzt.

[78] Diplom Ludwigs IV. vom 25. VII. 936 (ed. P. Lauer, Recueil des actes de Louis IV., Nr. I); Diplom Ludwigs IV. vom 25. XI. 936 (ed. P. Lauer, Recueil des actes de Louis IV., Nr. IV); zur politischen Bedeutung, die dieser Titelverleihung zukommt, vgl. WERNER, *in*: Handbuch d. europ. Geschichte, Bd. 1, S. 745.

[79] Der Titel „dux Francorum" und des eng mit ihm verbundenen „ducatus Franciae" ist in seiner Bedeutung umstritten. Der von W. KIENAST, Der Herzogtitel in Frankreich und Deutschland, München–Wien 1968, S. 68 ff. vertretenen Auffassung von einer Determinierung dieses Titels auf das Gebiet der „Francia" trat entgegen K. F. WERNER, zuletzt ausführlich *in*: Handbuch d. europ. Geschichte Bd. 1, S. 745 f. Der Meinung von Werner hat sich auch angeschlossen K. BRUNNER, Der fränkische Fürstentitel im neunten und zehnten Jahrhundert, *in*: Intitulatio II, Lateinische Herrscher- und Fürstentitel im 9. und 10. Jahrhundert, hg. v. H. WOLFRAM, MIÖG-Ergbd. 24 (1973), S. 179–340, insbesondere S. 262, 280 ff. (mit reicher Literatur).

rum" treten[80], hat Richer unmißverständlich zum Ausdruck gebracht, wie er den „dux Francorum" verstanden wissen wollte: als Herzog der „Franzosen". Denn wenn es etwas geben konnte, das in der Lage war, ungeachtet aller ethnischen Unterschiede die „Aquitani" des Südens mit den „Franci" des Nordens zu verbinden, so war dies der gemeinsame Siedlungsraum „Gallia".[81]

Die Regierungszeit von Odo und Rudolf hatte gezeigt, daß man nicht nur ohne Gefahr, sondern ganz im Gegenteil mit Gewinn für die „res publica" von der herrschenden Dynastie abweichen konnte. Das staatstheoretische Denken Richers, das transpersonal geprägt war und sich am Ideal der „utilitas communis" orientierte, mußte mythisch-geblütsrechtliche Vorstellungen weiter schwächen und den Idoneitätsgedanken, der Richer als Kleriker theoretisch gut vertraut sein mußte, stärken. Der Akt von 987 und die damit verbundene Verleihung des „Rex"-Titels an den Capetinger bedeutet in Richers Augen die schließlich auch nominelle Anerkennung eines faktisch schon sehr lange bestehenden Zustandes, den sein Lehrer Gerbert von Reims – freilich nur im Hinblick auf König Lothar und Hugo Capet in der politisch prekären Situation des Jahres 985 – wie folgt umschrieben hat: „Lotharius rex Franciae praelatus est solo nomine, Hugo vero non nomine, sed actu et opere."[82]

---

[80] Vgl. etwa Richer II, 2 (Latouche Bd. 1, S. 126).

[81] Zur Bedeutung des „Gallia"-Begriffes bei Richer mit Angabe weiterer Belege ausführlich SCHNEIDMÜLLER, Französisches Sonderbewußtsein, S. 73–91.

[82] ep. 48 (Weigle, S. 77); vgl. SCHNEIDMÜLLER, Karolingische Tradition und frühes französisches Königtum, S. 66.

6. Adel und Königtum

§ 1. „Nimia dilectio": Karl der Einfältige und sein Günstling Hagano

Die politische Entmachtung König Karls III. von Frankreich zu Beginn der zwanziger Jahre des zehnten Jahrhunderts und die sich anschließende Wahl Roberts von Franzien am 30. Juni 922 sind eng mit der Gestalt des Lothringers Hagano verknüpft.[1] Dies ist nicht erst die Erkenntnis des Historikers, dem die zeitliche Distanz die Analyse historischer Abläufe erleichtern kann. Bereits die Zeitgenossen erkannten die bedeutsame Rolle, die Hagano beim Untergang Karls spielte. So sieht der Reimser Annalist Flodoard in der Weigerung Karls, auf seinen „consiliarius" zu verzichten, den entscheidenden Grund für Karls Machtverlust:

> „pene omnes Franciae comites regem suum, Karolum, apud urbem Suessonicam, quia Haganonem consiliarium suum, quem de mediocribus potentem effecerat, dimittere nolebat, reliquerunt."[2]

Auch der über eine Generation später schreibende Richer übernimmt diese Deutung Flodoards, freilich nicht ohne auf die für ihn so typische Ausschmückung der Ereignisse zu verzichten.[3] Dennoch bietet gerade dieser anekdotische Zug die Chance, historisch Wichtiges und Wesentliches in gleichsam verdichteter Form zu erfassen. Eine Möglichkeit, auf die man schon deshalb nicht wird verzichten dürfen, da wir nur sehr spärliche und dürftige Zeugnisse über Hagano[4] besitzen. Nach der übereinstimmenden Aussage

---

[1] Zu den Ereignissen vgl. A. ECKEL, Charles le Simple, Paris 1899, S. 106–119; K. F. WERNER, Westfranken-Frankreich unter den Spätkarolingern und frühen Kapetingern (888–1060), *in*: Handbuch d. europ. Geschichte, Bd. 1, S. 741.

[2] Flodoard, Annales zu 920 (ed. LAUER, S. 2).

[3] Richer I, 15–16; I, 21.

[4] Vgl. die Angaben bei LAUER, S. 2, Anm. 1 u. ECKEL, Charles le Simple, S. 599 ff. Erstmalig erscheint Hagano 916 (Januar 19) in einer Urkunde Karls III. (vgl. ed. P. Lauer, Recueil des actes de Charles III. le Simple, Paris 1949, Nr. LXXXIV), freilich noch ohne den Titel „comes", den er aber in einer Urkunde Karls III. vom Jahr 918 (Mai 26) führt: „deprecante jam dicto fideli nostro ac comite Agano" schenkt Karl der von ihm zum Angedenken an seine verstorbene Gattin Frederuna errichteten „capella in Compendio palatio" einige Güter (Recueil des actes, Nr. XCV). In das Fürbittegebet wird außer Bovo, der Bruder der verstorbenen Königin, auch ausdrücklich „nostro fidele Agano" einbezogen (Recueil S. 220), was die These von einer Verwandtschaft Haganos mit Königin Frederuna unterstützt. Das Diplom Karls III., in dem er die seiner Tante Rothild, der Schwiegermutter Hugos des Großen, weggenommene Abtei von Chelles Hagano schenkt, ist verlorengegangen, vgl. Recueil des actes, S. 269. Wir wissen von diesem Vorgang, der die Revolte gegen Karl ausgelöst hat, nur von Flodoard (Annales zu 922).

von Flodoard und Richer steigt Hagano durch die Gunst des Königs vom „mediocris“ zum „potens“ auf.[5] Richer hat den von Hagano erreichten Eintritt in die Gruppe der Großen dadurch zu veranschaulichen versucht, daß er Hagano zur Linken des Königs Platz nehmen ließ, während zur Rechten der „dux“ und nachmalige König Robert von Franzien saß.[6] Daß diese Tatsache den erbitterten Widerstand der Großen hervorgerufen haben soll[7], erklärt sich durch den hohen Symbolwert, der diesem Vorgang innewohnt. Die Tischordnung dieser „rituellen Speisegemeinschaft“ (K. HAUCK)[8], gleichzeitiges Sinnbild der sozialen Ordnung, war durch den Eintritt eines von den „potentes“ als nicht gleichrangig empfundenen „mediocris“ auf das Empfindlichste gestört worden.

Dieser Gegensatz zwischen den „potentes“, dem hohen Reichsadel einerseits und den durch den König geförderten „mediocres“ andererseits, ist jedoch kein auf die westfränkisch-französische Geschichte sich beschränkender Vorgang. Er läßt sich unter historisch ähnlichen Vorzeichen auch im ostfränkisch-deutschen Reich konstatieren. So hatte bereits Notker der Stammler in seinen „Gesta Karoli Magni“ dem ostfränkischen Namensvetter Karls des Einfältigen, Karl III. dem Dicken, empfohlen, sich im Kampf gegen die „gigantes“, welche die Herrschaft an sich zu reißen versuchten, vor allem auf die „mediocres“ als den Garanten der Königsmacht zu stützen.[9] Und nicht von ungefähr wird vom Mainzer Redaktor der Fuldaer Annalen Karl III. der Vorwurf gemacht, er

---

[5] Vgl. Anm. 2 u. 3.

[6] Vgl. Richer I, 16: „Inter quos (principes Galliae sc.), cum Rotbertus in majore gratia apud regem sese haberi putaret, utpote quem ducem in Celtica omnibus praefecerat, cum rex in palatio sedisset, ejus jussu dux dexter, Hagano quoque ei levius *pariter* resedit“ (Latouche Bd. 1, S. 38–40).

[7] Vgl. Richer I, 16: „Robertus vero dux tacite indignum ferebat, personam mediocrem sibi *aequari*, magnatibusque praeponi. At iram mitigans, animum dissimulabat, vix regi pauca locutus. Celerius ergo surgit ac cum suis consilium confert. Quo collato regi per legatos suggerit, sese perferre non posse sibi Haganonem aequari primatibusque anteferri, indignum etiam videri hujusmodi hominem regi haerere et Gallorum nobilissimos longe absistere; quem nisi in mediocritatem redigat, sese eum crudeli suspendio suffocaturum“ (Latouche Bd. 1, S. 40).

[8] Zu diesem von der mittelalterlichen Literatur so gern aufgegriffenen Thema vgl. HAUCK, Rituelle Speisegemeinschaften, S. 611-621.

[9] Vgl. die Anekdote, die Notker der Stammler, der selber ein „mediocris“ war, in didaktischer Absicht dem Namensvetter Karls des Einfältigen, dem ostfränkischen König und nachmaligen Kaiser Karl III. über Karl den Großen zu erzählen wußte (Gesta Karoli Magni II, 12): „Cum enim sanctissimus avus imperii vestri vita decederet, quidam gigantes . . . eius prolem habitudinis optime despicientes singuli sibi principatum regni arripere et diadema portare conati sunt. Tunc quibusdam de mediocribus Dei instinctu protestantibus, quod inclitus imperator hostes quondam Christianorum metiretur ad spatam et idcirco, quamdiu de progenie illius aliquis spatae longitudinis inveniri posset, ille Francis, immo toti Germaniae debet imperare, factio illa diabolica quasi fulminis ictu percussa est in diversa disiecta.“ – Zu Interpretation und Bedeutung dieser Stelle vgl. H. LÖWE, Das Karlsbuch Notkers von St. Gallen und sein zeitgeschichtlicher Hintergrund, *in:* Schweizerische Zs. f. Geschichte 20 (1970), S. 269-302), Neudruck: H. Löwe, Von Cassiodor zu Dante, S. 123-148, insbesondere S. 145 ff. Widerspruch, was die Löwe'sche Deutung dieser zitierten Stelle angeht, erhob E. HLAWITSCHKA, Nachfolgeprojekte aus der Spätzeit Kaiser Karls III., *in:* DA 34 (1978), S. 19-50, insbesondere S. 48 ff., dessen Relativierungsversuche ich jedoch nicht teilen kann.

habe einen „ex infimo genere . . . nomine Liutwartum supra omnes qui erant in regno suo" erhoben („exaltavit").[10]

Die Parallelität der Ereignisse im Osten wie im Westen lassen die Ursachen für Haganos Sturz schärfer erkennen und sein Scheitern als typisch für die damaligen Verhältnisse begreifen. Die Gruppe des Hochadels, der „primores, principes, potentes" ist bereits so in sich abgeschlossen, daß der Aufstiegsversuch eines aus mittlerem oder niederem Adel stammenden „mediocris"[11] nicht mehr gelingt. Der Versuch des Königs, sich der Macht des hohen Adels durch den verstärkten Rückgriff auf die „mediocres" zu entziehen, scheitert.

Dem Bericht Richers zufolge waren die „principes" besonders darüber erbittert, daß nur Hagano einen so engen Zugang zum König hatte, und die anderen Großen sich damit ausgeschlossen fühlen mußten.[12] Um das vertraute Verhältnis Haganos zu Karl zu unterstreichen, weiß Richer zu erzählen, daß sich der Lothringer gar die Mütze des Königs aufgesetzt habe.[13] Wenn wir bei dieser Geschichte auch den Einfluß der Legende, der mündlichen Überlieferung nicht ausschließen können, so wird man ihr dennoch nicht jede Glaubwürdigkeit absprechen dürfen. Dazu entsprechen die von Richer mitgeteilten Einzelheiten viel zu sehr der historischen Wirklichkeit, wie sie uns von anderen Quellen bezeugt ist. So ist es bezeichnend, daß sich der Haß der Großen an der Stellung Haganos als königlichem „consiliarius" entlud. Denn die Stellung eines „consiliarius" war eben durch die besonders enge Beziehung zum König charakterisiert[14]: waren die Vasallen

---

[10] Annales Fuldenses auctore Meginhardo zu 887, ed. F. Kurze, MGH SS rer. Germ., S. 105. – Über den Erzkaplan Karls III., Liutward von Vercelli, der vom Kaiser auf den Druck schwäbischer Großer im Jahre 887 entlassen wird, und der sich daraufhin zu Arnulf von Kärnten begibt, sowie über dessen Gegenspieler und Amtsnachfolger, Erzbischof Liutbert von Mainz handelte zuletzt ausführlich K. Schmid, Liutbert von Mainz und Liutwart von Vercelli im Winter 879/80 in Italien, in: Festschrift für C. Bauer, Berlin 1974, S. 41–60.

[11] Zum Begriff des „mediocris" als einer Bezeichnung für den niederen Adel vgl. Löwe, Cassiodor, S. 146–147. Der Ausdruck „mediocris" ist alt und findet sich bereits in Rechtsquellen der Merowingerzeit, vgl. die Belege bei G. Waitz, Deutsche Verfassungsgeschichte, Bd. 2, I, Kiel ³1882, S. 266 f. Den „mediocris" in karolingischer Zeit hat G. Waitz, Deutsche Verfassungsgeschichte, Bd. 4, Kiel ²1885, S. 331 als „Mittelfreien" gedeutet. Die genauere Bestimmung des „mediocris" wäre eine Untersuchung wert, erscheint aber angesichts der traditionellen Unschärfe, die mittelalterlichen Standesbegriffen anhaftet und angesichts der vielen offenen Fragen, welche die karolingische Sozialgeschichte noch immer stellt, als schwierig. Deutlich spürbar wird beim Begriff des „mediocris" nur immer wieder die in vielen Quellen ausgesprochene Opposition zu den „potentes", „primates", „primores", „principes", vgl. dazu auch die Belege bei J. F. Niermeyer, Mediae latinitatis Lexicon Minus, Leiden 1976, S. 667.

[12] Richer I, 15: „Nam cum multa benignitate principes coleret, praecipue tamen beatitudine Haganonem habebat, quem ex mediocribus potentem effecerat, adeo ut magnatibus quibusque longe absistentibus ipse regio lateri solus haereret . . ." (Latouche Bd. 1, S. 38).

[13] Vgl. Richer I, 15: „. . . pilleum etiam a capite regis sepissime sumptum palam sibi imponeret" (Latouche Bd. 1, S. 38).

[14] Zum Amt des „consiliarius" vgl. Waitz, Verfassungsgeschichte, Bd. 3, S. 530 ff.; ferner H. Keller, Zur Struktur der Königsherrschaft im karolingischen und nachkarolingischen Italien. Der „consiliarius" in den italienischen Königsdiplomen des 9. und 10. Jahrhunderts, in: QFIAB 47 (1967), S. 125 ff. und J. Hanning, Consensus Fidelium. Frühfeudale Interpretationen des Verhältnisses von Königtum und Adel am

von Rechts wegen zum „consilium" verpflichtet, so wurden die „consiliarii" durch den König persönlich berufen.[15] Dadurch bot sich namentlich bei schwachen Königen dem „consiliarius" die Chance, in ein besonders enges Vertrauensverhältnis zum König hineinzuwachsen[16], die Stellung eines „secretarius", eines „secundus a rege"[17] zu gewinnen. Naturgemäß mußten sich die Antipathien verstärken, wenn, wie im Falle Haganos, der „consiliarius" aus dem Kreise der „mediocres" stammte. Zum Bruch mußte es jedoch kommen, wenn der „consiliarius regis" die von der Theorie geforderte Pflicht zum Einsatz für das Gemeinwohl[18] ernst nahm und dementsprechend handelte. Es ist daher verständlich, daß man sich in den Kreisen des Hochadels zur Wehr setzte und davon sprach, daß sich Hagano sehr oft den Hut des Königs aufgesetzt habe.[19] Daß die Großen gerade diesen Vorwurf erhoben, ist bezeichnend. Denn die Kopfbedeckung muß als ein Herrschaftszeichen aller ersten Ranges angesehen werden.[20] Daß Richer um die hohe Rechtssymbolik und um die Ritualität des geschilderten Vorganges wußte, zeigt sein ausdrückliche Bemerkung, daß sich Hagano den Hut in aller Öffentlichkeit („palam"!) aufgesetzt habe. Damit reagierten die westfränkischen Großen nicht anders als ihre ostfränkischen Kollegen beim Sturz Liutwards von Vercelli im Jahre 887. Auch sie hatten erfolgreich

---

Beispiel des Frankenreiches (= Monographien zur Geschichte des Mittelalters Bd. 27), Stuttgart 1982, passim.

[15] Vgl. Hincmar, De ordine palatii cap. VI: „Consiliarii autem, quantum possibile erat, tam clerici quam tales *eligebantur* qui primo . . . *Electi* autem *consiliarii* una cum rege hoc inter se principialiter constitutum habebant . . ." (ed. Gross-Schieffer, 1980, MGH Font. iur. Germ. Bd. 3, S. 86).

[16] Vgl. Hincmar, De ordine palatii cap. VI: „Electi autem consiliarii una cum rege hoc inter se principialiter constitutum habebant, ut, quicquid *inter se familiaritate* locuti fuissent, tam de statu regni quamque et de speciali cuiuslibet persona . . ." (ed. Gross-Schieffer, S. 86).

[17] Zur Stellung eines „secundus a rege" vgl. G. TELLENBACH, Königtum und Stämme in der Werdezeit des Deutschen Reiches, Weimar 1939, S. 58, Anm. 2. – Liutwart wird von dem ihm feindlich gesonnenen Mainzer Redaktor der Annales Fuldenses bezeichnenderweis als einer charakterisiert, der über die Position eines „secundus a rege" hinausgewachsen ist und die erste Stelle noch vor dem König einnimmt: „Imperator (Karl der Dicke sc.) . . . Liutwartum supra omnes . . . exaltavit, ita ut Aman, cuius mentio facta est in libro Hester, et nomine et dignitate praecelleret. Ille enim post regem Assuerum erat secundus, iste vero prior imperatori et plus quam imperator ab omnibus honorabatur et timebatur" (Annales Fuldenses auctore Meginhardo zu 887, ed. Kurze, S. 105). Dem entspricht genau, was Richer über Hagano berichtet: „Ipse (Hagano sc.) regio lateri solus haereret, pilleum etiam, a capite regis sepissime sumptum, palam sibi imponeret" (Latouche Bd. 1, S. 38). Wie Liutward so hat sich auch Hagano die Stellung eines „primus" noch vor dem Monarchen arrogiert.

[18] Vgl. Hincmar, De ordine palatii cap. VI: „Consiliarii autem . . . tales eligebantur, qui talem fidem haberent, ut excepta vita aeterna nihil regi et regno praeponerent" (ed. Gross-Schieffer, S. 86). – Vgl. auch die Verpflichtung von König und Ratgebern zur absoluten Verschwiegenheit: „Quia saepe in tali tractatu de qualibet persona talis interdum propter communem utilitatem agendam vel cavendam sermo procedit, qui . . ." (ed. Gross-Schieffer, S. 88).

[19] Vgl. Anm. 13.

[20] Vgl. B. SCHIER, Der Hut als Spiegel der sozialen Stellung und seelischen Haltung seines Trägers, *in*: Zs. f. Volkskunde 50 (1950), S. 261–270; R. HADWICH, Die rechtssymbolische Bedeutung von Hut und Krone, Diss. iur. Mainz, 1951; „Über Herzogskronen und Herzogshüte im Mittelalter" handelte G. TELLENBACH, *in*: DA 5 (1942), S. 55–71.

zum Mittel der persönlichen Diffamierung gegriffen. Neben dem Vorwurf, „nobilissi-
morum filias in Alamannia et Italia" zu entführen – man erkennt hinter dieser Anschuldigung das bewährte Mittel, durch das „connubium" den eigenen beziehungsweise den
Aufstieg der Familie zu befördern – wurde Liutward darüber hinaus der Häresie bezich-
tigt.[21]

Richer hat die problematische Beziehung zwischen „mediocres" und „potentes" noch
ein zweites Mal aufgegriffen.[22] Hier handelt es sich um den Aufstieg eines „mediocris",
der aufgrund persönlicher Tüchtigkeit zu dem ansonsten dem hohen Adel vorbehaltenen
Amt des „signifer regis"[23] emporsteigt und nach Bewährung in der Schlacht mit einem
„castrum" belehnt wurde. Unterschwellig werden auch hier ständische Spannungen
deutlich.[24] Man wird sich fragen müssen, warum Richer gerade dem Verhältnis zwischen
höher und niedrig Gestellten ein so ausgeprägtes Interesse entgegengebracht hat. Die
Antwort wird man in der Biographie des Autors suchen müssen, der im Gegensatz zu den
meisten anderen Schriftstellern seiner Zeit nicht aus dem hohen Adel stammte, sondern
der Sohn eines „miles" von König Ludwig IV. von Frankreich war.[25]

§ 2. „Principes regnorum" und „utilitas communis":
Die Fürsten und ihr Verhältnis zum Staat

Der „mediocris"-Begriff wird von Richer nur zu Beginn seines Geschichtswerkes verwendet. Er wird später nicht wieder auftauchen, vielleicht ein Zeichen dafür, daß diese
Kategorie für Richer nicht mehr geeignet ist, die politische und ständische Wirklichkeit,
wie sie sich in seinen Augen darstellte, angemessen zu beschreiben. Ganz anders verhält
es sich hingegen mit den „primates", „principes", „primores". Diese Begriffe werden
von Richer unterschiedslos gebraucht[26] und dienen ihm zur Kennzeichnung einer ganz
fest umrissenen Gruppe des Adels. Allein die überaus häufige Nennung dieser Standesbe-
zeichnung, die allenfalls noch von dem vielschichtigen Begriff des „miles"[27] übertroffen
wird, und die sich über das ganze Werk nachweisen läßt, vermittelt eine Ahnung seiner
Wichtigkeit. Doch nicht allein die numerische Häufigkeit zeugt von der Bedeutung dieser Begriffe, wie sie sich bereits in der Geschichtsschreibung des ausgehenden neunten

---

[21] Annales Fuldenses auctore Meginhardo zu 887, ed. Kurze, S. 105–106.

[22] Vgl. Richer I, 9–11 (Latouche Bd. 1, S. 24–30).

[23] Vgl. die Belege für den königlichen Bannerträger bei WAITZ, Deutsche Verfassungsgeschichte, Bd. 4,
S. 620, Anm. 1.

[24] Obwohl Karl der Einfältige einem Normannenfürsten, der vom König selbst getauft worden war, Leben und Freiheit versprochen hatte, war der Normanne von dem zum „signifer regis" avancierten „mediocris" getötet worden. Dies führte zu heftigem Unwillen der Großen („principibus frementibus") einerseits,
aber auch zu warmer Fürsprache bei den Standesgenossen des „signifer regis Ingo" („milites pro eo agentes
regem demulcent et ad pietatis clementiam suadent"), vgl. Richer I, 11 (Latouche Bd. 1, S. 28).

[25] Vgl. Kapitel 2: Zur Biographie von Richer.

[26] Damit schließt sich Richer seinem Vorgänger Flodoard an, bei dem sich diese Begriffe ebenfalls
„weitgehend" decken, vgl. P. C. JACOBSEN, Der Titel „princeps" und „domnus" bei Flodoard von Reims,
in: Mittellateinisches Jahrbuch 13, 1978, S. 59.

[27] Siehe Anm. 25.

Jahrhunderts abgezeichnet hatte.[28] Auch die theoretisch-kommentierenden Aussagen Richers über die „primates" und „principes" unterstreichen das Gewicht dieser Adelsgruppe und erlauben ihre nähere Charakterisierung. Gleich zu Beginn verweist Richer auf die entscheidende Rolle, die er den „principes" für das Wohlergehen des „Staates" zumißt: allein ihre Eintracht untereinander vermag die Sicherheit nach innen wie nach außen zu gewährleisten. Zwietracht der „principes" untereinander führt hingegen zu „Bürgerkrieg" (bella civilia) und äußerer Bedrohung.[29] Reiches Anschauungsmaterial boten gleichermaßen die von Flodoard überlieferte Geschichte wie die eigene, selbst erlebte Gegenwart.

Diese überaus starke Betonung der Rolle der „principes" hat auch die Stellung des Königs in den Augen Richers nicht unbeeinflußt gelassen. Der Monarch verdankt seine Legitimation nach Richers Meinung der Wahl durch die „principes regni", aus deren Kreisen er auch stammt.[30] Demgegenüber treten Faktoren wie die Weihe[31], ein etwaiges

---

[28] Vgl. H. Löwe, Die Geschichtsschreibung der ausgehenden Karolingerzeit, in: DA 23 (1967), S. 10, Neudruck: Löwe, Von Cassiodor zu Dante, S. 187–188.

[29] Vgl. Richer I, 4: Wegen der Minderjährigkeit Karls III. und der Uneinigkeit der Fürsten („dissidentia principum"), die mit verheerenden Folgen („direptiones, incendia, rerum pervasiones") verbunden sind, können die Normannen nach Gallien eindringen (Latouche Bd. 1, S. 10–12). Die Plünderer wissen, daß sie einzig der Uneinigkeit der Gallier wegen ihren Raubzug durchführen können: „Id etiam ante fieri quam in consensum principes revocarentur, accelerebant, hujusmodi dissidentia pecunias Galliarum sese asportaturos certissime rati" (Latouche Bd. 1, S. 14). Auch der ungefährdete Rückzug der Normannen mit reicher Beute (Richer II, 7) ist möglich „ob principum dissidentiam" (Latouche Bd. 1, S. 138). Die Auseinandersetzungen zwischen König Lothar und Hugo Capet zu Beginn der achtziger Jahre (Richer III, 89) führt dazu, „ut aliquot annis res publica principibus dissidentibus multum lederetur. Tunc etiam multarum rerum usurpationes, miserorum quoque oppressions, et circa minus potentes calamitates nefariae a quibusdam pravis exercitatae sunt" (Latouche Bd. 2, S. 114); vgl. auch Richer III, 80: „Responsio Ottonis ad Gallos: . . . ‚Novi', inquit, ‚quantam labem rei publicae discordia sepenumero intulit, cum regnorum principes contra se aliquando moliti sunt" (Latouche Bd. 2, S. 98); ferner Richer II, 41 (Latouche Bd. 1, S. 192).

[30] Vgl. die einzelnen Wahlberichte Richers! Odo (888): „(principes sc.) communi decreto Odonem virum militarem ac strenuum . . . regem creant" (Latouche Bd. 1, S. 16); Rudolf (923): „Galli . . . regem sibi praefecerunt" (Latouche Bd. 1, S. 94). Das Wahlprinzip hat Richer bei der Wahl Ludwigs IV. (936) besonders unterstrichen. So hat er ein Kapitel (II, 1) mit der Überschrift „Gallorum deliberatio de rege creando" überschrieben und das Bemühen der ‚Gallier' betont, ihre Königswahl freier als bisher zu gestalten, was dadurch erleichtert sei, daß der letzte König kinderlos verstorben war („De regni amministratione nihil disposuit, eo quod filios non habuerit, qui regnorum rerum potirentur."): „Galli itaque in regis promotione liberiores videri laborantes sub Hugone duce deliberaturi de rege creando collecti sunt" (Latouche Bd. 1, S. 124); Wahl Lothars (954): Auch Lothar wird erst durch den Wahlakt der Großen zum „rex" (Richer III, 2, Latouche Bd. 2, S. 8); desgleichen sein Sohn Ludwig (986), vgl. Richer IV, 1 (Latouche Bd. 2, S. 144). Besonders stark erscheint die Betonung des Wahlrechts bei der Bestellung Hugo Capets zum König, vgl. Richer IV, 8 (Latouche Bd. 2, S. 154).

[31] Entgegen der anderslautenden Meinung von Bezzola, Ottonisches Kaisertum, S. 117 f., besaß für Richer die kirchliche Weihe keine legitimierende Kraft. Die noch von Flodoard verwendeten einschlägigen Termini technici wie „consecratio" (Annales zu 922, ed. Lauer, S. 10), „regalis benedictio", „ungere" (Annales zu 936, ed. Lauer, S. 63) werden von Richer vermieden, der statt dessen immer das wahltechnische „creare" verwendet. Daß „creare" von Richer „nur zur Bezeichnung des geistlichen Teils der Erhebung ver-

Erbrecht oder die Auffassung von der „Geblütsheiligkeit" des königlichen Geschlechts[32] stark zurück. Sie können allenfalls ein zusätzliches Entscheidungskriterium bilden, ausschlaggebend ist jedoch einzig die Wahl. In den Vordergrund rücken zunehmend „transpersonale Staatsvorstellungen."[33] So bevorzugt Richer den antik-römischen Begriff der „res publica"[34], der König erscheint als ein „Geschäftsführer", der die „regnorum negotia" zu besorgen hat.[35] Die „utilitas communis" gilt Richer als das verpflichtende Ideal des politisch verantwortlich Handelnden.[36] Und es ist bezeichnend, daß der Begriff des „Gubernators", der das Staatsschiff lenkt und der durch jene oft zitierte Stelle aus den „Gesta Chuonradi" Berühmtheit erlangt hat[37], auch bei Richer nicht fehlen darf.[38]

---

wendet" wird, behauptet REULING, Die Kur in Deutschland und Frankreich, S. 87. Unverständlich, da im Widerspruch zur oben vertretenen Meinung, bleibt mir seine Bemerkung (ebd., Anm. 156): „Dieser Ausdruck (‚creare' sc.) tritt als Synonym besonders häufig auf." Zumindest bei einer der von Reuling, angeführten Richer-Stellen (II, 4; Latouche Bd. 1, S. 130) kann von einer Einschränkung auf den „geistlichen Teil" keine Rede sein. Latouche übersetzt völlig zu Recht „rex creatus" mit „le roi après l'élection" (Latouche Bd. 1, S. 131). Vgl. im übrigen GIESE, „Genus" und „Virtus", S. 106, der betont, „daß die Weihe eines Königs in Richers Werk überhaupt keine Rolle spielt. Nie spricht Richer bei allen Königserhebungen davon, daß der König geweiht oder gesalbt worden sei. Nie wird an irgendeiner Stelle im Text davon gesprochen, daß dem König aufgrund seiner Weihe eine besondere Stelle zukommt."

[32] Zwar hat Richer von Erbrecht und „Geblütsheiligkeit" durchaus gesprochen, aber nur, um sie konterkarieren zu können. Die „Geblütsheiligkeit" Karl des Einfältigen (Richer I, 45–46, vgl. Latouche Bd. 1, S. 86–92) beweist in der Schlacht von Soissons (923) ebenso ihre Wirkungslosigkeit wie das „jus hereditarium", auf das sich Karl von Niederlothringen vergeblich berief (Richer IV, 8, Latouche Bd. 2, S. 156).

[33] Vgl. H. BEUMANN, Zur Entwicklung transpersonaler Staatsvorstellungen, in: Das Königtum. Seine geistigen und rechtlichen Grundlagen, VuF Bd. 3, Lindau–Konstanz 1956, S. 185–224; Neudruck: H. Beumann, Wissenschaft vom Mittelalter, Köln–Wien 1972, S. 135–174.

[34] Vgl. die „oratio Gallorum ad Ottonem (Richer III, 79), wo in einer kurzen Rede allein dreimal der Begriff „res publica" fällt (vgl. Latouche Bd. 2, S. 100). Als Vermittler dieses Begriffes dürfen wir Gerbert, den Lehrer Richers, annehmen, der ihn nicht nur sehr oft verwendet hat (vgl. das betreffende Lemma im Register bei WEIGLE, Briefsammlung, S. 278), sondern auch bei Richer zeigt sich wie schon beim Reimser Domscholaster jener „besondere Klang", der darin liegt, daß der „Ausdruck ‚res publica' . . . den Staat stärker auf sich selbst stellt, als es sonst in dieser Epoche der Zweigewaltenlehre geschieht", so das Urteil von SCHRAMM, Kaiser, Rom und Renovatio, S. 99; Zur Bedeutung von „res publica" im Mittelalter vgl. auch BEUMANN, Wissenschaft vom Mittelalter, S. 146 f.; anders SCHNEIDMÜLLER, Französisches Sonderbewußtsein, S. 84, der „nur topologischen" Gebrauch des „res-publica"-Begriffes bei Richer vermutet.

[35] Vgl. Richer II, 2 (Latouche Bd. 1, S. 128).

[36] Vgl. Richer IV, 11 (Latouche Bd. 2, S. 162); ferner I, 5: „utiliter omnia gessit" (Latouche Bd. 1, S. 16); I, 23: „concordia omnium utiliter floruere" (Latouche Bd. 1, S. 58); II, 70: „concordia utilitatem accommodat" (Latouche Bd. 2, S. 98); III, 8 (Latouche Bd. 2, S. 154). – Zum häufig verwendeten Begriff der „utilitas publica" vgl. W. ULLMANN, Schranken der Königsgewalt im Mittelalter, in: Hist. Jahrbuch 91 (1971), S. 15 Anm. 40; Neudruck: W. Ullmann, The Church and the Law in the Earlier Middle Ages, London 1975, S. VIII; auch ders., Principles of Government and Politics in the Middle Ages, London 1961, S. 133 f.

[37] Wipo, Gesta Chuonradi cap. VII, ed. Bresslau (³1915), MGH SS rer. Germ., S. 30; dazu ausführlich BEUMANN, Wissenschaft vom Mittelalter, S. 135 ff.

[38] Richer III, 11 (Latouche Bd. 2, S. 160).

Die starke Einschätzung der Rolle der „principes" verbindet Richer mit seinen Zeitgenossen. Auch Abbo[39] konnte nicht umhin, im Vorwort seiner den Königen Hugo Capet
und Robert II. gewidmeten Canonessammlung auf die Bedeutung der „principes regni"
hinzuweisen. Deren offensichtlichen Widerstand gegenüber der neuen capetingischen
Dynastie interpretiert Abbo als eine Prüfung Gottes, um ihm damit eine positive Seite
abzugewinnen.[40] Und als besonderes Verdienst rechnete es sich Abbo an, die „primates
regni" an ihre dem König geschuldete Treue erinnert zu haben.[41]

Der Gebrauch des „princeps"-Titels, mit dem Richer gleichermaßen den König wie
die Führer der einzelnen, weitgehend autonomen Fürstentümer bezeichnet, entspricht
zeitgenössischem Sprachgebrauch und unterstreicht die hohe Bedeutung dieser „Königs-
stellvertreter" (K. F. WERNER).[42] Manch sorgfältig erzähltes Detail am Rande unterstreicht die Ebenbürtigkeit der „principes regnorum" mit dem „princeps regni", dem
westfränkischen König.[43]

Zusammenfassend läßt sich sagen, daß auch in der Geschichtsschreibung Richers die
überragende Rolle jener „principes" deutlich wird, wie sie bereits der vor allem mit ur-
kundlichem Quellenmaterial arbeitenden jüngeren französischen Verfassungsgeschichte
bekannt war.[44] Diese hat wiederholt den primär territorial bestimmten Charakter dieser
Prinzipate hervorgehoben, und es ist interessant zu beobachten, daß auch das Richer'sche
Werk dies widerspiegelt: sehr häufig ist der „Princeps"-Titel territorial determiniert. So
spricht Richer vom „urbis" oder „civitatis princeps", von den „regnorum principes",
„principes urbium", „principes provinciarum", „principes Beligicae, Celticae, Burgun-
diae, Aquitaniae".[45] Wiederholt taucht der Begriff der „terra"[46] oder der „regio"[47] auf.

---

[39] Zu Abbo vgl. Kapitel 9 § 1.   [40] Vgl. PL 139, Sp. 473.

[41] „In quibus (canonibus collectis sc.) et vestri ministerii summam expressi; et qualiter vobis fidem serva-
re debeant optimates regni non tacui" (PL 139, Sp. 473–474).

[42] Auf die hohe Bedeutung, die dem „princeps"-Titel zukommt, wies wiederholt hin WERNER, Untersuchungen, *in*: WaG 18–20 (1958–60), passim und *ders., in*: Handbuch d. europ. Geschichte, Bd. 1,
S. 776–778.

[43] Zur Bezeichnung des Königs als „princeps regni" vgl. Richer I, 46 (Latouche Bd. 1, S. 92); ferner Richer III, 80, wo vom deutschen und französischen König als den „regnorum principes" gesprochen wird
(Latouche Bd. 2, S. 98). Karl von Niederlothringen, der nach der französischen Königskrone strebt, wird
vorgehalten (IV, 10): „. . . quomodo per tales (nefarios homines sc.) ad principatum venire moliris?" (Latouche Bd. 2, S. 158). – Was das ‚Detail am Rande' betrifft: als Richer die Trauerfeierlichkeiten anläßlich
des Todes eines der mächtigsten capetingischen Kronvasallen, Odos I. von Blois, schilderte, griff er auf dasselbe Formelgut zurück, das er schon einmal beim Tode König Lothars verwendet hatte, vgl. Latouche Bd.
2, S. 301, Anm. 3.

[44] Vgl. dazu WERNER (wie Anm. 42).

[45] Vgl. z. B. Richer I, 12 (Latouche Bd. 1, S. 32), I, 23 (Latouche Bd. 1, S. 56), II, 98 (Latouche Bd.
1, S. 288 und S. 290), III, 1 (Latouche Bd. 2, S. 8), III, 91 (Latouche Bd. 2, S. 114), III, 108 (Latouche
Bd. 2, S. 138), IV, 12 (Latouche Bd. 2, S. 162–164).

[46] Vgl. Richer IV, 79 (Latouche Bd. 2, S. 276); II, 15 (Latouche Bd. 1, S. 150); IV, 90 (Latouche
Bd. 2, S. 292); III, 12 (Latouche Bd. 2, S. 20); II, 49 (Latouche Bd. 1, S. 208); II, 32 (Latouche Bd. 1,
S. 176); I, 3 (Latouche Bd. 1, S. 10); I, 4 (Latouche Bd. 1, S. 12).

[47] Vgl. Richer III, 74 (Latouche Bd. 2, 92); II, 8 (Latouche Bd. 1, S. 140); III, 13 (Latouche Bd. 2,
S. 20); IV, 18 (Latouche Bd. 2, S. 174).

Volks- oder Stammesnamen beschränken sich zumeist auf eindeutig eingrenzbare Gentil-
verbände wie etwa die Normannen.[48] Vor diesem Hintergrund sind auch so ungewöhnliche Formulierungen wie „principes Galliarum"[49] oder „reges Galliarum"[50] zu verstehen. In Anlehnung an antike Modelle der Geschichtsschreibung hatte Richer in der Einleitung seines Werkes eine Kosmographie der Welt und speziell Galliens gegeben, wobei
er sich, wie bereits Isidor von Sevilla und Paulus Diaconus, als Verfechter der im Mittelalter seltener als in der Antike vertretenen Auffassung von der „anthropogeographischen
These" erwies.[51] Richer schrieb dabei weitgehend Caesar und Orosius aus.[52] Aber genau
wie die Geschichtsschreibung Sallusts Richer die Augen darüber öffnete, die kriegeri-
schen Wirrnisse seiner eigenen Zeit als „bella civilia" zu erfassen und zu deuten, so bot
die antike Geographie eines Julius Caesar die Möglichkeit, die territorial bestimmte Ver-
fassungswirklichkeit im „Frankreich" des ausgehenden zehnten Jahrhunderts zu erfassen.
Sein nationalfranzösisches Geschichtskonzept, das notwendigerweise Theorie bleiben
mußte[53], zwang Richer geradezu, auf die antike Terminologie zurückzugreifen.[54] Denn
der Begriff der „Francia" war spätestens seit seiner Reduzierung auf das Seine-Loire-Ge-
biet[55] nicht mehr dazu in der Lage, so etwas wie ein „gesamtfränkisch-französisches Ge-
meinschaftsgefühl" auszudrücken.

§ 3. „consilium expetere – consilium dare": Verpflichtung zur Gegenseitigkeit

Das Verhältnis zwischen dem König und den „principes" vollzieht sich – das führt Richers Geschichtswerk sehr deutlich vor Augen – in den Bahnen eines rechtlich schon sehr
genau definierten Lehnswesens.[56] Erkennbar ist die damit verbundene Abschottung des
Königs von seinen Untertanen, die sich mehr ihrem jeweiligen Senior als der monarchi-

---

[48]   Sie werden durchweg als „piratae" oder „Nortmanni" bezeichnet.

[49]   Vgl. Richer I, 14 (Latouche Bd. 1, S. 34); I, 54 (Latouche Bd. 1, S. 106); II, 3 (Latouche Bd. 1, S.
128); II, 4 (Latouche Bd. 1, S. 130); II, 27 (Latouche Bd. 1, S. 166); IV, 10 (Latouche Bd. 2, S. 158).

[50]   I, 4 (Latouche Bd. 1, S. 12); zur Bedeutung des „Gallia"-Begriffes bei Richer jetzt grundlegend
SCHNEIDMÜLLER, Französisches Sonderbewußtsein, S. 73–91.

[51]   Das heißt, daß man den äußeren Faktoren wie der Umwelt und dem Klima einen entscheidenden
Einfluß auf die Ausbildung der physischen und psychischen Charakterzüge der Bevölkerung eines bestimmten geographischen Raumes zumißt, vgl. dazu K. E. MÜLLER, Geschichte der antiken Ethnographie und
ethnologischen Theoriebildung, Wiesbaden 1980, Bd. 2, S. 360 ff.

[52]   Vgl. Latouche Bd. 1, S. 6–8.

[53]   Vgl. P. CLASSEN, Die Verträge von Verdun und von Coulaines 843 als politische Grundlagen des westfränkischen Reiches, in: HZ 196 (1963), S. 3.

[54]   Dazu ausführlich M. LUGGE, „Gallia" und „Francia" im Mittelalter (= Bonner Historische Forschungen Bd. 15), Bonn 1960.

[55]   Beispiele für den einschränkenden Gebrauch des „Francia"-Begriffes bei LUGGE, „Gallia" und „Francia", S. 160 ff.

[56]   Richers Werk ist von den einschlägigen Darstellungen des Lehnswesens wiederholt als Quelle herangezogen worden, so auch von H. MITTEIS, Lehnrecht und Staatsgewalt, Weimar ⁶1974, S. 549 Anm. 56 u.
von F. L. GANSHOF, Was ist das Lehnswesen?, Darmstadt ⁵1977, S. 71 f.; S. 78 Anm. 17.

schen Spitze verpflichtet fühlen.[57] Wie schwach die königliche Position selbst gegenüber den unmittelbaren Kronvasallen geworden war – unter den ersten Capetingern setzt sich die Tendenz zur Schwächung des Königtums unvermindert fort – sollten die von Richer aus eigener Anschauung bekannten Auseinandersetzungen der beiden „principes" Fulco Nerra und Odo von Blois zeigen, denen Richer zurecht den Rang von „bella civilia" zugemessen hat. Aber es deutet sich bei ihm bereits auch jenes lehnsrechtliche Institut des Treuevorbehalts[58] an, in dessen konsequenter Anwendung eine Chance zur Stärkung der Königsmacht lag.[59]

Es entspricht der Schwäche der lehnsherrlichen Position, und, vice versa, der Stärke der vasallitischen Stellung im „Frankreich" des ausgehenden zehnten Jahrhunderts, daß die Gegenseitigkeit von Rechten und Pflichten beider Vertragspartner als besonders ausgeprägt erscheint. Zwar hatten Analytiker des Lehnswesens wie Fulbert von Chartres schon immer auf den wechselseitigen, auf der Treue beruhenden und beide Seiten verpflichtenden Charakter der Lehnsbindung hingewiesen.[60] Aber die Praxis hatte zumeist die Gewichte eindeutig zugunsten des Lehnsherrn verlagert.[61] Doch gilt diese Aussage nicht für die mißliche Situation eines französischen Königs im „premier âge féodale" (M. BLOCH) und nicht für Richer, der sich in dieser Beziehung als ein verläßlicher Zeuge der Verhältnisse seiner Zeit erweist.[62] So haben sich die Vasallenpflichten weitgehend auf

---

[57] So waren die Bürger von Melun, obwohl sie dem König militärisch Widerstand geleistet hatten, zu entlassen: „cum non tantum rei majestatis regiae quantum sui domini fideles dicendi essent; ad id etiam non perfidiae vito, sed multa virtute adductos asserebant" (Latouche Bd. 2, S. 272).

[58] Vgl. W. KIENAST, Untertaneneid und Treuevorbehalt, Weimar 1952.

[59] Vgl. die Forderung, die Karl von Niederlothringen an Bischof Adalbero von Laon stellt (IV, 46): „Adsunt sancta, superponite dexteram, fidem contra omnes spondete; exceptio nulla erit, si vultis mihi comes fieri" (Latouche Bd. 2, S. 214). Vgl. ferner IV, 91: „daturum se etiam fidem sacramento contra omnium causam, praeter regis et horum quibus speciali consanguinitate carius addictus est" (Latouche Bd. 2, S. 296 mit Anm. 1). – Vgl. in diesem Zusammenhang auch die sehr interessante Erörterung der Vasallen Hugo Capets über mögliche Gefahren, die ein von ihm gegen den König inszenierter Aufstand hervorrufen könnte (III, 83). Es könnte das Gerücht umgehen, „qui non contra adversarios nos exercere defensionem loquetur at in rebellione contra regem temerarios atque perjuros stare calumniabitur. Sic etiam ad quoscumque accedere posse mencietur, ut sine delicto, sine perjurii sacrilegio a dominis recedant et contra illos arroganter cervices attolant" (Latouche Bd. 2, S. 104); anders hingegen die Einschätzung bei KIENAST, Untertaneneid und Treuevorbehalt, S. 18 Anm. 3 u. S. 20, der ohne Diskussion der oben angeführten Belege bei Richer nur das Fortleben des „Brauch(es) der Unterwerfungseide" konstatieren will.

[60] Vgl. GANSHOF, Was ist das Lehnswesen, S. 86 ff.; zu Fulbert von Chartres vgl. A. BECKER, Form und Materie, Bemerkungen zu Fulberts von Chartres ‚De forma fidelitatis' im Lehnrecht des Mittelalters und der frühen Neuzeit, in: Hist. Jahrbuch 102 (1982), S. 325–361.

[61] Vgl. MITTEIS, Lehnrecht, S. 535: „. . . dem Herrn wird stets ein Überschuß an Recht zukommen."

[62] Zum Prinzip der Gegenseitigkeit vgl. I, 23 (Rede des Erzbischofs Heriveus von Reims an Heinrich von Sachsen): „Summa utriusque ope uterque nitatur, ut tu habeas regem tibi adprime commodum, et rex habeat te virum sese dignissimum" (Latouche Bd. 1, S. 58); vgl. auch IV, 25 (König Hugo an die Bürger von Reims): „Quoniam fidei exsecutores vos probavi, nec me a fide alienum experiemini. Cum enim sit fides cum quod dicitur fit, quia vos id fecisse perspito, et me penitus observasse idem fateor" (Latouche Bd. 2, S. 184).

das „consilium dare" reduziert. Um den Vasallen überhaupt zum „auxilium", zur militärischen Unterstützung seines Lehnherrn zu bewegen, bedarf es der „recompensatio"
durch den Lehnsherrn.[63] Die militärische Hilfeleistung erscheint als ein Fall, der bereits
außerhalb des vasallitischen Pflichtenkanons liegt.

Aber auch das „consilium" ist von dieser Entwicklung zugunsten des Vasallen nicht
unberührt geblieben. Nicht nur sind die Vasallen verpflichtet, das „consilium" zu leisten,
vielmehr ist der Lehnsherr selbst ebenfalls genötigt, vor jeder größeren diplomatischen
oder militärischen Aktion den „Rat" seiner Getreuen einzuholen.[64] Sonst unterliegt er
dem schweren Vorwurf, „inconsulte" gehandelt zu haben.[65] Grund genug für den Vasallen, das Lehnsverhältnis durch eine einseitige Rechtsverletzung seitens seines Seniors für
aufgelöst zu betrachten.[66] Die dem Lehnsherrn geschuldete Treue hat sich weitgehend
darauf reduziert, alles zu unterlassen, was dem Herrn schaden könnte, sich nicht gegen
ihn zu stellen[67], also ein Verhalten zu zeigen, was H. Mitteis mit der ihm eigenen Präzision des Juristen als „primäre Unterlassungspflicht" bezeichnet hat.[68]

---

[63] Vgl. Richer IV, 40: „Rex (Hugo der Große sc.) . . . ab Odone subsidia petit; sese vicem recompensa-
turum, si copias suppeditet et ad integrum urbem expugnet" (Latouche Bd. 2, S. 204); III, 68: „. . . gratias
etiam sese (König Lothar sc.) quandoque redditurum, si id quod cupit, aequo animo adoriantur (regni primates sc.)" (Latouche Bd. 2, S. 84).

[64] Vgl. Richer III, 73: „Virtus vestra (principum sc.) suggessit, a vobis consilium expetere" (Latouche
Bd. 2, S. 88); III, 82: „Non praeter fructum utilis et honesti consilium a doctis expetitur. Quibus solis et decenter acceditur, et ab eis fluctuanti rei consilii ratio aperitur" (Latouche Bd. 2, S. 102); die französischen
Könige Hugo und Robert haben Richer zufolge, die Pflicht des Lehnsherrn, das Consilium seiner Vasallen
einzuholen, als Vorwand benutzt, um eine Reise nach Deutschland abzulehnen (IV, 96): „sese illuc non ituros, eo quod suorum praecipuos penes se non haberent, sine quorum consilio nihil agendum vel omittendum
videbatur" (Latouche Bd. 2, S. 306).

[65] Vgl. Richer II, 16 (Latouche Bd. 1, S. 150).

[66] Vgl. Richer I, 21 (Latouche Bd. 1, S. 52).

[67] Vgl. Richer I, 43 (Latouche Bd. 1, S. 82).

[68] Vgl. Mitteis, Lehnrecht, S. 530–531.

7. Religion und Kirche

§ 1. „Ecclesia" zwischen Tradition und Reform

Richers erklärtes Ziel war es gewesen, von den „Galliern" und ihren inneren Auseinandersetzungen und Kämpfen zu berichten.[1] Dennoch hat er diese theoretische Beschränkung seiner Historiographie auf das Gebiet der Profangeschichte in der erzählerischen Praxis nicht aufrechterhalten können. Dafür wird man neben der im Mittelalter grundsätzlich immer zu beachtenden „politischen Religiosität" vor allem auch die monastisch geprägte Reformbewegung jener Zeit verantwortlich machen müssen. So bringen die neunziger Jahre des zehnten Jahrhunderts, also die Entstehungszeit von Richers Geschichtswerk, einen ersten Höhepunkt der kirchlichen Erneuerungsbewegung in Frankreich.[2] An ihrer Spitze steht als ihr Hauptwortführer und geistiger Kopf Abt Abbo von Fleury (gest. 1004), der auf heftigen Widerstand der französischen Bischöfe stößt.[3] Denn vor allem gegen den Episkopat richtete sich das Hauptanliegen Abbos, „quod monachorum senatum salvum esse et volo et volui."[4] – Welche Brisanz sich hinter dieser nur scheinbar harmlos klingenden Formulierung verbarg, die in Wahrheit auf eine fast vollständige Lösung des Klosters aus dem Diözesanverband hinauslief[5], sollte die kommende Entwicklung zeigen. So ist es im Laufe der Auseinandersetzungen zwischen Bischöfen und Mönchen nicht beim Streit der Worte geblieben. Die Auseinandersetzung eskalierte,

---

[1] *Prolog*: „Quorum (regum sc.) temporibus bella a Gallis saepenumero patrata variosque eorum tumultus ac diversas negotiorum rationes ad memoriam reducere scripto specialiter propositum est" (Latoche Bd. 1, S. 4). Zur Interpretation des Prologs vgl. Kapitel 9 § 1.

[2] Zur Literatur vgl. die folgenden Anmerkungen.

[3] Eine Darstellung von Leben und Werk des Abtes Abbo von Fleury bleibt ein Desiderat der Forschung, ungeachtet der Monographie von P. Cousin, Abbon de Fleury-sur-Loire, un savant, un pasteur, un martyr à la fin du Xe siècle, Paris 1954, vgl. zu Cousin die einschränkenden Bemerkungen von K. F. Werner, *in*: DA 13 (1957), S. 284–285; einen Überblick über Abbos Leben und sein schriftstellerisches Werk gibt K. F. Werner, *in*: Lexikon des Mittelalters, Bd. 1, 1980, S. 15; in jüngster Zeit hat sich mit Abbos Mentalität ausführlich beschäftigt Duby, Die drei Ordnungen, S. 132–140.

[4] So ausgesprochen in der spätestens 996 abgeschlossenen „Collectio Canonum" (PL 139, Sp. 474). Aber auch in seiner 994 entstandenen und wie seine Kirchenrechtssammlung den französischen Königen gewidmeten Verteidigungsschrift, dem „Apologeticus", hatte Abbo vom Vorwurf seiner Feinde gesprochen, „nec aliud contra me immurmurant, quod senatum salvum esse volui" (PL 139, Sp. 461). Die ausdrückliche Wiederaufnahme der Forderung Abbos durch seinen Biographen Aimon von Fleury (Vita Abbonis PL 139, Sp. 395) in der Form des wörtlichen Zitats unterstreicht ihre programmatische Bedeutung.

[5] Einen guten Überblick bietet J. F. Lemarignier, Structures monastiques et structures politiques dans la France de la fin du Xe siècle et des débuts du XIe siècle, *in*: SSCI Bd. 4, Spoleto 1957, S. 357–400.

und schließlich beschuldigten sich im Jahr 994 die beiden Seiten sogar, einander nach dem Leben zu trachten.[6]

Dieser zeitgenössische Hintergrund will bei der Interpretation Richers bedacht sein. Er kann erklären, warum Richer dem reformerischen Wirken des Erzbischofs Adalbero[7] von Reims ein so großes Interesse entgegengebracht und ihm in seinem Werk so breiten Raum gegeben hat.[8] Richer, dem sowohl als Anhänger der Capetinger wie als Schüler Gerberts sehr viel an einem positiven Bild Adalberos gelegen sein mußte[9], hat den Reimser Erzbischof denn auch als einen entschiedenen Reformer und engagierten Vertreter mönchischer Interessen gekennzeichnet.[10] Dies ist um so auffälliger, als Richer in den vorangegangenen Partien seines Werkes gegenüber kirchlich-religiösen Themen ausgesprochen zurückhaltend reagiert hatte. Für seinen konservativen Standpunkt ist es bezeichnend, daß er weder an der Art und Weise, wie der König sein Kirchenregiment ausübte, etwas auszusetzen hatte[11], noch stieß die Wahrnehmung weltlicher, und das hieß in jener Zeit vor allem auch militärischer Aufgaben durch kirchliche Würdenträger, auf seine Kritik.[12] Das unterscheidet ihn doch sehr von seinem radikalen Zeitgenossen Abbo, der in seinem staatstheoretischen Traktat, dem „Apologeticus", nicht nur simonistische Praktiken auf das schärfste verurteilt [13], sondern auch die prinzipielle Geschiedenheit der

---

[6] Das von Abbo im „Apologeticus" geäußerte Gefühl der persönlichen Bedrohung („meo insidiante sanguine") bestand zurecht, wie Aimoins Bericht von einem nächtlichen Überfall auf Abbo beweist, den die „satellites" des Bischofs Arnulf von Orléans verübten und in dessen Verlauf sogar einige Leute aus der Begleitung Abbos getötet wurden (PL 139, Sp. 394). Bezeichnend ist die Motivierung des Überfalls durch Aimoin, den er ursächlich mit den Auseinandersetzungen zwischen Abbo und Bischof Arnulf über die „modos subjectionis" des Klosters Fleury verknüpft hatte, wenngleich er es vermied, dem Bischof expressis verbis die Schuld zuzuschieben (PL 139, Sp. 394).

[7] Zu Erzbischof Adalbero vgl. Lexikon des Mittelalters, Bd. 1, S. 92 f.

[8] Die Würdigung des Metropoliten umfaßt die Kapitel 22–42 des dritten Buches (Latouche Bd. 2, S. 28–49) und verläßt allein durch ihren großen Umfang den bisher üblichen Rahmen der Lebensbeschreibungen Reimser Erzbischöfe.

[9] Die herausragende Rolle, die Adalbero und mit ihm Gerbert beim Dynastiewechsel von 987 gespielt hat, ist bekannt. Vgl. statt vieler WERNER, in: Handbuch d. europ. Geschichte, Bd. 1, S. 752 ff.

[10] „Monachorum quoque mores, quanta dilectione et industria correxit atque a seculi habitu distinxit, sat dicere non est" (Latouche Bd. 2, S. 32).

[11] So erfolgt die Besetzung eines vakanten Bischofsstuhls in der Form der „donatio regis", vgl. Richer I, 19 (Latouche Bd. 1, S. 46); I, 25 (Latouche Bd. 1, S. 60); I, 41 (Latouche Bd. 1, S. 82); I, 61 (Latouche Bd. 1, S. 116); – „Die freie Wahl" („optio eligendi domini"), die laut Richer den Reimser Bürgern zugestanden wurde (IV, 27), erklärt sich aus der procapetingischen Haltung unseres Autors. Er versucht damit, die politische Fehlentscheidung Hugo Capets zu vertuschen, indem er dessen Entscheidung für den Erzbischof als Wunsch der Reimser Bürger ausgibt. Zur politischen Einstellung Richers vgl. Kapitel 5.

[12] Allgemein dazu O. KÖHLER, Das Bild der geistlichen Fürsten in den Viten des 10. und 11. Jahrhunderts, Berlin 1935.

[13] Vgl. PL 139, Sp. 465–467. Die Schärfe des Abbo'schen Verdikts geht insbesondere daraus hervor, daß er den Königen Hugo und Robert warnend das Beispiel der „principes" Herodes und Pilatus" vor Augen stellte (Sp. 467) und sie an das „discordiarum semen et detrimentum regno" erinnerte, das nicht nur mit dem Übel der Simonie notwendig verbunden war, sondern zugleich *die* Hauptgefahr für das neue Königtum

Menschen in zahlreiche „ordines" und „gradus" und ihre damit einhergehende unterschiedliche Pflichtenverteilung verfochten hatte.[14]

Konservativ bleiben in ihrer Grundhaltung und Tendenz auch die einzelnen Reformen, die Adalbero durchführt. Wohl nicht ohne Absicht hat Richer gerade die Bemühungen Adalberos um ein Papstprivileg für das Kloster St-Remi in den Mittelpunkt seiner Darstellung gerückt.[15] Damit konnte er Adalbero als einen entschiedenen Verfechter mönchischer Reforminteressen darstellen. Freilich liegt bereits in der Tatsache, daß sich Adalbero und nicht etwa Abt Rudolf von St-Remi nach Rom bemüht hatte[16], ein erster Hinweis auf die Art dieser „reformatio". Daß sie sich durchweg im Rahmen der Anerkennung bischöflicher Rechte vollzog, lehrt der Blick auf das von Richer in sein Werk einst inserierte, jetzt aber verlorene Privileg von Johannes XIII.[17] Ausdrücklich wird vom Papst gleich zu Beginn der Urkunde an die besonders enge Bindung des Klosters St-Remi an seinen Erzbischof erinnert.[18] Der dispositive Teil der Urkunde beschränkt sich weitgehend auf Besitz- und Schenkungsbestätigung.[19] So eindeutige und ausgedehnte Schutzbestimmungen zugunsten der klösterlichen „libertas", wie sie etwa das „monasterium Floriacense" aufweisen konnte[20], fehlen.

---

darstellte, was Abbo sehr wohl wußte und in seiner „Collectio canonum" auch ausgesprochen hatte, vgl. Kapitel 6 § 2 Anm. 40.

[14] Bekannt und oft zitiert ist die Aussage Abbos von den „agricolae" und „agonistae", denen die Aufgabe obliegt, jeweils auf ihrem Arbeitsgebiet der Kirche zu dienen (PL 139, Sp. 464). Aber nicht nur die Laien sind in sich geordnet, auch die Klerikerschaft unterliegt einer Differenzierung. An der hierarchischen Spitze steht freilich, wie könnte es bei Abbo anders sein, das Mönchtum. Zu Abbos Theorie, die als einer der frühesten Belege für die Theorie der drei Ordnungen gelten darf, vgl. DUBY, Die Ordnungen, S. 132–140; O. G. OEXLE, Die funktionale Dreiteilung der ‚Gesellschaft' bei Adalbero von Laon, Frühmittelalterliche Studien, Bd. 12 (1978), S. 1–54.

[15] Richer III, 25–30 (Latouche Bd. 2, S. 32–38). – Zu den aus Richers Bericht über die Romreise Adalberos, die sich daran anschließende Provinzialsynode von Mont-Notre-Dame und die Zusammenkunft von Äbten der Reimser Diözese sich ergebenden chronologischen Schwierigkeiten vgl. I. SCHRÖDER, Die westfränkischen Synoden von 888–987 und ihre Überlieferung, München 1980, S. 290–300.

[16] Der Ausdruck „bemühen" ist in diesem Zusammenhang durchaus wörtlich zu nehmen, da das Reisen in jener Zeit, wie wir nicht zuletzt von Richer (IV, 50) wissen, überaus beschwerlich war. Daß auch eine Reise nach Rom als eine mühselige Angelegenheit („labor") empfunden wurde, zeigt Aimoins Bericht über Abbos Romreisen (PL 139, Sp. 401).

[17] Zur Urkunde, ihrer Vorgeschichte und Überlieferung vgl. Regesta Imperii II, 5, Papstregesten 911–1024, v. H. ZIMMERMANN, Wien–Köln–Graz 1969, Nr. 498.

[18] „Quapropter interventum tuae dilectionis archimonasterio quod in Francia situm est non longe a civitate Remensi, cui praeesse videris" (PL 135, Sp. 992).

[19] Obwohl im Papstprivileg deutliche Anklänge an die Exemtionsformel Nr. 86 des Liber Diurnus (vgl. Liber Diurnus, Studien und Forschungen von L. Santifaller, hg. v. H. ZIMMERMANN, Stuttgart 1976, S. 107) festzustellen sind, so ist auffallend, daß im Privileg für St-Remi die Exemtion nicht ausgesprochen wird. Es fehlen diejenigen Bestandteile der Formel Nr. 86, welche die Exemtion ausdrücklich beinhalten und, wie etwa das Messeverbot, die Jurisdiktion des Bischofs unmittelbar beeinträchtigen könnten. Fragen von „jurisdicio" und „ditio" werden nicht angesprochen, sondern lediglich in Anlehnung an Formel 86 das Verbot für König, Erzbischof und Bischof „eidem archimonasterio ad damnum sive molestiam incumbere."

[20] Zu den einzelnen Schutzbestimmungen, deren großes Ausmaß bereits die damaligen Zeitgenossen verwundert hat, wie der Rechtfertigungsversuch des Abbo-Biographen Aimoin von Fleury vermuten läßt

Neben dem Bemühen Adalberos um das Papstprivileg beherrschen zwei weitere Themen die Darstellung. Überaus ausführlich hat sich Richer mit den baulichen Veränderungen beschäftigt, die der Erzbischof durchführen ließ.[21] Die Verbindung von „Reform"
und „Bauen" mag beim modernen Betrachter Erstaunen hervorrufen. Dies gilt aber nicht
für das mittelalterliche Bewußtsein, dem Architektur vor allem als „Bedeutungsträger"
(G. BANDMANN) wichtig war.[22] Wie noch heute gab es natürlich auch im Mittelalter den
Wunsch, sich ein Denkmal zu setzen, der für die Bautätigkeit mittelalterlicher Auftraggeber und Stifter verantwortlich war.[23] Der „Liber pontificalis" und so manche „gesta"[24]
und „vita"[25] sind voll von Erzählungen über die architektonischen Leistungen, die von
den jeweiligen Päpsten oder Äbten veranlaßt wurden. Dahinter steht das Ziel, die Ver-
herrlichung von Lebensberichten zu unterstützen. Davon zu trennen ist ein Bauen, das
weniger dem eigenen Ruhm gilt, sondern vielmehr als ein Ausdruck reformerischer Gesinnung verstanden sein will.[26] Bereits die Zeitgenossen haben den engen Zusammenhang von Architektur und reformerischen Neuansatz gesehen. Nicht nur erkannte man
wie Rodulfus Glaber die im Zeitalter der Reform verstärkt einsetzende Bautätigkeit[27],
sondern man unterstrich den engen Zusammenhang, der zwischen Kunst und Religion
herrschte, dadurch, daß man typische Vokabeln aus dem Wortschatz der Reform, wie
etwa „renovare" und „restaurare" unterschiedslos auf beide Bereiche anwandte: So kann
der Ausdruck „monasterium renovare (restaurare)" sowohl die bauliche Erneuerung des
Klostergebäudes als auch die innere Erneuerung der Mönche beinhalten.[28] Beide Aspekte sind von Richer ausführlich dargestellt worden. Mit anderen Schriftstellern seiner
Zeit, die dem reformerischen Wirken einer Persönlichkeit ihre Aufmerksamkeit ge-

---

(„Sed ne quis eos, domnum dico Apostolicum et Abbonem sanctum, existimet in hoc facto contraria regulis
sanctorum sensisse Patrum, necessarium nobis visum est, ex epistolis Magni papae Gregorii pauca de pluribus hic exempla inserere", vgl. PL 139, Sp. 402), vgl. ZIMMERMANN, Papstregesten Nr. 777.

[21] Richer III, 22–23 (Latouche Bd. 2, S. 28–30).

[22] G. BANDMANN, Mittelalterliche Architektur als Bedeutungsträger, Berlin ⁵1978. Vgl. ferner W. GIE-
SE, Zur Bautätigkeit von Bischöfen und Äbten des 10. bis 12. Jahrhunderts, *in*: DA 38 (1982),
S. 388–438.

[23] BANDMANN, Mittelalterliche Architektur, S. 46 f., mit Verweis auf die „Vita Brunonis" des Ruotger.

[24] Als ein besonders prägnantes Beispiel sind die „Gesta abbatum Lobiensium" des Abtes Folkuin (gest.
990) zu nennen, vgl. G. MISCH, Geschichte der Autobiographie, Bd. 2, I, 2, Frankfurt 1955, S. 506–507.

[25] Man denke nur an die „Vita Gauzlini" des Andreas von Fleury (ed. R.-H. Bautier u. G. Labory,
Sources de l'historie médiévale Bd. 2, Paris 1969), die von ihrem Herausgeber als ein „document capital
pour l'archéologie et l'histoire d'art" eingeschätzt wurde.

[26] Daß man diese Differenzierung nicht immer wird vornehmen können, sei gerne zugegeben. Beide
Aspekte, der eigene Ruhm wie die fromme Gesinnung, verbinden sich häufig, vgl. etwa die „Vita Bernwardi" (MGH SS 4, S. 761): „Testantur eius opera (Bernwardi sc.) quae futuro aevo pium illius animi votum
apertis locuntur indiciis." – Zum Thema allgemein vgl. W. WEISBACH, Religiöse Reform und mittelalterliche Kunst, Einsiedeln 1945.

[27] Rodulfus Glaber, Historiae III, cap. 4: De innovatione basilicarum in toto orbe (ed. M. PROU, Raoul
Glaber, Les cinq libres de ses histoires, Paris 1886, S. 62 f.).

[28] Ein besonders schönes Beispiel bei O. LEHMANN-BROCKHAUS, Die Kunst des 10. Jahrhunderts im
Lichte der Schriftquellen, Berlin 1935, S. 12–13.

schenkt haben, teilt Richer die üblichen Gemeinplätze. Ausgangspunkt jeder Reform ist das Mißvergnügen am herrschenden, oftmals schlechten und daher verbesserungswürdigen Zustand von Kirchen, Klöstern, Altären usw. Das Charakteristikum vieler im zehnten und elften Jahrhundert einsetzenden baulichen Reformen, sei es nun in Reims unter Erzbischof Adalbero oder in Hildesheim unter Bischof Bernward[29], ist ihr ästhetischer Zug[30], der in späterer Zeit freilich noch auf herbe Kritik stoßen sollte.[31] Nicht nur bei Richer finden sich zumeist in komparativer Form gebrauchte Adjektive, die vor allem die Schönheit und den Glanz und die Kostbarkeit der durchgeführten Reformen unterstreichen sollen. Worte wie „decorare", „amplior", „maior", „dignior", „non vilior", „elegantior" scheinen zu Schlüsselbegriffen[32] einer ganzen Epoche zu werden.

Es ist Adalbero nicht nur um die bauliche „restauratio" gegangen. Denselben Eifer legte er an den Tag, als es galt, „religio" und „ritus" seiner Mönche zu bessern. Den Ausgangspunkt bildete die Erkenntnis des Erzbischofs: „dissidetis enim inter vos in ipsa regularis ordinis consuetudine, cum aliter alter, alter aliter velit ac sentiat."[33]

Ziel der Reform ist die Wiederherstellung der alten, jetzt aber verlorenen Tugend der „honestas", die sich in der Einheitlichkeit des Wollens, Fühlens und Handelns aller Mönche ausdrücken soll.[34] Diese Betonung eines die gesamte Klostergemeinschaft verpflichtenden und verbindenden Einheitsgedankens erinnert an das Ideal des großen Reformers Benedikt von Aniane[35], dessen Lebenswerk sich auch spätere Zeiten immer ver-

---

[29] Vgl. die Situation, wie sie Bischof Bernward von Hildesheim vorfindet: „loca ab antecessoribus suis possessa que ille inculta reperit" (MGH SS 4, S. 761); Erzbischof Adalbero beginnt seine „restauratio" mit einem Abbruch (Latouche Bd. 2, S. 28).

[30] Richer III, 22: „Unde et ampliore receptaculo et digniore scemate tota ecclesia decorata est" (Latouche Bd. 2, S. 30); III, 23: „Nec minus et arcam opere eleganti decoravit" (Latouche Bd. 2, S. 30); vgl. dazu die „Vita Bernwardi" (MGH SS 4, S. 761): „Antiqua quippe loca ab antecessoribus suis possessa . . . optimis aedificiis collustravit, inter quae quaedam elegantiori scemate albo ac lapide intermiscens, musiva pictura varia pulcherrimum opus reddidit"; vgl. ferner auch das von MISCH, Geschichte der Autobiographie, Bd. 2, I, 2 S. 507 herangezogene, besonders prägnante Beispiel aus Folkuins Klosterchronik: „Ecclesia quia per se satis elegans erat, ut in ornamentis elegantior redderetur, operam dedit" (MGH SS 4, S. 70).

[31] Die Kritik wurde besonders vehement durch Bernhard von Clairvaux vorgetragen, vgl. BANDMANN, Mittelalterliche Architektur, S. 19 f. und WEISBACH, Religiöse Reform, S. 68 ff.

[32] Vgl. zu den Begriffen den Registerband von LEHMANN-BROCKHAUS, Die Kunst des 10. Jahrhunderts, S. 270 ff.

[33] Richer III, 33 (Latouche Bd. 2, S. 42).

[34] (Ansprache von Erzbischof Adalbero): „Vestri ordinis antiqua religio ab antiquitatis honestate, ut fama est, supra modum aberravit . . . Quapropter et sanctitati vestrae hactenus multum derogatum est. Unde et utile duxi, vobis hic gratia Dei in unum collectis, suadeam idem velle, idem sentire, idem cooperari, ut eadem voluntate, eodem sensu, eadem cooperatione et virtus neglecta repetatur, et pravitatis dedecus vehementissime propulsetur" (Latouche Bd. 2, S. 40–42).

[35] Vgl. „Vita Benedicti Abbatis Anianensis" mit ihrem Ideal einer „forma unitatis": „Ut autem, sicut una omnium professio erat, fieret quoque omnium monasteriorum salubris una consuetudo . . . Perfectum itaque properatumque est opus, cunctaque monasteria ad formam unitatis redacta sunt, acsi ab uno magistro et in uno imbuerentur loco . . ." (MGH SS 15, S. 215), vgl. dazu den Kommentar von J. SEMMLER, Zur Überlieferung der monastischen Gesetzgebung Ludwigs des Frommen, in: DA 16 (1960), S. 304–387.

pflichtet gefühlt haben.[36] Die Mißstände innerhalb des Mönchtums, mit denen sich der Reimser Erzbischof auseinanderzusetzen hatte, sind dieselben geblieben, gegen die bereits die Reformer im neunten Jahrhundert zu Felde gezogen waren. So war schon auf der Aachener Reformsynode von 816 das für Mönche wenig schickliche Verwandtschaftsverhältnis der „compaternitas", gegen das sich die „prima indignatio" des Reimser Metropoliten richtete, ausdrücklich verboten worden.[37] Gleiches gilt vom Verlassen des Klosters ohne Begleitung durch einen Bruder, das man in Aachen wie in Reims rügte.[38] Ausführlich ist Adalbero auf die seiner Meinung nach entschieden zu aufwendige Kleidung der Mönche eingegangen. Auch dies ein altes Thema: Der Vorwurf der „superfluitas" war bereits in Aachen erhoben worden. Dem übertriebenen Aufwand an Kleidung setzte man die reformerische Forderung einer „mittleren Linie" entgegen.[39] Das bedeutete im konkreten Fall einer mönchischen Kopfbedeckung, daß man nicht auf die aufwendigen und von Adalbero angeprangerten „pelles peregrinas"[40] zurückgreifen, sondern sich statt dessen mit dem Fell einfacher, einheimischer Tierarten begnügen sollte.[41] Wenn man bedenkt, daß sogar Schuhwerk, das die Mönche zu tragen hatten, wiederholt zum Gegenstand ausführlicher Erörterung in den Consuetudines-Texten gemacht wurde, so überrascht es nicht, daß Richer auch diesem Thema seine Aufmerksamkeit geschenkt hat. Besonderes Interesse verdient in diesem Zusammenhang der Vorwurf, daß die Mönche Schnabelschuhe getragen hätten[42], die noch Petrus Damiani als Ausdruck von verwerflichem Luxus erschienen waren.[43] Denn von derselben Modetorheit, die vermutlich aus dem aquitanischen Süden in das nördliche Frankreich eingedrungen ist[44], hat Adalbero von Laon in seinem „Carmen ad Rotbertum regem"[45] im Zusammenhang mit

---

[36] SEMMLER, Überlieferung, S. 384–387 mit reicher Literatur.

[37] „Ut sibi conpatres commatresque non facient . . ." (Synodi primae Aquisgranensis Decreta Authentica XIIII, ed. J. SEMMLER, *in*: Corpus Consuetudinum Monasticarum, Bd. 1, Siegburg 1963, S. 460).

[38] „Ut soli videlicet sine alio fratre in via non dirigantur" (Synodi primae Aquisgranensis Decreta Authentica, ed. J. SEMMLER, S. 460).

[39] So bestimmt Canon 14 der „Actuum praeliminarium Synodi primate Aquisgranensis commentationes sive Statua Murbacensia" ausdrücklich: „ut mediocra vestimenta dentur" (ed. J. SEMMLER *in*: Corpus Consuetudinum Monasticarum, Bd. 1, S. 446). – Die Stellen, die den Kleiderluxus betreffen, sind gesammelt von J. SEMMLER, Die Beschlüsse des Aachener Konzils vom Jahre 816, *in*: ZKG 74 (1963), S. 51 ff.

[40] Richer III, 37 (Latouche Bd. 2, S. 46): „. . . pellesque peregrinas pilleo regulari praeponere".

[41] So lautet die Vorschrift der „consuetudines s. Vitonis Virodunensis monasterii" aus dem 10. Jahrhundert: „Harum quippe bestiarum pellibus monachus indui licenter potest, hircorum, ovium, agnorum, leporum, squirorum, hienarum et in pilleis vulpium" (B. ALBERS, Consuetudines monasticae, Bd. 5, Monte Cassino, 1912, S. 128).

[42] Richer III, 39 (Latouche Bd. 2, S. 46).

[43] Petrus Damiani hat in einem Brief einen „clericus luxuriosus" wie folgt beschrieben. „Hic itaque nitidulus et semper ornatus atque conspicuus incedebat, ita ut caput ejus nunquam nisi gibellinica pellis obtegeret, indumenta carbasina, atque niventia siligio per artem fullonis inficeret, calceus postremo ad aquilini rostri speciem non falleret." (PL 145, Sp. 672–673).

[44] Vgl. DUBY, Die drei Ordnungen, S. 89.

[45] Adalbéron, Poême au roi robert, ed. C. CAROZZI (= Les Classiques de l'Histoire de France au Moyen Age, Bd. 32), Paris 1979.

Cluny gesprochen.[46] Diese große, bis ins einzelne Detail reichende Fürsorge, die dem äußeren Erscheinungsbild der Mönche gilt[47], erklärt sich aus der mittelalterlichen Anschauung, die Inneres und Äußeres nicht voneinander trennt und für die in besonderer Weise das Dictum gilt, daß Kleider Leute, oder in diesem speziellen Fall, Mönche machen.[48]

Daß diese Reform sich unter der Führung des Bischofs vollzog, entspricht dem Selbstverständnis des lothringischen Reformkreises Metzer Prägung. Dessen episkopales

---

[46] Im „Carmen" (Vers 95–105) hat Adalbert das Äußere eines Mönches beschrieben, der nach einem Besuch in Cluny beim „rex Oydelo Cluniacensis" völlig verändert zurückkommt („Est incompositus posita iam veste priori") und erklärt: „Miles nunc! monachus diverso more manebo!" (Vers 112). Neben anderen hervorstechenden Merkmalen besitzt der ehemalige Mönch ebenfalls die bereits von Erzbischof Adalbero so heftig getadelten Schnabelschuhe: „Coepit summa pedum contortis tendere rostris" (Vers 105). Auch sonst sind Übereinstimmungen zwischen Richer und dem „Carmen" zu verzeichnen. Sowohl die Mönche aus St-Remi wie der „monachus incompositus" des Adalbero von Laon tragen ungebührliche Kopfbedekkungen. So scheint der „pilleus excelsus de pelle Lybistidis ursae" des Carmen (Vers 96) dem selben Ideal verpflichtet wie bei Richer die Mönche aus St-Remi: „Sunt (monachi sc.) enim . . . quibus curae est pilleus aurita capiti manifeste imponere, pellesque peregrinas pilleo regulari praeponere", vgl. Latouche Bd. 2, S. 46.

[47] Nach K. HALLINGER, Gorze-Cluny, Rom 1950/51, Bd. 2, S. 704, war auf dem von Erzbischof Adalbero abgehaltenen ersten „floriazensisch-cluniazensischem Generalkapitel" einer der Hauptpunkte „die Forderung der laxa vestis": „Die Äbte der Reimser Kirchenprovinz wurden da angeprangert, daß sie einen allzu engen Habit trügen". – Dazu ist zu bemerken, daß 1) nicht die Äbte, sondern die Mönche angeklagt waren; 2) zur floriazensisch-cluniazensischen Charakterisierung des Konzils ist festzuhalten, daß die Synode von Erzbischof Adalbero, einem Mann „ex Mettensium collegio" (Richer) einberufen und geleitet wurde; 3) wird nicht die Kleidung selbst angeprangert – diese erfüllt bereits die Forderung einer „laxa vestis", denn Richer spricht ausdrücklich von den „manicisque et giris diffluentibus"! – sondern, daß die (weite) Kleidung so zusammengepreßt getragen wird, „ut potius meretriculis quam monachis a tergo assimilentur" (vgl. Richer III, 37). Der Vorwurf, daß man im besseren Falle den Frauen, im schlechteren sogar den Dirnen ähnlich sieht, wenn man, wie im vorliegenden Fall, keine dem eigenen „ordo" angemessene Kleidung trägt, ist nachgeradezu ein Topos in der Geschichte der Mode, vgl. dazu H. PLANTELLE, Le Problème du scandale, Les nouvelles modes masculines aux XIᵉ et XIIᵉ siécles, in: RBPH 53 (1975), S. 1071–1095, insbesondere S. 1087. Wie alt so ein Topos sein kann, vermag ein interessantes Detail am Rande zu zeigen. So hatte laut Richer (III, 391) der Reimser Erzbischof die Vorliebe der Mönche für enges Schuhwerk getadelt: „et ne folleant (calciamenti sc.), magno opere elaborant (monachi sc.)" (vgl. Latouche Bd. 2, S. 46). Schon Hieronymus hatte diesen Vorwurf (ep. 22, 28, 3) erhoben, der dann in enger stilistischer Anlehnung an den Kirchenvater von einem anderen Autor des 10. Jahrhunderts, der vielleicht noch ein Zeitgenosse Richers gewesen ist, erneuert wurde, vgl. die bösartig-karikierende Schilderung, die Gunzo von Novara von seinem Gegner, einem uns ansonsten unbekannt bleibenden St. Galler Mönch, gegeben hat: „pelles calciamentorum adherentes pedibus, ut follere non possent" (Gunzo, Epistola ad Augienses, ed. K. Manitius, MGH Quellen der Geistesgeschichte Bd. 2, Weimar 1958, S. 33); mit Nachweis der Hieronymus-Abhängigkeit ebd. Anm. 3; zum Leben und zur Person Gunzos vgl. K. MANITIUS, ebd., Einleitung S. 4 ff.

[48] Neben PLANTELLE, Le Problème du scandale, viele Beispiele auch bei HALLINGER, Gorze-Cluny, Bd. 2, S. 661–724; aus der Zeitgenossenschaft von Richer vgl. Abbo, Apologeticum: „Denique clericorum vita irreprehensibilis speculum est totius Ecclesiae, sicut monachorum habitus et professio firma exemplum est totius summae poenitentiae" (PL 139, Sp. 464–465). Hinter der satirischen Zeichnung seines Gegners, des St. Gallener „cucullatus" durch Gunzo von Novara (vgl. Anm. 47) steht die als rhetorische Frage verkleidete feste Überzeugung des Italieners: „accidentiane persone fraudi convenirent" (Gunzo, Epistola ad Augienses, Manitius, S. 33).

Selbstbewußtsein[49] hatte Constantin[50], der Verfasser einer Vita des Metzer Bischofs Adalbero II. (984–1005), der mit dem Reimser Metropoliten verwandt war, durch die folgende, glücklich gewählte Metapher veranschaulicht, die sowohl den Schutz des Bischofs wie dessen Führungsanspruch gegenüber dem Kloster zum Ausdruck brachte: „Castrum imminens monasterio sedes est episcopalis."[51]

§ 2. Die Synode von St-Basle-de-Verzy (991)

Die Auseinandersetzungen um das Reimser Erzbistum am Ende des zehnten Jahrhunderts gehören zu den interessantesten Ereignissen jener Epoche.[52] Nicht nur weil sie weit über den engeren kirchenpolitischen Bereich hinaus von großer, allgemeiner Bedeutung waren, mußten sie auch das Interesse Richers beanspruchen. Vielmehr war das eigene Geschichtswerk und seine Entstehung ganz unmittelbar mit dem Reimser Bistumsstreit verknüpft. Denn es war der umstrittene Nachfolger auf dem Stuhl des abgesetzten Reimser Erzbischofs Arnulf, der Domscholaster Gerbert gewesen, der Richer mit der Aufgabe betraut hatte, eine Geschichte der „Gallier" zu verfassen. Es überrascht daher nicht, daß Richer vorbehaltlos auf der Seite seines bewunderten Vorbilds Gerbert steht. Keinesfalls können wir von ihm einen „objektiven" Bericht über die damaligen Auseinandersetzungen im Reimser Bistum erwarten. Dafür mußte schon seine Vorlage sorgen, Gerberts Berichte über die Synoden von St-Basle-de-Verzy (991)[53], Mouzon und Reims[54], die mit dem Begriff „Konzilsakten" keinesfalls richtig charakterisiert sind. Denn es handelt sich um alles andere als um die aktenmäßige Erfassung eines Konzilsverlaufs.[55] Beabsichtigt ist statt dessen eine literarische Darstellung unter apologetischer Zielsetzung. Auch wenn Gerbert im Prolog seines Berichts von der Synode von St-Basle-de-Verzy versprochen hatte, sich nach der Wahrheit zu richten[56], so behielt er sich doch ausdrücklich die künstlerische Freiheit des Schriftstellers vor. Wie er selbst erklärte, beabsichtigte er, nicht eine „relatio", sondern eine „interpretatio" des Konzilsgeschehens zu geben.[57] Ebenfalls war

---

[49] Die Wahrung der bischöflichen Oberhoheit ist wiederholt als ein Charakteristikum der lothringischen Reform hervorgehoben worden, vgl. außer HALLINGER, Gorze-Cluny, passim auch H. BÜTTNER, Verfassungsgeschichte und lothringische Klosterreform, in: Festschrift G. Kallen, Aus Mittelalter und Neuzeit, hg. v. J. ENGEL und H. M. KLINKENBERG, S. 17–27.

[50] MGH SS 4, S. 659 ff., vgl. WATTENBACH-HOLTZMANN, Deutschlands Geschichtsquellen, Bd. 1, S. 184.

[51] Vgl. MGH SS 4, S. 663.

[52] Vgl. Kapitel 4: Die politische Lage in Reims am Ende des 10. Jahrhunderts.

[53] Acta conc. Rem., MGH SS 3, S. 658 ff.

[54] Acta conc. Mosomensis et Causeiensis, MGH SS 3, S. 690 ff.; zum Namen „Causeium", der verderbt ist, vgl. WATTENBACH-HOLTZMANN, Deutschlands Geschichtsquellen, Bd. 1, S. 296 Anm. 19.

[55] In diesem Sinn bereits LOT, Etudes sur le règne de Hugues Capet, S. 32 f.

[56] Vgl. den „Prologus sinodi Remensis": „Accingor igitur, et summarum quidem genera causarum in Remensi concilio exposita breviter attingam, ut et gestorum veritas innotescat, et quae a summis viris retractatae sunt agnoscantur." (MGH SS 3, S. 658).

[57] „Siquidem triplici genere interpretationis utendum fore censeo; scilicet ut quaedam ad verbum ex alia in aliam transferantur linguam; in quibusdam autem sententiarum gravitas et eloquii dignitas dicendi genere

keine juristische Erörterung[58] über den „Charakter, die Gemeinsamkeiten und Unter-schiede der Amtsgewalt" der verschiedenen kirchlichen Würdenträger geplant. Diese Aufgabe wollte Gerbert einem späteren Werk vorbehalten, das freilich nie erschienen ist. Daher sollte man die subjektive Einfärbung dieser „Konzilsakten" dem Autor nicht zum Vorwurf machen, hatte er doch selbst an hervorgehobener Stelle, nämlich im Prolog, auf diesen Charakter hingewiesen. Dies gilt um so mehr, als auch die Zeitgenossen in Ger-berts Konzilsbericht vor allem ein Stück Literatur sahen, das den hohen Ansprüchen cice-ronianischer Beredsamkeit genügen konnte.[59] Da nun Richer seinerseits mit dem An-spruch auf eine literarisch wertvolle Gestaltung seines Geschichtswerkes auftrat, haben wir mit einer doppelten Brechung zu rechnen: die von Gerbert bereits unter literarisch-apologetischer Zielsetzung dargestellte Synode wird von Richer erneut einer stilistischen Bearbeitung unterzogen. Wieweit sich damit unser Geschichtsschreiber von der Realität des Konzilverlaufs entfernen muß, ist einleuchtend.

Einen literarischen Maßstab, dem sich, zumindest theoretisch, auch sein Lehrer Ger-bert verpflichtet fühlte[60], hat Richer selbst genannt: es ist die vielbeschworene Tugend der „brevitas", die Richer dazu veranlaßt hat, vor allem auf die Wiedergabe der sich in Gerberts Bericht so zahlreich findenden „canones" zu verzichten.[61] Hatte Gerbert insge-samt 56 Kapitel für seine Darstellung des Reimser Konzils gebraucht, so benötigt Richer noch nicht einmal die Hälfte davon. Der Richer'schen Kürze ist auch jene fulminante Rede des Bischofs Arnulf von Orléans zum Opfer gefallen, die durch ihre heftigen An-griffe an die Adresse Roms berühmt geworden ist.[62] F. Lot hat diesen Verzicht Richers psychologisch deuten wollen[63] – ein Erklärungsversuch, der nicht so recht zu überzeugen

---

conformentur; porro in aliis una dictio occasionem faciat, et abdita investigari, et in lucem ipsos affectus ma-nifeste proferri. Quae et si ad plenum assequi non potuero, his tamen modis doctissimorum hominum senten-tias conabor interpretari." (MGH SS 3, S. 658).

[58] „Alterius erit hoc operis aliisque implicitum questionibus, cum de propriis, communibus et differentiis episcoporum, archiepiscoporum vel metropolitanorum, patriarcharum seu primatum, vel etiam Romani epi-scopi potestate, ut animo concepi, prolixius disputabo" (MGH SS 3, S. 658).

[59] Vgl. Richer IV, 73: „Si quis autem plenius scire voluerit, quid quisque eorum de canonibus et patrum decretis in concilio protulerit, quid quoque ab eis ibi sanccitum sit, quid etiam a regibus et episcopis Romano pontifici directum, quibus quoque causarum rationibus Arnulfi abdicatio roborata, legat librum domni et in-comparabilis viri Gerberti, hujus Arnulfi in episcopatu successoris, qui omnia haec digesta continens, mira eloquentiae suavitate Tulliano eloquio comparatur. Objectionibus namque et responsionibus, conquestioni-bus atque orationibus, invectivis coniecturisque et diffinitionibus repletus, luculentissime ac rationabiliter proponit, assumit atque concludit. Qui non solum sinodalibus causis, sed status rhetoricae cognoscentibus utillimus habetur" (Latouche Bd. 2, S. 264–266).

[60] „Accingor igitur, et summarum quidem genera causarum in Remensi concilio *breviter* attingam" (MGH SS 3, S. 658).

[61] So verzichtet Richer auf die Wiedergabe eines Canons (IV, 53), „quia brevitati studemus" (Latouche Bd. 2, S. 236).

[62] Vgl. auch die Einschätzung Gerberts als einer „luculenta oratio ... vim totius sinodi continens" (MGH SS 3, S. 659).

[63] „Richer n'ose le (discours d'Adalbéron sc.) reproduire", vgl. Lot, Etudes sur le règne de Hugues Ca-pet, S. 56 Anm. 3.

vermag. Denn an anderer Stelle, als es galt, die Beschlüsse der Synode von Chelles (994) zu schildern, hatte Richer keinerlei Bedenken, die nicht minder scharfen Urteile der Konzilsteilnehmer über den Papst dem interessierten Leser mitzuteilen.[64] Eindeutig literarischem Stilwillen entsprangen auch die stilistischen Veränderungen, die Richer gegenüber seiner Vorlage vornahm. Denn bekanntlich machte in Richers Augen erst die „novitas verborum" den wahren Schriftsteller, der er schließlich sein wollte, aus.[65] Diesem Stilbewußtsein muß man es zuschreiben, daß er zumeist von einer wörtlichen Übernahme seiner Vorlage absah.[66]

Was die thematische Abhängigkeit von Gerbert anlangt, so hat sich Richer[67] vor allem an die Anfangs- und die Schluß-Kapitel seines Vorbildes angelehnt. Diese Auswahl, die Richer getroffen hat, und auf die noch näher einzugehen sein wird, zeigt, daß er, entgegen manch anderslautender Ansicht, durchaus ein Gespür für die politisch wie kirchenrechtlich gleichermaßen komplizierte Materie besaß. Von einer „causarum difficultate" hatten mit Bezug auf das Konzil von St-Basle bereits die damaligen Zeitgenossen gesprochen und sie für dessen langwierigen Verlauf verantwortlich gemacht.[68] Der Zusammenhang, in dem diese Äußerung des Hauptanklägers, des Bischofs Arnulf von Orléans gefallen war, gibt uns einen wichtigen Hinweis, worin die Schwierigkeit dieser und vergleichbarer anderer „causae" bestand. Arnulf von Orléans hatte in seiner Begrüßungsrede an die „Francorum reges" und „primores palatii" einleitend auf den Zwiespalt hingewiesen, in dem sich die Bischöfe befänden, waren sie doch gleichermaßen den Königen wie dem Wohl ihres angeklagten Amtsbruders, Erzbischof Arnulf von Reims, verpflichtet.[69] Die hier freilich nur anklingende Problematik des rechten Verhältnisses von „Staat" und „Kirche" war bereits zu Beginn des Konzils Gegenstand heftiger Erörterung gewesen.[70] Mit großer begrifflichen Schärfe werden weltlicher und geistlicher Bereich, „leges humanae" und „leges divinae" voneinander geschieden und ihr jeweiliges Verhältnis zueinander kontrovers diskutiert. Verfechter einer Geschiedenheit von Staat

---

[64] Richer IV, 89 (Latouche Bd. 2, S. 288–292). – Vgl. etwa: „Placuit quoque sanciri, si quid a papa Romano contra patrum decreta suggereretur, cassum et irritum fieri juxta quod apostolus ait: ‚Hereticum hominem et ab ecclesia dissentientem penitus devita'" (Latouche Bd. 2, S. 290).

[65] Vgl. Kapitel 9 § 1.

[66] So verwandelt sich etwa die Gerbert'sche „potestas quasi iudiciaria" (MGH SS 3, S. 660) in die Richer'sche „dignitas judicandi" (Latouche Bd. 2, S. 234); die „reverentissimi patres" in die „patres reverendi" (ebd.); die „libera facultas et proponendi et sciscitandi et respondendi" (MGH SS 3, 660) in die „intendendi etiam et refellendi libertas omnibus concessa" (Latouche Bd. 2, S. 236).

[67] Kapitel 1–14 der Gerbert'schen Acta conc. Rem. sind von Richer übernommen worden; vom Schluß Kapitel 50 („Ingressus regum in sinodum"), Kapitel 54 („Libellus abdicationis"), Kapitel 55 („Adalgeri presbiteri reclamatio et depositio").

[68] Acta conc. Rem. cap. 51: „Et si res eo quo volumus deducta non est, non utique amore et benevolentia vestri vel odio ipsius hoc actum est, sed causarum difficultate" (MGH SS 3, S. 684).

[69] Acta conc. Rem. cap. 51: „Pro salute enim vestra (Francorum regum sc.) quamvis omni tempore consultandum sit, hoc tamen tempus saluti fratris nostri in periculo positi totum contulimus" (MGH SS 3, S. 684).

[70] Acta conc. Rem. cap. 2–6 (MGH SS 3, S. 660–661); Richer IV, 54–55 (Latouche Bd. 2, S. 238–240).

und Kirche, zu denen auch der Bischof von Amiens, Gotesmann, gehörte, gaben zu bedenken, daß eine vorbehaltlose Unterstützung der Könige seitens der Kirche diese notwendigerweise in Konflikt mit ihren eigenen Prinzipien bringen mußte.[71] Gelang es
nämlich der Anklage, den beschuldigten Arnulf zu überführen, so mußte das dann zu er-
wartende Todesurteil die Aufgabe des kirchlichen Grundsatzes „ecclesia non sitit sangui-
nem" bedeuten. Denn man verdächtigte den Erzbischof nicht weniger als ein „Majestätsverbrecher" zu sein.[72] Daher hatte auch der mit Reims konkurrierende Metropolit
von Sens, Erzbischof Seguin, gefordert, nur dann das Verfahren gegen Arnulf zu eröff-
nen, wenn man zuvor dem Angeklagten Strafmilderung („supplicii indulgentia") versprochen hatte.[73]

Mit dem Begriff des „crimen maiestatis" ist ein zentrales Thema der Versammlung
von St-Basle angeschlagen. Und es ist mehr die Herkunft ihrer Teilnehmer aus dem Kreis
der Kirche, die es gerechtfertigt erscheinen läßt, noch von einer Synode oder einem Konzil zu sprechen.[74] Das Verfahren selber, an dessen Ausgang nicht zu zweifeln war, und an
dessen Ende die Absetzung des Reimser Erzbischofs stehen sollte, war ein hochpoliti-
sches, ein Beispiel „politischer Justiz" par excellence. Daß dies nicht erst ein Ergebnis
späterer Interpretation ist, lehrt der Blick in die „Konzilsakten": Gleich zu Beginn wird
mit dem ausdrücklichen Hinweis auf den Reimser Erzbischof vom „crimen maiestatis"
gesprochen.[75] Der Vorwurf, ein „reus maiestatis" zu sein, wird wieder und wieder erneuert.[76]

Das ganze Verfahren zielt darauf ab, Arnulf von Reims als Majestätsverbrecher zu
überführen. Der Prozeß unterstreicht damit die Bedeutung eines Begriffes[77], der sich be-

---

[71] Acta conc. Rem. cap. 6: „Non est enim aequum nos fieri auctores effundendi sanguinis, qui debemus
esse auctores salutis" (MGH SS 3, S. 661).

[72] Acta conc. Rem. cap. 2: „. . . et si frater et coepiscopus noster Arnulfus illata crimina diluere quaerat,
vel crimen regiae maiestatis propulsare" (MGH SS 3, S. 660).

[73] Acta conc. Rem. cap. 3: „Tum Siguinus: ‚Non patiar', inquit, discussionem fieri eius qui dicitur esse
majestatis obnoxius, nisi forte convicto supplicii indulgentia promittatur." (MGH SS 3, S. 660); zur Rolle,
die Erzbischof Seguin auf dem Konzil spielte, vgl. J. EHLERS, Die ‚Historia Francorum Senonensis und der
Aufstieg des Hauses Capet, in: Journal of medieval History 4 (1978), S. 19–20.

[74] Auch dies galt nur bedingt. Die schon an der Art ihrer Einberufung sichtbar werdenden staatskirchli-
chen Züge der Synode von St-Basle – so ermöglicht überhaupt erst die „magna industria principum" (vgl.
MGH SS 3, S. 659) ihr Zustandekommen – sind spätestens dann unübersehbar, als die „Francorum reges"
und „primores palatii" zu einem kritischen Zeitpunkt des Konzils (vgl. MGH SS 3, S. 683–684) gleichsam
als „dei ex machina" die Konzilsbühne betreten: „Ecce Francorum reges cum primoribus palatii sacro con-
ventui sese interferunt" (vgl. MGH SS 3, S. 683 f.).

[75] Vgl. Anm. 72 u. 73.

[76] Neben den schon genannten Stellen (siehe Anm. 72 u. 73) vgl. Acta conc. Rem. cap. 24: „qui de regiae maiestatis crimine impetitus" (MGH SS 3, S. 670); Acta conc. Rem. cap. 29: „maiestatis reum" (S.
675); „ob crimen regiae maiestatis" (MGH SS 3 ebd.); Acta conc. Rem. cap. 31: „crimen regiae maiestatis
reum" (MGH SS 3, S. 679).

[77] Vgl. R. LIEBERWIRTH, Crimen laesae maiestatis, in: HRG Bd. 1, Sp. 648–650; C. U. SCHMINCK,
„Crimen laesae maiestatis", Diss. Frankfurt 1971, S. 19–27; von der älteren Literatur sei erwähnt O.
KELLNER, Das Majestätsverbrechen im deutschen Reich bis zur Mitte des 14. Jahrhunderts, Diss. Halle
a. d. Saale 1911.

reits im politischen Strafrecht der späten römischen Republik findet und der nach seiner Fixierung in den Rechtskodifikationen der Kaiserzeit auch im juristischen Denken des ganzen Mittelalters einen wichtigen Platz einnimmt.[78] Die überaus häufige Erwähnung des Majestätsverbrechens bereits in merowingischer und karolingischer Zeit[79] verbietet es aber, das Vorkommen entsprechender Termini im ausgehenden zehnten Jahrhundert als Ausdruck einer „renovatio"-Stimmung zu werten.[80] Vielmehr zeigt sich auch jetzt jene bereits für die vorangegangene Zeit so überaus typische Verbindung von römisch-rechtlicher Kategorie mit germanischem Rechtsempfinden.[81] Dies gilt auch für Gerbert von Reims, einem Mann also, den man immer als einen besonders eifrigen Verfechter des römischen Erneuerungsgedankens angesehen hat.[82] Nach seinem Definitionsversuch begeht derjenige ein „crimen maiestatis", der sich gegen seinen Herrn stellt, also seiner dem „dominus" geschuldeten Treupflicht nicht nachkommt.[83]

Mit der Anschuldigung, Arnulf von Reims habe ein Majestätsverbrechen begangen, war zugleich der weitere Verlauf des Prozesses festgelegt. Wollte man Arnulf überführen, so mußte man beweisen, daß er seiner Treupflicht nicht nachgekommen war. Zu allererst galt es freilich zu zeigen, daß der Reimser Erzbischof überhaupt eine entsprechende lehnsrechtliche Bindung eingegangen war. Daher holte man sogleich den „libellum fidelitatis sub specie cyrographum" herbei und verlas dessen Inhalt vor der Synode.[84] In dieser Urkunde hatte sich Arnulf von Reims eidlich verpflichtet, seinen Lehnspflichten, soweit es in seinen Kräften stand, in allen Dingen getreulich nachzukommen. Insbesondere hatte er versprochen, den Umgang mit den Feinden seiner eigenen Lehnsherrn zu meiden und sie keinesfalls zu unterstützen.[85] Es ist ebenso ungewöhnlich wie bezeichnend, daß man den Reimser Erzbischof zwang, sein Fidelitätsversprechen schriftlich mittels einer Urkunde abzulegen. Daß man dieses für die damalige Zeit noch höchst seltene Verfahren[86] wählte, ist nicht nur ein Hinweis darauf, für wie wichtig man die Lehnsbindung Arnulfs erachtete.[87] Vielmehr kommt darin auch das Mißtrauen dem Vasallen gegenüber zum Ausdruck, mit dessen Treubruch offenbar bereits gerechnet wird. Dann

---

[78] Siehe Anm. 77.

[79] Zahlreiche Belege bei WAITZ, Deutsche Verfassungsgeschichte, Bd. 2, S. 195 und Bd. 3, S. 308 f.

[80] So SCHRAMM, Kaiser, Rom und Renovatio, Bd. 1, S. 281 f.

[81] Dazu SCHMINCK, Crimen laesae maiestatis, S. 24 ff.

[82] SCHRAMM, Kaiser, Rom und Renovatio, Bd. 1, S. 96 ff.

[83] ep. 1 (Gerbert an Kaiser Otto II., Frühjahr 983): „Non dicatur maiestatis reus, cui pro cesare stare semper fuit gloria, contra cesarem ignominia" (Weigle, S. 24).

[84] Acta conc. Rem. cap. 7–8 (MGH SS 3, S. 661–662).

[85] „Ego Arnulfs gratia Dei praeveniente Remorum archiepiscopus, promitto regibus Francorum, Hugoni et Rotberto, me fidem purissam servaturum, consilium et auxilium, secundum meum scire et posse in omnibus negotiis praebiturum, inimicos eorum nec consilio nec auxilio ad eorum infidelitatem scienter adiuturum" (MGH SS 3, S. 661).

[86] Urkunden werden „vor allem im Westen" erst im 13. Jahrhundert allgemein üblich, vgl. MITTEIS, Lehnsrecht, S. 514.

[87] „Urkunden wurden meistens nur dann (abgeschlossen), wenn es sich bei Parteien um natürliche oder juristische Personen von hohem Rang handelte, und wenn der abgeschlossene vasallitische Vertrag politische Relevanz besaß", so GANSHOF, Was ist das Lehnswesen?, S. 83.

konnte die Schriftform ganz entscheidend die Beweissituation erleichtern. Sie beeinflußt zwar prinzipiell nicht die Gültigkeit eines Rechtsgeschäftes, ist aber ein Beweismittel ersten Ranges, wenn es gilt, über Erfüllung oder Nichterfüllung der aus dem Rechtsgeschäft entstehenden Vertragspflichten zu befinden. Denn im Falle des Rechtsstreits galt und gilt der Satz, um eine Formulierung der Konzilsväter von St-Basle aufzugreifen: „Scriptura . . .testis existiert.“[88]

Die rechtliche Unbestimmtheit, die dem politischen Strafrecht in Spätantike und Mittelalter zukam und die auch den Begriff des „crimen maiestatis“ auszeichnete, erleicherte der Anklage naturgemäß ihre Aufgabe. Doch der mögliche verfahrenstechnische Vorteil reicht zur Erklärung nicht aus, warum dieser Weg beschritten wurde. Denn man besaß mit dem rückhaltlosen Geständnis des ebenfalls angeklagten Presbyters Adalger, der in seiner Aussage Erzbischof Arnulf schwer belastet hatte[89], mit den zahlreichen Zeugenaussagen und nicht zuletzt auch in der „confessio“[90] des Metropoliten genügend Material, um den Reimser verurteilen zu können. Daß man immer wieder so prononciert auf das „crimen maiestatis“ zu sprechen kam, nicht zuletzt auch dadurch, daß man auf berühmt-berüchtigte Vorgänger Arnulfs wie Ägidius oder Ebo hinwies[91], die in ihrem Amte ebenfalls zu Majestätsverbrechern geworden waren, hat andere Ursachen. Daß diese Berufung auf das Majestätsrecht aus programmatischen Gründen erfolgte, wird deutlich, wenn man seinen Blick nunmehr der Gegenseite zuwendet. Wir wissen von Gerbert, daß sich der Widerstand gegen die bevorstehende Verurteilung Arnulfs bereits auf der Synode regte und daß er vermutlich sehr heftig gewesen ist.[92] Besonderes Interesse hat in diesem Zusammenhang die juristische Argumentation der Verteidiger Arnulfs gefunden, stützte sie sich doch in umfassender Weise auf die Pseudoisidorischen Fälschungen.[93] Das Konzil von St-Basle gehört damit zu den wenigen Belegen, die wir für

---

[88] Acta conc. Rem. cap. 9 (MGH SS 3, S. 662).

[89] Acta conc. Rem. cap. 9 (MGH SS 3, S. 662).

[90] Zur kirchenrechtlichen Bedeutung der „confessio“ als Schuldeingeständnis, das eine weitere Amtsausübung ausschließt, vgl. dazu ausführlich Fuhrmann, Pseudoisidorische Fälschungen, Bd. 3, S. 630–632.

[91] Erstmalig in der großen Rede Arnulfs von Orléans vor dem Konzil als „exempla e vicino“ erwähnt (MGH SS 3, S. 675). Auch die Form der Absetzung Arnulfs orientiert sich am historischen Beispiel seiner Vorgänger Aegidius und Ebo, weil es „lex“ und „consuetudo“ gleichermaßen entspräche (MGH SS 3, S. 683). Auch der Text des „Libellus abdicationis Arnulfi“ orientiert sich an der Resignationsformel Ebos, vgl. Fuhrmann, Pseudoisidorische Fälschungen, Bd. 3, S. 631.

[92] Dies geht nicht nur aus der Gerbert'schen Charakterisierung der Verteidiger Arnulfs als „acerrimi defensores“ (MGH SS 3, S. 666) hervor, sondern auch aus seinem Versuch, offensichtlich vorhandene Spannungen zu überdecken. So sollen nach Gerberts (glaubwürdigem?) Bericht sich die Verteidiger sogar noch dafür entschuldigt haben, daß sie die Sachlage nur ungenügend erforscht und daher das Konzil „longis dilationibus“ ermüdet hätten, worauf die Bischöfe ihrerseits erklärten, sie hätten auf die Vorwürfe „aequo animo“ reagiert, wichtig sei nur, daß das jetzt mögliche Urteil von allen getragen und für rechtmäßig erachtet werde: „Episcopi vero et qui contra Arnulfum stetisse videbantur, aequo animo se objecta accepisse dicebant; sibi quoque placere quod iudicium posse fieri iam in commune legitimum putaretur“ (MGH SS 3, S. 677).

[93] Acta conc. Rem. cap. 23 (MGH SS 3, S. 669–670).

die Pseudoisidorrezeption im 10. Jahrhundert besitzen. Gerbert hat in einem Resümee den Forderungskatalog der Verteidiger des angeklagten Erzbischofs in vier wesentliche Punkte zusammengefaßt.[94] Namentlich die beiden letzten Forderungen, „ut Romano pontifici causa significaretur, tum accusatum, accusatores, testes ac iudices in magno synodo discernendos"[95], verdienen größte Aufmerksamkeit. Indem sie der Synode von St-Basle ihre rechtliche Zuständigkeit und Kompetenz absprach, hatte die Verteidigung ihr schwerstes Geschütz aufgefahren. Die Erfüllung ihrer Forderung, die juristische Behandlung der „causa Arnulfi" dem Papst und einem allgemeinen Konzil zu überlassen, hätte die französischen Könige nicht nur jeder weiteren Einflußmöglichkeit beraubt. Sie hätten darüber hinaus mit der Anerkennung der römischen Zuständigkeit dem Papst die Möglichkeit gegeben, auch in solche Konflikte einzugreifen, deren Ursachen nicht im innerkirchlichen, sondern im innerstaatlich-lehnsrechtlichen Bereich lagen. Die prompte Reaktion und große Ausführlichkeit, mit der man die Forderungen der Verteidiger Arnulfs begegnete, zeigt, für wie gefährlich man diese auf königlicher Seite hielt. Der pseudoisidorischen Konzeption einer Universalkirche, deren juristische und hierarchische Spitze der Papst bildete, setzte man das eigene Wunschbild einer weitgehend autonomen fränkischen Landeskirche entgegen. Besonders deutlich wird dies in der Auswahl des auf der Synode verwendeten kanonistischen Textmaterials.[96] So griffen die Ankläger Arnulfs nicht etwa, wie man mit guten Gründen hätte vermuten können, zur damals weit verbreiteten „Collectio Dionysio-Hadriana"[97], sondern bevorzugten statt dessen die „Hispana"[98] und dies nicht ohne tiefere Absicht. Entstanden war die Sammlung im westgotischen Spanien des siebten Jahrhunderts[99], das von einer auch für das frühe Mittelalter ungewöhnlich engen Beziehung zwischen Königtum und Episkopat geprägt war.[100] Seinen Niederschlag hatte dieses Verhältnis nicht zuletzt in den Beschlüssen zahlreicher spanischer Reichskonzile[101] gefunden, die von der Entschlossenheit der Bischöfe kündeten, „zur Stärkung und Festigung von König, Volk und Vaterland"[102] ihren Bei-

[94] MGH SS 3, S. 669.

[95] MGH SS 3, S. 669.

[96] Zu diesem Problem allgemein vgl. H. MORDEK, Kirchenrechtliche Autoritäten im Frühmittelalter, in: Recht und Schrift, VuF Bd. 23, Sigmaringen 1977, S. 237–255.

[97] Zur überreichen Handschriftenüberlieferung der „Dionysio-Hadriana" vgl. H. MORDEK, Kirchenrecht und Reform im Frankenreich (= Beiträge z. Geschichte und Quellenkunde d. Mittelalters, Bd. 1), Berlin–New York 1975, S. 241 ff.

[98] Zur „Hispana" vgl. MORDEK, Kirchenrecht und Reform, S. 250 ff.

[99] Die These, daß Isidor von Sevilla der Verfasser der „Collectio Hispana" gewesen sei, ist jedoch auf Widerspruch gestoßen, vgl. FUHRMANN, Pseudoisidorische Fälschungen, Bd. 1, S. 154, Anm. 29; ihm angeschlossen hat sich MORDEK, Kirchenrecht und Reform, S. 252.

[100] Vgl. D. CLAUDE, Geschichte der Westgoten, Stuttgart 1970; ders., Adel, König und Kirche im Westgotenreich, VuF Sonderbd. 8, Sigmaringen 1971.

[101] Vgl. H. H. ANTON, Der König und die Reichskonzilien im westgotischen Spanien, in: Hist. Jahrbuch Bd. 92 (1972), S. 257–281; vgl. ferner H. SCHWÖBEL, Synode und König im Westgotenreich, Grundlagen und Formen ihrer Beziehung, Köln–Wien 1982.

[102] Zu diesen „in den Augen der Zeitgenossen konstitutiven Elemente(n) des Westgotenreiches", die auch auf der Synode von St-Basle auftauchen werden, vgl. D. CLAUDE, Königs- und Untertaneneid im

trag zu leisten. So ist es kein Zufall, daß der erste, auf der Synode von St-Basle überhaupt zitierte Canon der Rechtssatz eines spanischen Nationalkonzils ist.[103] Daß man im Kreis der Konzilsväter wiederholt auf das 4. Toletanum zurückgriff, ist bezeichnend. Denn die von König Sisenand (631–636) im Jahre 633 einberufene Synode[104] steht am Anfang jener langen Reihe westgotischer Reichskonzile mit ihren extensiven Schutzbestimmungen zugunsten des Königs und seiner Herrschaft[105], deren historischer Hintergrund die „dauernde Auseinandersetzung zwischen Wahl- und Erbprinzip in der westgotischen Geschichte" (H. H. ANTON) bildete. Diese „Auseinandersetzung" ist freilich kein Charakteristikum des westgotischen Reiches. Ähnliches gilt für die westfränkisch-französische Geschichte. Auch hier traten ein Saeculum lang, vom ausgehenden neunten bis zum Ende des zehnten Jahrhunderts, Wahl- und Erbprinzip in heftige Konkurrenz zueinander. Die historisch zwar nicht gleiche, aber in vielem doch vergleichbare Situation erklärt, warum man so gern zu den Canones spanischer Konzile griff.[106] So wissen wir auch von Gerbert, daß man auf dem Konzil von St-Basle sehr wohl die sachliche Nähe und die Ähnlichkeit der eigenen Situation mit derjenigen einer längst vergangenen Zeit spürte.[107] Wie im westgotischen Spanien des siebten Jahrhunderts so fiel auch im Westfrankenreich des zehnten Jahrhunderts der Kirche die Aufgabe zu, ein schwaches und

---

Westgotenreich, *in*: Historische Forschungen für Walter Schlesinger, hg. v. H. Beumann, Köln–Wien 1974, S. 360 ff.

[103] Von Erzbischof Seguin von Sens wird der 31. Canon des 4. Konzils von Toledo angeführt, vgl. Acta conc. Rem. cap. 3, MGH SS 3, S. 660.

[104] Zur allgemeinen Geschichte dieser Synode vgl. CLAUDE, Adel, Kirche und Königtum, S. 97 f.

[105] Vgl. ANTON, Der König und die Reichskonzilien im westgotischen Spanien, S. 265 ff.

[106] Es werden zitiert:

Canon 31 des 4. Toletanum (= Acta conc. Rem. cap. 3, MGH SS 3, S. 660);
Canon 10 des 12. Toletanum (= Acta conc. Rem. cap. 15, MGH SS 3, S. 665);
Canon 30 des 4. Toletanum (= Acta conc. Rem. cap. 32, MGH SS 3, S. 679);
Canon 75 des 4. Toletanum (= Acta conc. Rem. cap. 33, MGH SS 3, S. 679–680);
Canon 12 des 6. Toletanum (= Acta conc. Rem. cap. 35, MGH SS 3, S. 680);
Canon 17 des 6. Toletanum (= Acta conc. Rem. cap. 36, MGH SS 3, S. 686);
Canon 18 des 6. Toletanum (= Acta conc. Rem. cap. 37, MGH SS 3, S. 686);
Canon 1 des 7. Toletanum (= Acta conc. Rem. cap. 38, MGH SS 3, S. 680–681);
Canon 2 des 10. Toletanum (= Acta conc. Rem. cap. 39, MGH SS 3, S. 681);
Canon 28 des 4. Toletanum (= Acta conc. Rem. cap. 44, MGH SS 3, S. 682).

Die überwiegende Anzahl dieser Rechtssätze sind bezeichnenderweise Schutzbestimmungen, welche die spanischen Konzile zugunsten der Königsherrschaft erließen. Daher ist es nur natürlich, daß auch der „berühmteste und meist zitierte (Canon) der spanischen Kirchengeschichte des 7. Jahrhunderts" (H. H. ANTON), der 75. Canon des 4. Toletanum, in dieser Aufzeichnung nicht fehlt und trotz seiner beachtlichen Länge zu fast zwei Dritteln zitiert wird. Denn eben dieser Canon beschäftigte sich mit den Themen, die den französischen Königen lieb und teuer sein mußten: „So betonen (die spanischen Bischöfe) die Gehorsamspflicht der Untertanen gegen den neuen König, belegen in besonders feierlicher Form Eidbruch, Königsmord und Usurpation mit dem Anathem",vgl. ANTON, Der König und die Reichskonzilien, S. 265.

[107] So erfolgte die Auswahl des 30. und des besonders wichtigen 75. Canons des 4. Toletanum (siehe Anm. 106) aus dem Gefühl der sachlichen und geistigen Nähe („vicinitas"): „Ad has autem causas hae sententiae quasi e vicino respicientes reperiebantur" (Acta conc. Rem., MGH SS 3, S. 679).

umstrittenes Königtum zu legitimieren. Naturgemäß war dies immer dann besonders nötig, wenn ein neuer König auf den Thron gelangt war, sei es dadurch, daß man, wie im Fall König Sisenands, den Vorgänger einfach abgesetzt[108] oder, wie bei Hugo Capet, ein noch vorhandenes Mitglied der Königssippe übergangen hatte.[109] Beide, Sisenand und Hugo, mußten mit Widerstand rechnen, der sich auf den Vorwurf der „Usurpation" stützen konnte. Eine besonders gefährliche Situation war dann gegeben, wenn der Widerstand im Inneren des Reiches sich mit dem äußeren Feind verbündete. Wiederholt haben deshalb westgotische Konzile in eindringlicher Weise auf die König und Vaterland geschuldete Treue- und Gehorsamspflicht hingewiesen.[110] So verbot etwa der auch in St-Basle zitierte 30. Canon des 4. Konzils von Toledo den in den Grenzgebieten lebenden „sacerdotes", Aufträge fremder Mächte anzunehmen oder gar auszuführen, es sei denn mit ausdrücklicher königlicher Erlaubnis. Bei Zuwiderhandeln wurden hohe Strafen angedroht, die von einem Konzil ausgesprochen werden sollten.[111] Daß gerade solche Canones das besondere Interesse der französischen Synodalen fanden, ist verständlich. Denn der Fidelitätsbruch des Reimers Erzbischofs war deshalb so gefährlich, weil sich Arnulf ausgerechnet seinem Onkel Karl angeschlossen hatte. Dieser war nicht nur beim Thronwechsel von 987 übergangen worden. Durch sein Amt als Herzog von Niederlothringen war er aus französisch-capetingischer Sicht zum „Landesfeind" („hostis") geworden. Der Abfall Arnulfs und sein Bündnis mit Karl erfüllte damit den klassischen Tatbestand des „crimen maiestatis", die „infidelitas". In diesem Zusammenhang sei noch am Rande vermerkt, daß die bei Isidor[112] spürbare und dann erst in der Neuzeit bewußt erfolgende Differenzierung des Majestätsverbrechens in Hoch- und Landesverrat[113] auch beim Prozeß gegen Arnulf anklingt.[114]

---

[108] Zu den historischen Begleitumständen vgl. CLAUDE, Adel, Kirche und Königtum, S. 95 ff.

[109] Vgl. Kapitel 5 § 3.   [110] Vgl. Anm. 106.

[111] Vgl. Acta conc. Rem. cap. 32 (MGH SS 3, S. 679). – Der in der „Monumenta"-Ausgabe wiedergegebene Text weicht freilich vom Text der „Hispana", wie ihn Migne (PL 84, Sp. 375) bietet, erheblich ab und birgt Anlaß zum Mißverständnis: So erweisen sich die „confitemini hostium sacerdotes" (MGH SS 3, S. 679) als die „confinitimi hostium sacerdotes" (PL 84, Sp. 375); während Pertz (MGH SS 3, S. 679 „a quolibet mandatum agentes extraneum" liest, lautet der Text bei Migne: „quodlibet mandatum ad gentem extraneam" (PL 84, Sp. 375). – Angesichts des derzeitigen Forschungsstandes, vgl. dazu G. SCHMITZ, Das Konzil von Trosly, in: DA 33 (1977), S. 394, muß freilich auf den Versuch verzichtet werden, die auf dem Konzil von St-Basle verwendete Hispana-Version näher zu bestimmen. Es kann nicht ausgeschlossen werden, daß den Zitaten aus den spanischen Konzilen ein Pseudoisidorexemplar zugrunde lag. So liest auch die Handschriftenklasse C der Pseudoisidortradition (= PL 130, Sp. 472, vgl. dazu FUHRMANN, Pseudoisidorische Fälschungen, Bd. 1, S. 172 f.): „a quolibet mandatum agentes extraneum".

[112] Isidor, Etymologie V, XXVI, 25: „Maiestatis reatu tenentur hi, qui regiam maiestatem laeserunt vel violaverunt, vel qui rem publicam prodiderunt vel cum hostibus consenserunt.

[113] Die Begriffe „Hoch"- und „Landesverrat" sind Begriffsbildungen der neueren deutschen Rechtssprache. So taucht der „Hochverrat" erstmals im frühen 18. Jahrhundert auf, vgl. C. U. SCHMINCK, Hochverrat, in: HRG Bd. 2, Sp. 179; die im Mittelalter seltene Trennung von Majestäts- und Staatsschutz dürfte dabei ganz wesentlich auf die zumindest für das frühere Mittelalter typische Identifizierung von König und Staat zurückzuführen sein.

[114] Vgl. Acta conc. Rem. cap. 31, wo zwischen einem „crimen regiae maiestatis" und der persönlichen Bedrohung des Herrschers unterschieden wird: „. . . suorumque militum copias (Arnulfum) sub signis Karoli

Nach Gerberts optimistischem Bericht haben die Verteidiger Arnulfs ihre Sache sehr bald aufgegeben. Ihm zufolge haben sie sich sogar noch bei den Bischöfen dafür entschuldigt, daß sie den wahren Sachverhalt nicht genügend erforscht und das Konzil mit ihren Einwänden verzögert und dessen Teilnehmer dadurch ermüdet hätten. Diese Bemerkung verrät, daß der Widerstand gegen die Bischöfe doch erheblich größer gewesen ist, als es die harmonisierende Darstellung Gerberts wahrhaben will.[115] Und ungeachtet aller Stilisierungsversuche Gerberts zeigt der Konzilsverlauf ganz deutlich, daß die Verteidiger Arnulfs und Anhänger Pseudoisidors zumindest in einem Punkt einen Teilerfolg erzielten, wenn sie auch mit ihrem Hauptanliegen, das ganze Verfahren dem Heiligen Stuhl zu übertragen, nicht durchdrangen. Denn der Anklageerhebung und der Vernehmung der Belastungszeugen und des Angeklagten war eine langwierige Erörterung prozessualer Fragen vorausgegangen.[116] Diese Verzögerung des Verfahrens geht nun aber eindeutig auf das Konto Pseudoisidors. Bekanntlich haben die Fälschungen in ihrem Bemühen, die bischöfliche Stellung gegenüber dem Metropoliten zu stärken, das Anklageverfahren gegen Bischöfe durch den Einbau entsprechender verfahrensrechtlicher Vorschriften erheblich erschwert.[117] Diese betrafen etwa die „exceptio spolii", das Problem der rechtmäßigen Ladung und, besonders wichtig, die Dignität des Anklägers und der Zeugen.[118] Wie wir nun aus den Konzilsakten Gerberts wissen, haben es die Verteidiger des angeklagten Arnulf nicht unterlassen, in aller Ausführlichkeit und Breite dazu einschlägige Passagen aus Pseudoisidor zu zitieren.[119] Und vor diesem Hintergrund wird

---

contra eundem regem in acie constituisse, et insuper criminis regiae maiestatis reum esse" (MGH SS 3, S. 679).

[115] Vgl. Anm. 92.

[116] Für die Art des gewählten Anklageverfahrens vgl. K. Th. SCHLOCKWERDER, Das Konzil zu St-Basle, ein Beitrag zur Lebensgeschichte Gerberts von Aurillac, Jahrbuch des Paedagogiums zum Kloster Unser Lieben Frauen in Magdeburg, Magdeburg 1906, S. 1–34.

[117] Vgl. die Übersicht über die von Pseudoisidor behandelten Sachthemen bei FUHRMANN, Pseudoisidorische Fälschungen, Bd. 1, S. 41 ff. mit reicher Literatur.

[118] Vgl. G. MAY, Zu den Anklagebeschränkungen, insbesondere wegen Infamie, in den Capitula Angilramni, in: ZKG 72 (1964), S. 106–112.

[119] Vgl. insbesondere Acta conc. Rem. cap. 22, wo mit größter Genauigkeit auf mögliche Anklagebeschränkungen eingegangen wird (MGH SS 3, S. 668 f.). Man wird sich fragen, ob sich nicht einige der zitierten Rechtssätze ganz direkt gegen Gerbert richten, wie etwa die Bestimmung: „Nullus enim alienigena, aut accusator episcoporum fiat aut iudex" (MGH SS 3, S. 669), denn bekanntlich stammte Gerbert aus dem fremden aquitanischen Süden. Interessant ist auch die Festlegung: „Ordinis dignitate et communione privetur, qui vivo pontifice quolibet modo episcopatum eius convictus fuerit ambisse vel temptasse, omnesque pariter huius culpae reos anathematis poena duximus plectendos" (MGH SS 3, S. 669). Dieser Vorwurf an Gerbert liegt nahe, bedenkt man sein überaus enges Verhältnis zu Erzbischof Adalbero und seine feste Hoffnung, dessen Nachfolger zu werden, vgl. dazu Kapitel 4! Die Erfüllung religiöser und sittlicher Normen, die man vom Ankläger forderte (vgl. MGH SS 3, S. 668), schloß es aus, daß Gerbert als Ankläger auftreten konnte, da er selbst vorübergehend auf der Seite Arnulfs und Karls von Niederlothringen gestanden war, ebenso wie sein damaliges gespanntes Verhältnis zu Arnulf. So wurde „ex decretis Anacleti papae" zitiert: „Accusatores, inquit, et testes esse non possunt, qui ante hesternum diem aut nudius tertius inimici fuerunt, ne irati nocere cupiant, ne laesi ulcisci se velint. Inoffensus igitur accusatorum et testium affectus quaerendus est et non suspectus" (MGH SS 3, S. 669).

auch verständlich, warum seinerseits Gerbert in seiner Darstellung prozessualen Fragen
so breiten Raum eingeräumt hat. Daß ihm dabei Richer, um damit endlich zu unserem
Geschichtsschreiber zurückzukehren, gefolgt ist, stellt dem juristischen Sachverstand des
Reimser Mönches kein schlechtes Zeugnis aus. Daß Gerbert und, ihm folgend, Richer
zum Beispiel die Person des Bischofs Bruno von Langres in geradezu penetrant wir-
kender Weise hervorhoben[120], hat seinen guten Grund. Denn Bruno erfüllte die pseudoisidorische Forderung nach dem „accusator probus" auf nahezu ideale Weise. Obwohl er
nach seiner eigenen Aussage mit dem Angeklagten eng verwandt war, „affinitate carnis
mihi coniunctissimus"[121], belastete er Arnulf doch auf das schwerste: „denn es sei ferne,
daß ich die Liebe zu meinem eigenen Blut der Liebe Christi vorziehe."[122]

Auch sonst hat Richer bei seinem Bericht über die Synode von St-Basle wichtige juristische Probleme in ihrer Bedeutung erkannt. So betonte er die Wichtigkeit der Anklage
auf „Majestätsverbrechen"[123] und die hohe Bedeutung, die der „libellus fidelitatis" als
Beweismittel besaß.[124] Auch die von Pseudoisidor geforderte Trennung von Ankläger
und Richter und die Gewährleistung einer ordnungsgemäßen Verteidigung hat er durch
die Wiedergabe einschlägiger, von Gerbert übernommener Passagen Rechnung getragen.[125]

Der weitere Verlauf der „causa Arnulfi" ist bekannt und braucht deshalb an dieser
Stelle nicht erneut erzählt werden. Richer ist zwar noch wiederholt auf die weiteren Auseinandersetzungen um den Reimser Stuhl eingegangen, aber seine Nachrichten bleiben
dürftig. Für die Synode von Mouzon (995) übernahm er Gerberts Konzilsakten. Darüber hinaus erfahren wir nichts Neues. Bis zum Übertritt Gerberts nach Deutschland,
mit dessen Notiz auch sein Werk abbricht, hat Richer die Position seines Lehrers verteidigt. Auch nach der Restitution Arnulfs in Reims hat er diesem den Bischofstitel nicht
wieder zuerkannt, sondern ausdrücklich dessen rein vorläufige Amtsausübung betont.[126]

---

[120] Acta conc. Rem. cap. 5–6 (MGH SS 3, 660–661); Richer IV, 56–58 (Latouche Bd. 2, S.
240–244).
[121] Acta conc. Rem. cap. 6 (MGH SS 3, S. 661); Richer IV, 56: „carnis affinitatem" (Latouche Bd. 2,
S. 240).
[122] Acta conc. Rem. cap. 6 (MGH SS 3, S. 661).
[123] Vgl. Richer IV, 53 (Latouche Bd. 2, S. 236); IV, 58 (Latouche Bd. 2, S. 244).
[124] Vgl. Richer IV, 59 (Latouche Bd. 2, S. 244).
[125] Vgl. Richer IV, 52–53 (Latouche Bd. 2, S. 234–236).
[126] Vgl. Richer IV, 108: „Gregorius papa tandiu permittit Arnulfo officium sacerdotale, donec in temporibus racionabiliter aut legibus adquirat aut legibus amittat." (Latouche Bd. 2, S. 332).

8. Kultur und geistiges Leben im Spiegel Richer'scher Geschichtsschreibung

§ 1. „Scientia et experientia": Richers Wissenschaftsverständnis

Es gehört zu den Besonderheiten mittelalterlicher Geschichtsschreibung, den Erzählfluß durch den Einschub einzelner Digressionen aufzulockern, die mitunter einen fast novellenartigen Charakter annehmen können.[1] Ein besonders typisches Beispiel ist die Erzählung Richers „Qualiter Deroldus a quodam medico deceptus sit eumque deceperit".[2]

Der amüsant zu lesende Bericht schildert den Konkurrenzkampf zweier Mediziner,
des Bischofs Deroldus von Amiens und eines namentlich nicht näher genannten Arztes
aus Salerno. Beide Ärzte schrecken im Verlauf ihrer Auseinandersetzung auch vor dem
Äußersten nicht zurück und suchen den jeweils anderen durch den Einsatz von Gift aus-
zuschalten. Angefangen hatte der ganze Streit mit der Frage zwischen König und Königin, welcher der beiden Ärzte die größeren medizinischen Kenntnisse besäße.[3] Es ist nun
bezeichnend, auf welche Weise vom König die Entscheidung gesucht wird. Täglich läßt
er an seiner Tafel Disputationen zwischen den beiden Ärzten veranstalten. Die einzelnen
„quaestiones", die vom König „proponiert" werden, sollen von den beiden Ärzten in der
Form des Streitgesprächs entschieden werden[4], ohne Zweifel erste Ansätze scholastischer Methode und Gelehrsamkeit, wie wir sie deutlicher und ausführlicher bei der von
Richer ebenfalls dargestellten Disputation von Ravenna finden können.[5] Da der Bischof
von Amiens im Gegensatz zum Salernitaner Arzt „litterarum artibus eruditus" ist, kann
es über den Ausgang der Disputation keinen Zweifel geben. Anläßlich einer besonders
schwierigen Disputation: „tractatumque uberius, quid efficiat farmaceutica, quid vero ci-
rurgica, quid etiam butanica"[6], vermag der Salernitaner, dem diese Termini fremd sind,

---

[1] Vgl. Kapitel 3.

[2] Richer II, 59 (Latouche Bd. 1, S. 222–226).

[3] „Etenim cum uterque (Deroldus et medicus Salernitanus sc.) in arte medicinae optime posset et iste regi
potior, Salernitanus vero reginae peritior videretur, commento regis repertum est, quis eorum rerum naturas
magis dinosceret" (Latouche Bd. 1, S. 224).

[4] „Jussit etenim coram se illos consedere convivas, causam rei penitus dissimulans ac sepe eis *questiones
proponens*. Quisque ut poterat proposita solvebat . . . Regio itaque jussu cotidie consident ac mensa regia continue una potiuntur. Et die quadam de dinamidiarum differentiis *disputatum* est . . ." (Latouche Bd. 1, S.
224).

[5] Vgl. § 2: Philosophenstreit: Die Disputation zwischen Gerbert von Reims und Ohtrich von Magdeburg.

[6] Latouche Bd. 1, S. 224.

keine Erklärung zu geben und muß „errötend schweigen"[7], deutliches Zeichen der Niederlage in der „disputatio", die von Rede und Gegenrede lebt.[8]

Über den Einzelfall und seine Bedeutung für die Geschichte der Medizin[9] hinaus vermittelt diese Anekdote einen wichtigen Einblick in das Wissenschaftsverständnis jener Zeit. Als Ideal gilt die „scientia litterarum", die über den Weg der „lectio" von Fachschriftstellern führt. Dabei scheut man im Einzelfall weder Kosten noch Mühe, wie uns das Beispiel Richers vor Augen führt, der eigens nach Chartres reist, um die dort vorhandene Literatur zu studieren.[10] Demgegenüber gilt die „experientia in rebus", die praktische Erfahrung, verbunden mit dem gesunden Menschenverstand („ingenium naturale"), wie sie vom Arzt aus Salerno vertreten wird, ungleich geringer.[11]

Diese hohe Einschätzung der Medizin ist überaus bemerkenswert. Zwar tritt die „medicina" noch nicht, wie später im Zeitalter der Scholastik, als ein eigenständiges Fach der „philosophia" auf.[12] Dazu erwies sich die spätantik-frühmittelalterliche Tradition, welche die Medizin aus dem Kreis der „artes liberales" ausschloß, offensichtlich als noch zu

---

[7] „At Salernitanus, peregrina nomina non advertens, ab eorum interpretatione erubescens quievit." (Latouche, Bd. 1, S. 224).

[8] Auch in der von Othloh von St. Emmeram geschilderten Disputation erreicht Bischof Wolfgang den Sieg über einen Häretiker damit, daß sein Gegner keine Antwort auf die ihm vom Bischof gestellten Fragen mehr findet und daher verstummt („conticuit"), vgl. MGH SS 4, S. 537 f.

[9] Aufgrund der Quellenarmut für die Medizingeschichte des frühen Mittelalters, am Beispiel Bayerns jüngst untersucht von G. Baader, Mittelalterliche Medizin in bayerischen Klöstern, in: Sudhoffs Archiv. Zs. für Wissenschaftsgeschichte 57 (1973), S. 275–296, und der Tatsache, daß Richers Anekdote zu den frühen Zeugnissen der Salernitanischen Medizin gehört, fand die Richer-Episode gebührende Beachtung in den Werken zur Geschichte der Medizin. Von den jüngeren sei erwähnt: P. Diepgen, Geschichte der Medizin, Bd. 1, Berlin 1949, S. 149 f.; Th. Meyer-Steinegg u. K. Sudhoff, Geschichte der Medizin im Überblick, Jena ⁴1950, S. 171 f., sowie als neueste Arbeit C. Lichtenthaler, Geschichte der Medizin, Köln 1975, S. 306. – Die Bedeutung der Richer'schen Aussagen, soweit sie das Thema „Salerno und seine Medizinschule" betreffen, möchte hingegen P. O. Kristeller, The School of Salerno, in: P. O. Kristeller, Studies in Renaissance Thought and Letters, Rom 1956, S. 501 stark relativieren. Ihm angeschlossen hat sich G. Baader, Die Anfänge der medizinischen Ausbildung im Abendland bis 1100, in: SSCI Bd. 19, Spoleto 1972, S. 705.

[10] Vgl. dazu sehr ausführlich MacKinney, Tenth Century medicine as seen in the historia of Richer of Rheims, S. 347 ff.

[11] Diese theoretisierende Auffassung der Medizin bei Richer ist sicherlich durch seinen Lehrer Gerbert von Reims befördert worden, der eine ganz ähnliche Einstellung vertritt: „Nec me auctore (Gerberto sc.) que medicorum sunt, tractare velis, praesertim cum scientiam eorum tantum affectaverim, officium semper fugerim", ep. 151 (Weigle, S. 178). – Die medizinischen Kenntnisse Gerberts behandelt ausführlich L. M. Mac Kinney, Early medieval medicine with special reference to France, Baltimore 1937, S. 116–121.

[12] Die von Richer (III, 56–61) überlieferten „divisiones philosophiae" zeigen, daß die Medizin noch nicht als Teil der Philosophie gilt. Erst in scholastischer Zeit wird die Medizin, zumeist unter dem Oberbegriff einer stark erweiterten „physica" oder unter der „mechanica", als ein Wissenschaftsfach der „philosophia" akzeptiert. Vgl. die Beispiele bei L. Baur, Dominicus Gundissalinus, De Divisione philosophiae (= Beiträge zur Geschichte der Philosophie des Mittelalters, Bd. 4, 2–3), Münster 1903, S. 218–222, S. 260 u. passim, sowie P. O. Kristeller, Das moderne System der Künste, in: P. O. Kristeller, Humanismus und Renaissance, Bd. 2, München 1976, S. 173.

stark.[13] Aber dennoch ist sie zu einer Kunst geworden, die man im Sinne Isidors eine „se-cunda philosophia" nennen konnte.[14] Jedenfalls sind Ende des zehnten Jahrhunderts die noch gar nicht so lange zurückliegende Zeiten vorbei, in denen man die Medizin und die Beschäftigung mit ihr gegen die Angriffe christlicher Eiferer in Schutz nehmen mußte.[15] Vorbei sind auch die Zeiten eines Alkuin, der die am Hofe Karls des Großen tätigen Ärz-te mit einigen, eher spöttisch-ironisch gemeinten Bemerkungen bedacht hatte.[16] Auch die Terminologie blieb von diesem Wandel des Medizinbildes nicht unberührt. So gehört Richer zu den frühesten Zeugnissen, die den wissenschaftlich gebildeten Arzt, den „phy-sicus", von den eher praktisch orientierten „medici" und „apothecarii" zu scheiden be-ginnen.[17]

Seine medizinischen Kenntnisse (ver)führen Richer dazu, das Ableben von ihm ge-schilderter Personen in zunehmendem Maße als das Ergebnis schlecht verlaufener Krankheitsgeschichten zu deuten. War sein Vorgänger Flodoard noch viel eher geneigt, den Tod als das Eingreifen göttlicher Providenz zu interpretieren, so sterben die meisten Personen Richers an ganz banalen Ursachen, die rational erklärbar sind, wie zum Bei-spiel an einer nicht fachgerecht durchgeführten Amputation, die ihrerseits zu einem über-mäßigen, schließlich tödlich endenden Rheumatismus führt.[18]

---

[13] So erörtert Isidor von Sevilla die Frage, warum die „medicinae ars" nicht zu den „artes liberales" zählt (Etymologiae IV, XIII, 1). – Es ist aber darauf hinzuweisen, daß es neben Isidor auch noch vorscho-lastische, irisch beeinflußte Systeme der Wissenschaftseinteilung gab, die innerhalb eines erweiterten „physi-ca"-Begriffes auch die Medizin ausdrücklich miteinschlossen. Vgl. B. BISCHOFF, Eine verschollene Eintei-lung der Wissenschaften, in: B. Bischoff, Mittelalterliche Studien, Bd. 1, Stuttgart 1966, S. 273–288.

[14] „Hinc est quod Medicina secunda Philosophia dicitur" (Etymologiae IV, XIII, 5). Die hohe Stellung der Medizin bei Isidor zeigt der Ort ihrer Behandlung im 4. Buch seiner Etymologien, im unmittelbaren Anschluß an seine Besprechung von Trivium und Quadrivium. Die enge Verbindung von Heilkunde und Philosophie findet sich bereits bei dem Verkünder der Lehren des Hippocrates, Galen (um 130–200), der erklärt hatte, „medicus philosophus est Deo aequalis" (vgl. dazu DIEPGEN, Geschichte der Medizin, S. 149) und dringt über Tertullians Auffassung von der Medizin als „Schwester der Philosophie" auch in den christlichen Bereich ein, vgl. A. HARNACK, Medicinisches aus der ältesten Kirchengeschichte, Leipzig 1892, S. 79. Bei Boethius' vielgelesenem Werk „De consolatione philosophiae" erscheint die Philosophie in Ge-stalt des Arztes, worauf J. DUFT, Notker der Arzt, St. Gallen 1972, S. 37 verweist.

[15] Vgl. dazu die von K. SUDHOFF, in: Archiv für Geschichte der Medizin 7 (1913), S. 223 ff. edierte „Verteidigung der Heilkunde aus den Zeiten der ,Mönchsmedizin'", die S. dem 8. Jahrhundert zuordnet, in der sich der anonym gebliebene Verfasser mit seinen Kritikern aus dem Lager der christlichen Rigoristen auseinandersetzen muß. Den ganzen Unterschied zu Richer zeigt die Tatsache, daß der „anonymos" sogar die Lektüre der medizinischen, aber als heidnisch geltenden Fachschriftsteller durch Berufung auf Cassio-dor: „aurum in sterquilinio quero" rechtfertigen muß. – Auf ein weiteres Beispiel, das aus einem Codex des 9./10. Jahrhunderts stammt, verweist G. BAADER, Mittelalterliche Medizin, S. 277, Anm. 15.

[16] Alcuini Carmina XXVI, 12–17 (ed. E. Dümmler, MGH Poetae Latini aevi Carolini, Bd. 1, Berlin 1881, S. 245). So hatte Alkuin insbesondere Zurückhaltung bei den Honorarforderungen empfohlen: „Et tamen, o medici, cunctis impendite gratis/ut manibus vestris adsit benedictio Christi" (15–16).

[17] Vgl. H. SCHIPPERGES, Zur Bedeutung von „physica" und zur Rolle des „physicus" in der abendländi-schen Wissenschaftsgeschichte, in: Sudhoffs Archiv. Zs. für Wissenschaftsgeschichte 60 (1976), S. 76–92 und speziell zu Richer: MACKINNEY, Early medieval medicine, S. 131.

[18] Richer I, 11 (Latouche Bd. 1, S. 30).

Die Richer'sche „Wissenschaftlichkeit", die sich im Unterschied zu Flodoard im Suchen nach einer rationalen Deutung äußert, wird durch die Art und Weise deutlich, mit der Richer seine Vorlage behandelt hat. Übernatürlichen Ereignissen steht er skeptisch gegenüber, was dazu führen kann, daß er von Flodoard äußerst ausführlich erzählte Wundergeschichten nicht übernimmt, ganz im Gegenteil zu seiner sonstigen Praxis.[19] Oder aber es wird versucht, ungewöhnliche Naturerscheinungen, wie zum Beispiel eine Mondfinsternis, die auch für Richer im Anschluß an Flodoard ein Vorzeichen drohenden Unheils, nämlich der Pest, sind, durch astronomische Überlegungen erklärbar zu machen, sie als sich ständig wiederholende Naturereignisse zu deuten und ihnen damit auch einen Teil ihres Schreckens zu nehmen.[20] Am eindrucksvollsten zeigt die Beschreibung der Schlacht von Soissons (13. Juni 923), wie weit Richer den Glauben an ein göttliches Eingreifen zugunsten der gerechten Sache verloren hat. Richer, der auch dieses Mal auf Flodoard beruht, stilisiert seinen Bericht durch eine frei erfundene Rede Karls des Einfältigen unmittelbar vor Schlachtbeginn. In dieser Ansprache hatte Karl versichert, er und die Seinen könnten der Unterstützung Gottes sicher sein; am Siege gegen (König) Robert (I.) sei daher nicht zu zweifeln.[21] Richers Sympathien gelten scheinbar ganz eindeutig der in seinen Augen gerechten und Gott genehmen Sache Karls, und er hat dies auch offen ausgesprochen.[22]

---

[19] Zwar weiß auch Richer (II, 7) von einem „praesagium impetus Hungarorum" und berichtet in enger Anlehnung an Flodoard (Annales ad 937, ed. Lauer, S. 65–66) von der Zerstörung und Verwüstung des nördlichen Frankreichs durch die Ungarn; er verzichtet aber bezeichnenderweise darauf, die Geschichte von der göttlichen Bestrafung eines Ungarn, der sich am Kirchenschatz von St-Basle vergriffen hatte, zu übernehmen. Ebenso wenig erzählt Richer die Geschichte von der wundersamen Rettung eines Presbyters aus den Händen der Ungarn, lauter Begebenheiten, die Flodoard teuer und letztlich viel wichtiger als der Ungarneinfall selber waren (vgl. Latouche Bd. 1, S. 138).

[20] Die Schilderung der Mondfinsternis bei Richer (I, 52) wurde von R. SPRANDEL, Mentalitäten und Systeme, Neue Zugänge zur mittelalterlichen Geschichte, Stuttgart 1972, S. 98 f. als Beispiel einer „komplexen Mentalität" gedeutet, bei der sich verschiedene Mentalitätsstufen überschneiden; so eine ältere, von Flodoard übernommene Einstellung: die Deutung der Mondfinsternis als Vorzeichen der Pest, die von einer jüngeren überlagert wird, die nach einer astronomischen Erklärung des Naturphänomens sucht. Seine Mentalitätstheorie wiederholt hat R. SPRANDEL in seinem Aufsatz: „Vorwissenschaftliches Naturverstehen und Entstehung von Naturwissenschaften" in: Sudhoffs Archiv. Zs. für Wissenschaftsgeschichte 63 (1979), S. 313 ff. Insgesamt kritisch zu den von Sprandel verwendeten Termini soziologischer und sozialpsychologischer Herkunft und zu seinem Mentalitätsansatz, den er als „zu mechanistisch" empfindet, bleibt H. M. SCHALLER in seiner Rezension des Sprandel'schen Buches, in: DA 30 (1974), S. 237.

[21] Richer (I, 45): „Hortatur (Karolus rex. sc.) vero plurimum ut Dei tantum auxilium implorent; nihil eis metuendum, nihil de victoria diffidendum memorans. Regni quoque pervasorem vix uno momento duraturum asserebat: ‚Cum', inquiens, Deus hujusmodi abhominetur et apud eum nullus superbiae locus sit, quomodo stabit, quem ipse non munit? Quomodo resurget, quem ipse praecipitat?' Et post haec cum episcopis virisque religiosis qui aderant montem loco oppositum conscendit, ubi etiam est basilica beatae Genovefae virginis dedicata, eventum belli inde experturus" (Latouche Bd. 1, S. 88).

[22] So wird der Gegenspieler Karls, König Robert I., von Richer als „tyrannus", seine Anhänger als „Celtae desertores" bezeichnet (Latouche Bd. 1, S. 92).

Dennoch wird auch für ihn der Ausgang der Schlacht von Soissons zu einer vernichtenden Niederlage Karls, die der Anfang vom Ende seiner politischen Rolle ist.[23] Über Sieg und Niederlage entscheidet letztlich allein die Tatsache, „(qui) legionibus potior (est)."[24]

§ 2. Philosophenstreit: Die Disputation zwischen Gerbert von Reims und Ohtrich von Magdeburg

Zu den Höhepunkten des geistigen Lebens im zehnten Jahrhundert gehört ohne Zweifel die Auseinandersetzung der beiden Scholaster Gerbert und Ohtrich.[25] Dies ist freilich nicht erst eine Einschätzung der modernen Geschichtswissenschaft, sondern bereits die Zeitgenossen, die wie Otto II. die Disputation unmittelbar miterlebten, oder wie Richer von ihr berichteten[26], waren stark beeindruckt. Noch der ein Jahrhundert später schreibende Hugo von Flavigny sollte dieses Streitgespräch erwähnen.[27]

Der geistige Gehalt dieser Disputation ist freilich von der Forschung sehr unterschiedlich beurteilt worden[28], wenn man ein Urteil nicht überhaupt vermied.[29] Daher soll durch eine erneute Analyse unserer wichtigsten Quelle, dem Bericht Richers, das Geschehen zu Beginn des Jahres 981 noch einmal untersucht werden. Freilich werden wir uns dessen immer bewußt bleiben müssen, daß wir die Ereignisse nur aus der Sicht des fran-

---

[23] Zwar versucht Richer anfänglich ein Beschönigung der Niederlage Karls („et anceps victoria fuit"), dennoch ist Karl der Unterlegene, denn er kann keine Beute machen („Neutrum illorum spolia diripuisse contigit"), verliert darüberhinaus den größten Teil seines Heeres („maximam exercitus partem amiserat") und muß daher den Rückzug antreten („mox iter sine spolio in Belgicam retorsit"). So kündigt sich der Untergang Karls an: „Hac tempestate terrae motus in pago Camaracensi factus est, ex quo domus nonnullae subversae sunt. Unde et rerum calamitas adverti potuit, cum regni princeps praeter jus captus et in carcerem usque in diem vitae suae supremum detrusus sit" (Latouche Bd. 1, S. 92).

[24] Richer I, 45 (Latouche Bd. 1, S. 88).

[25] Ausführliche Darstellung dieser Disputation bei F. PICAVET, Gerbert, un pape philosophe d'après l'histoire et d'après la légende, BEHE, Sciences réligieuses 9, 1897, S. 142 ff.; K. UHLIRZ, Jahrbücher d. deutschen Reiches unter Otto II., Leipzig/Berlin 1902, S. 146 ff.; R. HOLTZMANN, Geschichte der sächsischen Kaiserzeit, München [5]1967, S. 276 f.

[26] Vgl. Richer III, 55–65 (Latouche Bd. 2, S. 64–80).

[27] Vgl. die Chronik des Hugo v. Flavigny (MGH SS 8, S. 367 ff.), der hier Richer ausschreibt. Nicht erwähnt wird hingegen die Disputation bei Thietmar (VI, 100), der sich ansonsten über Gerbert sehr informiert zeigt, was vielleicht mit der Niederlage Ohtrichs und seiner, des Bischofs reservierten Haltung Frankreich gegenüber zusammenhängen könnte. Daß die Disputation ein großer Erfolg für Gerbert gewesen sein mußte, zeigt seine weitere Förderung durch Otto II. Noch nicht einmal zwei Jahre später wird Gerbert Ende 982 von Papst Benedikt VII. „mit Zustimmung Kaiser Ottos II. zum Abt von Bobbio geweiht", vgl. H. ZIMMERMANN, Papstregesten, Nr. 608, Wien–Köln–Graz 1969, S. 245.

[28] Naturgemäß positiv beurteilen die Biographen Gerberts die Disputation von Ravenna. So PICAVET (siehe Anm. 25) und zuletzt wieder C. E. LUTZ, Schoolmasters of the Tenth Century, Hamden/Connect. 1977, S. 131, während C. PRANTL in seiner „Geschichte der Logik im Abendlande", Leipzig 1861, Bd. 2, S. 54, ein sehr negatives Urteil fällte, das UHLIRZ, Jahrbücher, S. 148–149, in seiner Schärfe wiederum korrigiert sehen wollte.

[29] So HOLTZMANN, Geschichte der sächsischen Kaiserzeit, S. 276 f.

zösischen Mönches kennenlernen können; andere Quellen, die wie Richer so unmittelbar und ins einzelne gehend die Disputation schildern und damit gegebenenfalls zur Korrektur des Bildes beizutragen imstande wären, sind nicht vorhanden. Das ist besonders bedauerlich, da es mit der historischen Glaubwürdigkeit von Richer nicht immer zum Besten bestellt ist.[30] Auch sein Bericht über die Disputation von Ravenna macht in dieser Beziehung keine Ausnahme. So fand die Begegnung zwischen Gerbert und Ohtrich nicht, wie Richer uns berichtet, unter Leitung Ottos des Großen, sondern unter Otto II. statt.[31] Trotz der recht ausführlich gehaltenen Schilderung des Disputationsverlaufes haben wir allen Grund anzunehmen, daß Richer nicht als Zuhörer daran teilgenommen hat.[32] Immer werden wir bedenken müssen, daß Richer sein Werk im Auftrag Gerberts verfaßte[33] und zum höheren Ruhm des nachmaligen Erzbischofs beitragen wollte. So stellt Richer seinen Bericht über die Disputation ganz bewußt an das Ende seiner Schilderung, die sich mit der Gerbert'schen Persönlichkeit und Lehrtätigkeit befaßte.[34]

Das vom Reimser Scholaster erfolgreich bestandene Streitgespräch sollte dem Leser vor Augen führen, daß Gerbert tatsächlich der Mann war, dem Gallien es zu verdanken hatte, daß „es einer helleuchtenden Flamme glich."[35] Deshalb reduzierte Richer auch den sächsischen „Philosophen" Ohtrich weitgehend auf die Rolle eines Stichwortgebers, der zudem nicht in der Lage war, seine Fragen präzise genug zu formulieren.[36]

Einmal mehr erweist sich Richer als überaus geschickter Erzähler, der die Spannung des Lesers wachzuhalten versteht. So werden uns in psychologisch durchaus glaubwürdiger Weise die Anfänge eines Streites geschildert, der manches von dem vorwegnimmt, was wir erst für das folgende elfte Jahrhundert als typisch erachten.[37]

---

[30] Vgl. Kapitel 9: Das Geschichtsverständnis des Richer von St-Remi – Sein Werk als Beispiel rhetorischer Geschichtsschreibung.

[31] Dies wurde bereits von M. BÜDINGER, Über Gerberts wissenschaftliche und politische Stellung, Kassel 1851, S. 60, erkannt.

[32] So nehmen nach Richers eigener Aussage außer dem Kaiser Otto nur noch die „sapientes", zu denen so hochgestellte Persönlichkeiten wie Erzbischof Adalbero von Reims und Adso von Montier-en-Der gehören, an der Disputation teil. Richer war hingegen noch zur Zeit seiner Reise nach Chartres (in den 90er Jahren) ein einfacher „monachus", der von seinem Abt noch nicht einmal mit genügender Reiseausstattung versorgt wird (vgl. Kapitel 2: Zur Biographie von Richer).

[33] Vgl. Kapitel 9 § 1: Literarisches Selbstbewußtsein und Autorenstolz: Zur Interpretation des Prologs.

[34] Die wissenschaftliche Bedeutung Gerberts untersuchte U. LINDGREEN, Gerbert von Aurillac und das Quadrivium, Wiesbaden 1976.

[35] Richer III, 43 (Latouche Bd. 2, S. 50).

[36] So muß Gerbert Ohtrich bitten, seine Frage zu präzisieren: „Qui (Ohtrich sc.) cum a Gerberto, *ut apertius quid vellet ediceret*, rogaretur, utrum videlicet causam qua (philosophia sc.) inventa est, an causam cui inventa debetur . . ." (Latouche Bd. 2, S. 76).

[37] Erinnert sei in diesem Zusammenhang an die Auseinandersetzung der beiden Domschulen von Worms und Würzburg in den 30er Jahren des 11. Jahrhunderts. Die in der „Älteren Wormser Briefsammlung" hinterlassenen Briefe zeugen von der Heftigkeit eines Streites, der wie bei Gerbert und Ohtrich harmlos („exercitii causa") begonnen hatte, sich aber schließlich zum „ingladiabile litis odium" steigern sollte und

Den tieferen Grund der Auseinandersetzung sieht Richer im wachsenden und schließlich alle geographischen Grenzen sprengenden Ruhm Gerberts, der sich nicht zuletzt in
einer immer größer werdenden Schülerzahl niederschlägt.[38] Diese „fama Gerberti" er-
weckt den verständlichen Neid Ohtrichs von Magdeburg, der einen seiner Schüler nach
Reims schickt, um nähere Erkundigungen über Gerberts Lehrbetrieb einzuholen. Zwar
bestätigt die Disputation zu Ravenna schließlich die Richtigkeit des Satzes, daß Wissenschaft keine Grenzen kenne, dennoch werden in der Entstehungsphase dieses Streits –
bei Richer nicht sonderlich überraschend –, deutlich „nationale" Untertöne spürbar.[39]

Der Streit hatte sich am Problem der richtigen „divisio philosophiae" entzündet.
Ohtrich beschuldigte den Reimser Scholaster, eine grundsätzlich falsche Unterteilung
vorgenommen zu haben: statt Mathematik und Physik als gleichrangige Teile zu behandeln, habe Gerbert die Physik als „species" dem „genus" der Mathematik untergeord-
net.[40] Ohtrich wollte sich nicht auf die „Verleumdung" Gerberts im eigenen Schülerkreis
beschränken, sondern wandte sich unmittelbar an Kaiser Otto, der daraufhin eine Disputation veranstaltete. Da sich der Streit der beiden Scholaster an wissenschaftstheoreti-
schen Fragen entzündet hatte, beanspruchte dieser Themenkomplex: „Einteilung der
verschiedenen Einzelwissenschaften und ihr Verhältnis zueinander" auch den weitaus
meisten Raum in Richers Darstellung. Die beiden Philosophen beschäftigten sich auch
mit so tiefsinnigen Fragen, wie der Ursache für die Erschaffung der Welt.[41] In diesem
Zusammenhang kann Gerbert darauf verweisen, „quod non omnia nomina causarum singulis dictionibus efferuntur."[42] Abschließend erörtert man das Problem, „quid continentius sit, rationale an mortale?"[43]

Den Abbruch der Disputation begründet Richer mit der zunehmenden Erschöpfung
der Zuhörerschaft und der bereits sehr fortgeschrittenen Tageszeit. Denn die Diskussion

---

als dessen Protagonisten die „scholastici" der beiden Domschulen erschienen, vgl. W. BULST (ed.), Die „Ältere Wormser Briefsammlung", S. 47, Anm. 2.

[38] „Fervebat (Gerbertus sc.) studiis, numerusque discipulorum in dies accrescebat. Nomen etiam tanti
doctoris ferebatur non solum per Gallias sed etiam per Germaniae populos dilatabatur; transiitque per Al-
pes, ac diffunditur in Italiam usque Thirrenum ad Adriaticum" (Latouche Bd. 2, S. 64).

[39] Richer galt schon immer als ein früher Vertreter des französischen Nationalgefühls. Vgl. dazu
KIRN, Aus der Frühzeit des Nationalgefühls, S. 44 ff. und die in der Einleitung (Anm. 4) genannte Literatur, wenngleich man mit Recht auf die Problematik solcher Begriffe wie „Nation" und „Nationalgefühl" für
das 10. Jahrhundert allgemein und besonders für das erst langsam aus dem westfränkischen Reich entste-
hende „Frankreich" hinweisen kann. Vgl. jetzt auch L. SCHMUGGE, Über „nationale" Vorurteile im Mittelalter, *in*: DA 38 (1982), S. 439–459.

[40] Der Vorwurf, den Ohtrich gegen Gerbert richtete, beruhte jedoch, wie Richer entschuldigend an-
merkt, auf einem Mißverständnis, das dadurch zustande gekommen war, daß ein sächsischer Spion, den
Ohtrich nach Reims entsandt hatte, die ganze Einteilung durcheinander brachte. Vgl. Richer (III, 56): „FI-
GURA GERBERTI PHILOSOPHICA PER MALIVOLOS DEPRAVATA, AB OTRICO REPREHENDITUR – Etenim cum mathematicae phisica par atque coaeva a Gerberto posita fuisset, ab hoc (Saxone sc.) mathematicae eadem phisica ut
generi species subdita est" (Latouche Bd. 2, S. 66).

[41] Richer III, 56: „Quae sit causa conditi mundi" (Latouche Bd. 2, S. 76).

[42] Richer III, 63 (Latouche Bd. 2, S. 76 ff.).

[43] Richer III, 64 (Latouche Bd. 2, S. 78 f.).

hatte seinem Bericht zufolge einen ganzen Tag in Anspruch genommen.[44] Was wir bereits aufgrund äußerer Umstände vermuten konnten, legt dieser Griff in die Requisitenkammer der Schlußtopik[45] nahe: Richer hat die Disputation gar nicht miterlebt und sie thematisch auch weitgehend nach eigenem Wissen und Können stilisiert. Letzte Gewißheit verschafft uns eine Betrachtung der einzelnen „quaestiones". Laut einer bisher von der Forschung vertretenen und auch vom jüngsten Richer-Editor LATOUCHE übernommenen Meinung lehnt sich die von Gerbert gegebene Einteilung der Philosophie „presque littéralement" an den (ersten) Kommentar des Boethius zur Isagoge des Porphyrius an.[46] Eine genauere Quellenanalyse zeigt jedoch, daß dieses Werk des römischen Philosophen und Staatsmannes bei weitem nicht die einzige Grundlage der Richer'schen Darstellung bildet. Ehe wir versuchen, diese im einzelnen zu bestimmen, um auf diese Grundlage gestützt, eine umfassendere Würdigung des Streitgesprächs zu geben, wollen wir einen kurzen Blick auf die philosophischen Einteilungslehren bis zur Zeit Richers werfen. Denn erst die Berücksichtigung des bildungs- und philosophiegeschichtlichen Hintergrundes vermag zu klären, warum die „divisio philosophiae" einen so großen Raum bei Richer einnimmt, warum der ganze Streit der beiden Scholaster sich gerade am Verhältnis von Physik und Mathematik entzündet hatte.[47]

Das Mittelalter kannte zwei verschiedene, unter den Namen der griechischen Philosophen Plato und Aristoteles geführte Wissenschaftseinteilungen. Der „platonische" Einteilungsversuch beruhte auf einer Dreiteilung der Philosophie in Physik, Ethik und Logik, die ihrerseits wieder in zahlreiche Einzelwissenschaften aufgespalten waren. Die „physica" umfaßte die vier rechnenden Künste Arithemetik, Geometrie, Musik und Astronomie, die Logik umfaßte Dialektik und Rhetorik, während unter der Ethik die vier Kardinaltugenden „Prudentia", „Fortitudo", „Temperantia" und „Iustitia" begriffen wurden. Diese von Isidor im 2. Buch seiner Etymologien überlieferte Einteilung[48] ist denn auch für das Mittelalter die führende geworden, deckte sie sich doch weitgehend mit der Einteilung der „septem artes liberales" in Trivium und Quadrivium.[49] Der „doctor Hispaniae" gibt jedoch im selben Buch noch eine andere, unter dem Namen des Ari-

---

[44] „Cumque verbis et sententiis nimium flueret (Gerbertus sc.), et adhuc alia dicere pararet, Augusti nutu disputationi finis injectus est, eo quod et diem pene in his totum consumserant, et audientes prolixa atque continua disputatio iam fatigabat" (Latouche Bd. 2, S. 80).

[45] Die Müdigkeit war im Mittelalter von jeher ein beliebtes Mittel für den Autor, um den Abbruch seiner Erzählung zu begründen. Daneben findet sich bei Richer noch der antike, vom Mittelalter übernommene Schlußtopos: „Wir müssen aufhören, weil es Abend ist" (Richer: „diem pene in his totum consumserant"). Dieser paßt natürlich nur für das in der Antike übliche Gespräch im Freien, ist bei Richer aber völlig fehl am Platze, findet doch nach seiner eigenen Aussage die Disputation „intra palatium" statt (Latouche Bd. 2, S. 68). Zur Schlußtopik vgl. CURTIUS, Europäische Lit. u. lateinisches Mittelalter, S. 99–101.

[46] Vgl. Latouche Bd. 2, S. 73, Anm. 2.

[47] Grundlegend ist BAUR, Dominicus Gundissalinus, der auch über die „Geschichte der philosophischen Einteilung bis zum Ende der Scholastik" handelt. Zur Ergänzung ist BISCHOFF, Einteilung (wie Anm. 13) heranzuziehen.

[48] Isidor, Etymologiae II, XXIV, 3–8.

[49] Vgl. BISCHOFF, Einteilung, S. 273.

stoteles geführte Einteilung[50], die im Mittelalter ebenfalls nicht ohne Bedeutung bleiben sollte und als deren Hauptvertreter Boethius und Cassiodor anzusehen sind.[51] Die aristotelische Einteilung beruhte auf einer Zweiteilung der Philosophie in einen theoretischen und einen praktischen Zweig, die ihrerseits eine weitere Unterteilung erfuhren. Die theoretische Philosophie wurde in die Physik („philosophia naturalis"), die Mathematik („mathematica") und die Theologie („theologia") unterteilt, während Ethik („philosophia moralis"), Ökonomik („philosophia dispensativa") und Politik („philosophia civilis") die praktische Philosophie konstituierten.

Für ihre hohe Bedeutung, die diese verschiedenen Philosophieeinteilungen für die Zeitgenossen besaßen, spricht ihre große Verbreitung in zahlreichen Handschriften.[52] Versucht man nun die von Richer überlieferte „divisio philosophiae" einer der beiden Klassifikationssysteme zuzuordnen, so scheint dies ein einfacher Fall zu sein: durch die Berufung auf Boethius ergibt sich die aristotelische Klassifikation.[53] Dieser Befund kann durch offensichtlichen Zitatnachweis aus dem ersten Kommentar des Boethius zur Isagoge des Porphyrius gestützt werden.[54] Daß Boethius aber nicht die einzige Grundlage von Richer gewesen sein kann, beweist Richers weitere Unterteilung der praktischen Philosophie in eine (philosophia) „dispensativa", „distributiva" und „civilis".[55] Zwei dieser Termini, die allesamt von Boethius nicht verwendet werden, nämlich „civilis" und „dispensativa" verweisen auf einen anderen wichtigen Vertreter der aristotelischen Einteilungslehre, auf Cassiodor, dessen Schema auch Isidor übernommen hatte.[56] Schwierigkeiten bereitet hingegen die Richer'sche Bezeichnung der Ethik als „philosophia distributiva" anstelle der von Cassiodor und Isidor übereinstimmend gebrauchten „philosophia moralis". Die Vermutung, daß allenfalls ein kontaminierter Cassiodor-Isidor-Text die Quellengrundlage für Richers Einteilung der praktischen Philosophie abgegeben hat, läßt sich auch durch einen weiteren Befund untermauern. Während Cassiodor und Isidor die Ethik („philosophia moralis") als *ersten* Teil der praktischen Philosophie ansehen, steht

---

[50]   Isidor, Etymologiae II, XXIV, 10–16.

[51]   Boethius durch seinen ersten Kommentar zur Isagoge des Porphyrius (ed. S. Brandt, CSEL 48/1906), Cassiodor durch Buch 2 seiner „Institutiones divinarum et humanarum lectionum" (ed. R. A. B. Mynors, Oxford 1937, S. 110 ff.).

[52]   Beispiele bei Bischoff, Einteilung, passim.

[53]   So beruft sich Gerbert dem Bericht Richers zufolge ausdrücklich auf Boethius: „secundum Victorini atque Boetii divisionem dicere non pigebit" (Latouche Bd. 2, S. 72). Zur Bedeutung des Namens „Victorinus" vgl. Latouche, Bd. 2, S. 72, Anm. 1.

[54]   Die wörtlichen Übereinstimmungen zwischen Boethius (Isagogenkommentar) und Richer (III, 60) sind im folgenden durch Sperrdruck hervorgehoben: „*Est enim philosophia genus*, cujus *species* sunt *practice* (!) et *theoretice* (!); practices vero species dico dispensativam, distributivam, civilem; sub theoretice vero non incongrue intelliguntur phisica *naturalis*, mathematica *intelligibilis* ac *theologia intellectibilis*" (Latouche Bd. 2, S. 72).

[55]   Richer (III, 60): „practices vero species dico dispensativam, distributivam, civilem" (Latouche Bd. 2, S. 72).

[56]   Cassiodor/Isidor unterteilen die praktische Philosophie, die als „philosophia actualis" bezeichnet wird, wie folgt: „Cujus species (philosophiae actualis sc.) partes sunt tres, moralis, dispensativa et civilis" (Isidor, Etymologiae II, XXIV, 16).

bei Richer die „philosophia distributiva", die bei ihm die Ethik ersetzt, erst an *zweiter* Stelle seiner Untergliederung, also zwischen Ökonomie und Politik.

Ein Vergleich der aristotelischen mit der platonischen Wissenschaftseinteilung kann erklären, warum der Streit der beiden Scholaster Gerbert und Ohtrich sich gerade am Problem des Verhältnisses von Physik und Mathematik entzündet und während des ganzen Streitgesprächs eine wichtige Rolle gespielt hat. Denn die Stellung der Mathematik hängt sehr wesentlich vom jeweiligen Einteilungsschema ab: im „platonischen" System *fällt* die Mathematik mit der Physik *zusammen*; die vier rechnenden Künste, die in ihrer Gesamtheit die Mathematik konstituieren, können als „species" des „genus physicae" begriffen werden, während bei der aristotelischen Klassifikation Physik und Mathematik *voneinander getrennt* sind und nur als zwei verschiedene species des „genus philosophiae theoreticae" aufgefaßt werden können.[57] Man wird Richer zugestehen müssen, daß er zumindest eine Ahnung davon hatte, daß es mehrere Einteilungssysteme gab.[58] Dennoch verraten seine Ausführungen zu diesem Thema allenfalls verschwommene Kenntnisse. Seine in sich widersprüchlich bleibenden Aussagen – zum einen ist die Mathematik eine species der Physik, zum anderen eine der Physik gleichwertiges species der „philosophia theoretica"[59] –, werden nur verständlich, wenn man einen Wechsel von der platonischen zur aristotelischen Beschreibungsebene annimmt.

Dunkel bleiben auch die Ausführungen Richers, welche die Debatte über die richtige „divisio philosophiae" beschließen und versuchen, die bisher nicht verwendeten Begriffe der „physiologia" und „philologia" in die Diskussion einzuführen. Richer zufolge verhält sich die Physiologie zur Physik wie die Philologie zur Philosophie.[60] Sie müssen als Ausdruck der Richer'schen Vorliebe verstanden werden, mit bedeutungsschweren und das heißt für das „lateinische Mittelalter", mit Worten griechischen Ursprungs zu prunken.

---

[57] Das folgende Schema möge dies verdeutlichen:

I. platonische Einteilung: II. aristotelische Einteilung:

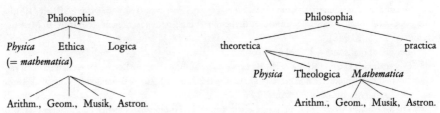

Damit ist aber BISCHOFF, Einteilung, S. 273: „Die Gruppe der vier rechnenden Künste enthielten beide (Wissenschaftseinteilungen) in gleicher Weise" zu korrigieren.

[58] So wurde von Ohtrich ein Sachse damit beauftragt, die von Gerbert aufgestellten Wissenschaftseinteilungen festzustellen: „Directus itaque est Remos Saxo quidam, qui ad haec videbatur idoneus; is, cum scolis interesset et caute *generum divisiones* a Gerberto *dispositas* colligeret" (Latouche Bd. 2, S. 66).

[59] Vgl. Richer III, 60 (Latouche Bd. 2, S. 72).

[60] Richer (III, 61): „Sed dico phisiologiam phisicae genus non esse quemadmodum proponis, nullamque earum differentiam aliam assero, nisi eam quam inter philosophiam et philologiam cognosco" (Latouche Bd. 2, S. 74).

Aller rhetorischer Glanz kann jedoch die Banalität dieser philosophischen Aussage nicht verdecken.[61]

Keine größeren Verständigungsschwierigkeiten bereitet hingegen der von Richer durch eine erzähltechnische Zäsur als solcher deutlich gekennzeichnete zweite Teil der Disputation[62], der sich in eine Reihe von Einzelerörterungen auflöst. In besonderem Maße gilt dies vom Schlußkapitel: „Quid continentius sit, rationale an mortale?", das sich mit der altbekannten und weit verbreiteten Definition des Menschen auseinandersetzte, wie sie Porphyrius in seiner Isagoge durchgeführt und Boethius sie anhand der „arbor Porphyrii" dem Mittelalter bekanntgemacht hatte.[63]

Eine Bemerkung Gerberts, der darauf verweist: „Deum substantia solummodo bonum, quamlibet vero creaturam participatione bonam"[64], läßt vermuten, daß Richer auch ein ganz bestimmtes theologisches Werk des spätantiken Philosophen Boethius

---

[61] Die in Anm. 60 zitierte Aussage Richers über das Verhältnis der vier Wissenschaften: Physik, Physiologie, Philologie und Philosophie ist bisher in der Forschung unkommentiert geblieben, da sie sich einer rationalen Deutung zu entziehen scheint. Auch hier kann ein Blick auf das philosophische Einteilungssystem wesentliches zur Erklärung beitragen. Für die enge Beziehung zwischen „physiologia" und „physica" liefert Boethius die Deutung. Er hatte den noch in seinem theologischen Werk „De Trinitate" verwendeten Begriff der „philosophia naturalis", der spätestens seit Isidor als „physica" bezeichnet wurde: „Philosophiae species tripertita est, una naturalis, quae Graece Physica appellatur" (Etym. II, XXIV, 3) in seinem ersten Isagogenkommentar durch die „physiologia" ersetzt (vgl. CSEL 48, S. 9). Die „physiologia" ist nach der Auffassung des Boethius ein Synonym der „physica".
Ähnliches gilt auch vom Verhältnis zwischen „philologia" und „philosophia". Der in der Antike sehr selten verwendete Begriff der „philologia" (vgl. die Belege bei FORCELLINI, Totius Latinitatis Lexicon, Bd. 4, ³1835, S. 657) ist im Mittelalter durch das Werk des Martianus Capella „De nuptiis Philologiae et Mercurii" bekannt geworden. Wenngleich von Gerbert in seinem Unterricht nicht benutzt, kannte er und wahrscheinlich auch Richer Martianus Capella (Nachweis f. Gerbert bei WEIGLE, Die Briefsammlung Gerberts, S. 281) mit dem man sich namentlich *in Reims* seit dem späten 9. Jahrhundert intensiv beschäftigte, vgl. GLAUCHE, Die Rolle der Schulautoren, S. 625, und der gerade in jener Zeit des 10. Jahrhunderts Gegenstand verstärkten Interesses wird (Beispiele bei H. W. STAHL, Martianus Capella and the Seven Liberal Arts, New York/London 1971, Bd. 1, S. 65 f.). Die enge Beziehung zwischen Philologie und Philosophie ist im Werk des Martianus Capella bereits angedeutet. So erscheint die „philosophia" als Brautwerberin des Merkur bei der „philologia"; sie hatte der „philologia" ihre bevorstehende Hochzeit mit Merkur vorausgesagt; nur über sie war der Aufstieg der „philologia" in den „himmlischen Senat der Götter" möglich. Einer Gleichsetzung der „philologia" mit der „philosophia" war dadurch der Weg geebnet worden, daß die „philologia" als Brautgeschenk des Merkur die sieben freien Künste erhält (dies die übliche mittelalterliche Deutung des Brautgeschenks, vgl. den Kommentar des Remigius von Auxerre zu Martianus Capella, ed. C. E. Lutz, Leiden 1962, Bd. 1, S. 208), die nach der Auffassung des Mittelalters in ihrer Gesamtheit den Begriff der „philosophia" ausmachen.
[62] Es ist das einzige Mal, an dem Richer von einer Reaktion des Publikums berichtet: „Ad haec scolasticorum multitudo philosophiae divisionem interruptam indignabatur, eamque repeti apud Augustum petebat" (Latouche Bd. 2, S. 74).
[63] Zur Bedeutung und Verbreitung dieses Werkes von Boethius vgl. M. GRABMANN, Geschichte der scholastischen Methode, Bd. 1, Nachdruck Graz 1957, S. 151 f.
[64] Richer III, 63 (Latouche Bd. 2, S. 76).

kannte, das genau dieses Thema zum Gegenstand einer „quaestio" machte: „Sed quemadmodum bona sint, inquirendum est, utrimne participatione an substantia?"[65]

Für das Niveau dieser Disputation ist es bezeichnend, daß Probleme, die Boethius
noch dazu veranlaßten, eine ganze Abhandlung darüber zu verfassen, als solche von Richer gar nicht mehr erkannt werden. Gleiches gilt auch von der Art und Weise, wie Richer die Erschaffung der Welt behandelt. Auch die Nennung Platos vermag nicht darüber hinwegzutäuschen, daß der Schöpfungsmythos sich für Richer auf Fragen der Se-
mantik reduziert hat.[66] Die „disputatio" ist zum Streit der Worte und Begriffe verküm-
mert.[67] Wie weit das Ravennater Gespräch von einer wirklichen philosophischen Auseinandersetzung entfernt ist, zeigt das Eindringen rhetorischer Stilideale. So bemißt Richer die Güte des einzelnen Philosophen danach, inwieweit sich seine philosophische
Aussage am Gebot der „brevitas" orientiert.[68] Als besonders schlimmer Fehler gilt infolgedessen der „soloecismus"[69], da er gegen die geforderte Kürze verstößt. Alle Aussagen

---

[65] Gemeint ist das von Grabmann, Geschichte, Bd. 1, S. 163 als drittes „opusculum sacrum" aufgeführ-
te Werk des Boethius: „Quomodo substantiae in eo quod sint bonae sint cum non sint substantialia bona"
(ed. H. F. Stewart – E. K. Rand, Boethius, The Theological Tractates, London 1918, die zitierte „quaestio" ebd. S. 60). – Ähnliche Gedankengänge, daß etwas gut sein könne nur durch die „participatio" mit
dem substantiell Guten, d. h. mit Gott, hat Boethius auch in „De consolatione philosophiae" entwickelt:
„Sed omne quod bonum est boni participatione bonum esse concedis an minime? (De consolatione Philosophiae III, 11, 9, ed. Stewart-Rand, S. 287).

[66] Vgl. Richer (III, 63): „Etenim cum a Platone causa creati mundi, non una sed tribus dictionibus, bona
Dei voluntas, declarata sit" (Latouche Bd. 2, S. 76). – Bezeichnend ist, daß es hier gar nicht um den Schöpfungsmythos als solchen geht, sondern nur um die Frage, mit wievielen „dictiones" Plato den Grund für die
Erschaffung der Welt angegeben hat. Die Kürze des von Richer als „platonisch" bezeichneten Zitates erschwert eine Identifizierung. Grundsätzlich muß an Übersetzung und Kommentar des „Timaeus" durch
Calcidius gedacht werden, Anklänge sind: „quam quidem *voluntatem dei* originem rerum certissimam si quis
ponat, recte eum putare consentiam. *Volens* siquidem *deus bona* quidem omnia provenire" (Plato Latinus
IV: Timaeus a Calcidio translatus commentarioque instructus, ed. H. Waszink, Leiden 1962, S. 22), ferner: „certum est si quidem nihil *a deo* factum esse sine *causa*" (ed. Waszink, S. 74). In Betracht kommt aber
auch Augustin (De civitate Dei 11, 21) „Nec auctor est excellentior Deo, nec ars efficacior Dei verbo, nec *causa* melior quam ut *bonum creabetur a Deo bono*. Hanc etiam *Plato causam condendi mundi* iustissimam dicit, ut a
bono Deo bona opera fierent . . .").

[67] So hatte gerade der vielleicht Richer als Quellengrundlage diendende Augustin (siehe Anm. 66) die
„quaestio de nomine" immer abgelehnt. Vgl. Grabmann, Geschichte, Bd. 1, S. 140.

[68] Vgl. Richer (III, 62): „Et Otricus: ‚Cur, inquit, unius rei causam tot dictionibus nominasti? Cum ex
una fortassis nominari potuit, et philosophorum sit brevitati studere?'" (Latouche Bd. 2, S. 76).

[69] Zum „soloecismus" vgl. die von Lausberg, Handbuch, § 502, S. 268 zitierte Definition (aus dem
„Victorini fragmentum" S. 33,13): „cum quaelibet pars orationis ex abundanti et non necessarie adiecta vi-
tium facit, ut si quis dicat: ‚adhuc nondum factum est', cum ‚nondum factum est' aut ‚adhuc non factum' dici
debeat." – Daß der *Soloecismus* in jener Zeit wirklich als ein besonders schwerwiegender Fehler galt, der das
Stilempfinden literarisch Gebildeter empfindlich verletzte, zeigt das Beispiel Rathers von Verona. In einem
Widmungsbrief (ep. 4), den er an die Mönche seines Heimatklosters Laubach richtete, rechtfertigte Rather
seine stilistische Überarbeitung der Vita Ursmari des Anso mit deren Überfülle von Soloecismen, die gleichermaßen dem Verständnis des Inhalts wie dem ästhetischen Genuß der Zuhörerschaft abträglich seien:
„. . . continentia . . . locutionis vero soloecismis ita pro sui modulo refertissima . . . Quod cum non parum pro

Gerberts über das Wesen der Dinge und über die Schöpfung der Welt zielen nur darauf ab, sich vom Vorwurf einer fehlerhaften „adjectio" zu befreien, den Ohtrich gegenüber dem Reimser Scholaster erhoben hatte.[70]

Diese enge Verbindung von Rhetorik und Dialektik, von Wort- und Disputations-kunst darf nicht überraschen. Zwar waren von jeher Rhetorik und Dialektik zumindest der Theorie nach voneinander geschieden, doch verband sie andererseits die Gemein-samkeit ihrer Methoden.[71] Zudem darf nicht vergessen werden, daß man sich allenfalls „am Vorabend der Scholastik" (M. GRABMANN) befand. Noch hatte die Dialektik nicht das Übergewicht erlangt.[72] Vielmehr zeigt sich auch bei Richer jene enge Verbindung der beiden Artes, wie man sie für das vor- oder frühscholastische elfte Jahrhundert als ty-pisch erachtet hat.[73]

Von vorscholastischem Denken und seiner Orientierung an der ungebrochenen „auc-toritas" der Väter, die noch von keinerlei „ratio" angekränkelt ist, kündigt auch die „al-locutio Augusti Ottonis in conventu sapientium pro emendatione figurae".[74] „Exerci-tium" und „meditatio", die anhand der überlieferten Bücher der „doctissimi (viri)" ein-geübt werden sollen[75], sind die Tätigkeiten eines weitgehend traditionellen Wissen-schaftsbetriebes. Denn dieser hatte sich, wie bereits in karolingischer Zeit, an der „norma rectitudinis" zu orientieren.[76] Ist diese verletzt, so gilt es, sie im Wege einer „correctio" wieder herzustellen. Auch die Disputation zu Ravenna ist letztlich nichts anderes als der

---

tempore nos offendisset, curavimus ea eiusdem operis solummodo corrigere vitia, quibus aut in sensu lectoris naufragare poterat intellectus aut quae nimia sui deformitate fastidium ingererent audientibus", vgl. F. WEIGLE, Die Briefe des Bischofs Rather von Verona, MGH Die Briefe der deutschen Kaiserzeit, Bd. 1, Weimar 1949, S. 28.

[70] Vgl. Anm. 68.

[71] Über das Verhältnis von Rhetorik und Dialektik ausführlich R. MAC-KEON, Rhetoric in the Middle Ages, in: Speculum 1 (1926), S. 1–32.

[72] Freilich wächst die Bedeutung der Dialektik beträchtlich. Man vgl. in diesem Zusammenhang die Masse des von Richer (III, 46–47) überlieferten dialektischen Lehrstoffes, der jedoch nie die Grenzen der „vetus Logica" überschreitet. Vgl. auch GLAUCHE, Die Rolle der Schulautoren, S. 624.

[73] Vgl. GRABMANN, Geschichte, Bd. 1, S. 217. – Die enge Verbindung von Rhetorik und Dialektik macht auch die Bemerkung Kaiser Ottos (II.) deutlich, der glaubt, daß nur eine sprachlich sehr hochstehen-de Behandlung der Themen den Fortschritt des menschlichen Wissens verbürge: „Humanum, inquiens, ut arbitror scientiam crebra meditatio vel exercitatio reddit meliorem, quotiens rerum materia competenter or-dinata *sermonibus exquisitis* per quoslibet sapientes effertur" (Latouche Bd. 2, S. 68–70).

[74] Richer III, 58 (Latouche Bd. 2, S. 68–70).

[75] „Nam cum per otium sepissime torpemus, si aliquorum pulsemur questionibus, ad utillimam mox *medi-tationem* incitamur. Hinc scientia rerum a doctissimis elicita est, hinc est, quod ab eis prolata, libris tradita sunt nobisque ad boni *exercicii* gloriam derelicta" (Latouche Bd. 2, S. 70); Vgl. auch Anm. 73.

[76] Zur „norma rectitudinis" vgl. J. FLECKENSTEIN, Die Bildungsreform Karls des Großen als Verwirkli-chung der Norma rectitudinis, Bigge-Ruhr 1953; sowie P. E. SCHRAMM, Karl d. Große, Denkart und Grundauffassung; die von ihm bewirkte „correctio" (nicht „Renaissance"), erweiterte Fassung des Aufsat-zes in der HZ 198 (1964), S. 306–345, in: P. E. Schramm, Kaiser, Könige u. Päpste Bd. 1, Stuttgart 1968, S. 32 ff.

Versuch, die gestörte Ordnung aufs neue aufzurichten, indem man die Fehler feststellt und sie anhand der „norma rectitudinis" „korrigiert".[77]

Demgegenüber deuten aber auch manche Züge auf Entwicklungen hin, die erst in späterer Zeit wichtig werden. Was bei Richter auffällt, ist eine überaus hohe Wertschätzung, die „disputatio" als Mittel der Konfliktlösung und Urteilsfindung einzusetzen. Es zeichnet sich bereits eine scholastische Auffassung von der „disputatio" ab, als eines vor Publikum stattfindenden, durch Regeln formalisierten Streitgespräches über einzelne „quaestiones".[78] Einen ganz anderen Charakter zeigen hingegen die „disputationes" in karolingischer Zeit.[79] Nicht Streit-, sondern Lehr-Gespräche, „dialogi" mit didaktischer Absicht führt ein Alkuin mit Karl dem Großen.[80]

Es ist auch bezeichnend, daß die vom Kaiser Otto (II.) geforderte „correctio" letztlich nicht zustande kommt. Zwar klärt sich das Mißverständnis zwischen Gerbert und Ohtrich auf, aber dennoch kommt es zu keiner ganz eindeutigen „divisio philosophiae". Der tiefere Grund hierfür ist, daß es – Richer hat es angedeutet[81] – mehrere Wissenschaftseinteilungen gab, die miteinander in Konkurrenz traten und sich unter Umständen gegenseitig ausschlossen. Es handelt sich um dasselbe Phänomen, das wir auch bei Abbo von Fleury kennenlernen werden: die forschende „ratio" erkennt in zunehmendem Maße die historisch gegründete Vielfalt und den damit häufig verbundenen Widerspruch der einzelnen „auctoritates" untereinander.[82]

---

[77] Vgl. Richer (III, 58): „Et eia, inquam (Otto sc.), jam nunc revolvamus figuram illam de philosophiae partibus, quae nobis anno superiore monstrata est. Omnes diligentissime eam advertant, dicantque singuli quid in ea aut contra eam sentiant. Si nullius extrinsecus indiget, vestra omnium roboretur approbatione. Si vero *corrigenda* videbitur, sapientium sententiis aut improbetur aut *ad normam* redigatur" (Latouche Bd. 2, S. 70).

[78] Die Disputation von Ravenna ist nach unserer Kenntnis das erste in der Literatur bekannt gewordene Streitgespräch, das bereits so ausgeprägt scholastische Züge trägt. Zwar ist, worauf J. LECLERCQ, Wissenschaft und Gottverlangen, zur Mönchstheologie des Mittelalters, Düsseldorf 1963, S. 228 zu Recht verweist, auch schon früher „disputiert" worden. Das Eigentümliche dieser vorscholastischen Disputationen ist aber, daß sie auf den engeren schulischen Bereich, auf den Lehrer-Schüler-Dialog beschränkt bleiben (vgl. Anm. 80). Die in Anm. 8 dieses Kapitels erwähnte Disputation zwischen Bischof Wolfgang von Regensburg und einem anonym bleibenden Häretiker erzählt der im 11. Jahrhundert lebende Otloh von St. Emmeram (gest. um 1070).

[79] Vgl. H. LÖWE, *in*: Wattenbach-Levison, Deutschlands Geschichtsquellen, Heft 2, Weimar 1953, S. 230 f.

[80] Zu beachten ist, daß die „Disputatio de rhetorica et virtutibus sapientissimi regis Karli et Albini magistri" in den alten Katalogen gar nicht als „disputatio" geführt wird, sondern mit dem Titel „De rhetorica" bezeichnet wird, vgl. MANITIUS, Geschichte d. lateinischen Literatur, Bd. 1, S. 282, Anm. 4. Ebenfalls keine „Streitgespräche" sind die folgenden Schriften Alkuins: die „Disputatio puerorum per interrogationes et responsiones", ein Schulbuch „in Form von Frage und Antwort" (MANITIUS ebd., S. 281) und die „Disputatio Pippini cum Albino Scholastico", ein Dialog, „der aus 101 Fragen und Antworten besteht" (MANITIUS, ebd., S. 284). Eine andere Einschätzung dieser Lehrer-Schüler-Dialoge („véritable ‚disputatio'") gibt P. RICHÉ, Les écoles et l'enseignement dans l'occident chrétien de la fin du Vᵉ siècle au milieu du XIᵉ siècle, Paris 1979, S. 256.

[81] Vgl. Anm. 58.

[82] Vgl. Kapitel 9 § 4.

9. Das Geschichtsverständnis des Richer von St-Remi – Sein Werk als Beispiel rhetorischer Geschichtsschreibung

§ 1. Selbstbewußtsein und Autorenstolz: Zur Interpretation des Prologs

Die literarische Tradition der Antike wird besonders deutlich im Prolog mittelalterlicher Geschichtswerke. So greifen viele Autoren auf Gedanken zurück, die sich bereits in der griechischen und römischen Literatur nachweisen lassen.[1] Nachdem man die Abhängigkeit dieser „Exordialtopik" von den Mustern der Alten erkannt hatte, glaubte man vielfach, ihr jede Bedeutung für die Interpretation absprechen zu können.[2] Demgegenüber ist darauf hingewiesen worden, daß uns die einzelnen Topoi dennoch, insbesondere durch die Art ihrer Auswahl und Verwendung, wertvolle Hinweise für das Verständnis von Autor und Werk geben können.[3]

Diese Vermutung bestätigt sich auch bei Richer. Sein sorgfältig gebauter Prolog läßt erkennen, wie ernst Richer seine Aufgabe als Schriftsteller nimmt. Nach einer an seinen „Domino ac beatissimo Gerberto, Remorum archiepiscopo" gerichteten Salutatio[4] begründet Richer die Abfassung seines Werkes mit dem Hinweis, er habe nicht von sich aus mit dem Schreiben begonnen, sondern vielmehr den Auftrag von Gerbert selbst erhalten.[5] Mit Sicherheit handelt es sich hier um mehr als eine literarische Floskel. Denn Gerbert, der schon in der Zeit seines Vorgängers auf dem erzbischöflichen Stuhl, Adalbero von Reims, in die hohe Politik verstrickt und dann als Kirchenfürst selbst publizistisch tätig geworden war[6], mußte ein lebhaftes Interesse an einer Darstellung haben, welche die

---

[1] Am ausführlichsten behandelt diese Tradition, vor allem für die Dichtung, E. R. Curtius, Europäische Literatur und lateinisches Mittelalter, Bern, ⁸1973. – Auf Curtius aufbauend H. Beumann, Widukind von Korvei, Untersuchungen zur Geschichtsschreibung und Ideengeschichte des 10. Jahrhunderts, Weimar 1950. Die Topik des Prologs analysiert G. Simon, Untersuchungen zur Topik der Widmungsbriefe mittelalterlicher Geschichtsschreiber bis zum Ende des 12. Jahrhunderts, in: Archiv für Diplomatik 4 (1958), S. 52–119 und 5/6 (1959–60), S. 73–153.

[2] In diesem Sinne Curtius, Europ. Literatur, Exkurs 11: Devotionsformel und Demut: „Man darf eine feststehende literarische Formel nicht als Ausdruck spontaner Gesinnung auffassen." (S. 414).

[3] H. Beumann, Topos und Gedankengefüge bei Einhard, in: AKG 33 (1951), S. 337–350 sowie Simon, Archiv für Diplomatik 4, S. 53 u. passim betonen den Erkenntniswert der Topik. Vgl. auch M. L. Bäumer (Hg.), Toposforschung, Darmstadt 1972 (= Wege der Forschung, Bd. 395); ein praktisches Beispiel gibt H. Jedin, Zur Widmungsepistel der „Historia ecclesiastica" Hugos von Fleury, in: Speculum Historiale. Festschrift J. Spörl, Freiburg–München 1965, S. 559–566.

[4] Richer, Prolog (Latouche Bd. 1, S. 4).

[5] Richer, Prolog (Latouche Bd. 1, S. 2).

[6] Vgl. unser Kapitel 7 „Religion und Kirche".

Ereignisse unter seinem Blickwinkel darstellte. Zudem ist Richer in der damaligen Zeit kein Einzelfall gewesen.[7]

Die Rechtfertigung seiner Arbeit erblickt Richer darin, daß sie „summam utilitatem affert".[8] Zwar ist der Utilitaritätsgedanke ein ebenfalls bereits der Antike geläufiges und vom Mittelalter aufgenommenes Motiv[9], gewinnt aber durch seine Ausschließlichkeit – moralische, ethisch-religiöse Zwecke werden von Richer nicht verfolgt – an Bedeutung. So bildet denn auch die Profangeschichte[10] das Thema seines Werkes: „Quorum (sc. regum) temporibus bella a Gallis saepenumero patrata variosque eorum tumultus ac diversas negotiorum rationes ad memoriam reducere, scripto specialiter propositum est."[11]

Damit entsprach Richer sehr genau zeitgenössischen Anschauungen, die in der weltlichen Geschichte das eigentliche Thema historischer Darstellungen sahen.[12] Ein wichtiger Teil des Prologs galt von jeher dem vermutlichen Urteil der Leser.[13] Wie bereits sein Vorbild Sallust[14] rechnet auch Richer mit scharfer Kritik: „Sed si ignotae antiquitatis ignorantiae arguar, ex quodam Flodoardi presbyteri Remensis libello me aliqua sumpsisse non abnuo, at non verba quidem eadem, sed alia pro aliis longe diversissimo orationis scemate disposuisse res ipsa evidentissime demonstrat."[15]

Durch den Verweis auf seine Quelle Flodoard begegnete Richer zum einen dem Vorwurf, er besitze keine oder nur mangelhafte Kenntnisse über die von ihm geschilderte Vergangenheit. Zum anderen konnte er damit eher dem Anspruch Isidors von Sevilla genügen, der in seinen auch Richer bekannten Etymologien[16] die Geschichte in Abgrenzung von „fabula" und „argumentum" als „res verae quae factae sunt" bestimmt hatte.[17] Bedeutsam erscheint der Hinweis von Richer, er leugne nicht, einiges aus dem Buche des

---

[7] Auf den Parallelfall einer Darstellung, die ebenfalls von einem hohen Geistlichen, dem Abt Abbo von Fleury, in Auftrag gegeben wurde, verweist K. F. WERNER, Die literarischen Vorbilder des Aimoin von Fleury und die Entstehung der Gesta-Francorum, in: Medium Aevum Vivum, Festschrift W. Bulst, hg. von H. R. JAUSS und D. SCHALLER, Heidelberg 1960, S. 95–96.

[8] Richer, Prolog (Latouche Bd. 1, S. 2).

[9] Vgl. SIMON, Archiv für Diplomatik 4, S. 102 ff.

[10] Zur Trennung zwischen Profan- und Heilsgeschichte ausführlich H. BEUMANN, Die Historiographie des Mittelalters als Quelle für die Ideengeschichte des Königtums, in: ders., Wissenschaft vom Mittelalter, Köln/Wien 1972, S. 208 ff.

[11] Richer, Prolog (Latouche Bd. 1, S. 4).

[12] So überläßt Helgaud, Verfasser einer Biographie König Roberts des Frommen von Frankreich, die Darstellung der Profangeschichte ausdrücklich den Historikern: „Cetera, quae sunt de seculi militiis, hostibus devictis, honoribus virtute et ingenio adquistis, istoriographis scribenda relinquimus", vgl. Helgaud de Fleury, Vie de Robert Le Pieux, Epitoma vitae regis Rotberti Pii, ed. R.-H. BAUTIER – G. LABORY (= Sources d'Histoire médiérale Bd. 1), Paris 1965, S. 138.

[13] Vgl. SIMON, Archiv für Diplomatik 4, S. 87.

[14] Coniuratio Catilinae 3, 2.

[15] Richer, Prolog (Latouche Bd. 1, S. 4).

[16] Vgl. Latouche, Bd. 1, S. 7, Anm. 1 u. S. 9, Anm. 2.

[17] „Nam historiae sunt res verae quae factae sunt" (Isidor, Etymologiae, I, XLIV, 5). Zu Isidors Geschichtsbild vgl. A. BORST, Das Bild der Geschichte in der Enzyklopädie Isidors von Sevilla, in: DA (1966), S. 1–62, insbes. S. 12 f.

Reimser Presbyters Flodoard geschöpft zu haben, aber er habe ganz andere Worte unter Beachtung rhetorischer Gesichtspunkte verwandt. Damit gehört Richer zu den seltenen Autoren des Mittelalters, welche die wortgetreue Übernahme geistigen Eigentums anderer Schriftsteller als problematisch empfanden.[18]

In das Persönlichkeitsbild unseres Autoren paßt auch seine Überzeugung, allen formalen Ansprüchen zu genügen. Wie sehr unterscheidet er sich damit von einem Gregor von Tours, der fürchtet, nicht einmal den Gesetzen der Grammatik zu entsprechen[19], und ein Bekenntnis zur „rusticitas" abgelegt hatte! Während aber Einhard[20] und Liutprand von Cremona[21] noch den Topos der affektierten Bescheidenheit weiterverwenden, ist das Neue bei Richer, daß er auf den alten Topos ganz verzichtet hat. Offenbar werden in jener Zeit des ausgehenden zehnten Jahrhunderts verstärkt formale Gesichtspunkte an ein Werk gestellt. Die früher häufig, bereits in der Patristik vertretene und von Sulpicius Severus bekräftigte Einstellung, daß der Inhalt ungleich wichtiger sei als die äußere Art ihrer Darstellung[22], läßt sich bei Richer nicht wiederfinden. Für ihn steht das Formale im Vordergrund. Daß diese Einstellung durchaus als typisch für die damalige Zeit angesehen werden kann, dafür bietet die parallele Entwicklung in der Hagiographie ein gutes Beispiel. So haben die beiden Bearbeiter der Vita Udalrici[23], Bischof Gebehard von Augsburg (996–999) und Abt Berno von Reichenau (1008–1048), ihre Überarbeitung vor allem auch mit ästhetisch-formalen Gründen zu rechtfertigen gesucht. So sprach Berno mit einem nicht zu überhörenden Unterton des Tadels davon, daß die Ulrichsvita zwar der geschichtlichen Wahrheit entspreche, aber in einem einfältigeren Stil als eigentlich notwendig verfaßt worden sei. Während er überschwenglich die stilistische Eleganz

---

[18] Eine ähnliche Einstellung zeigt Brief 36 der um 1050 entstandenen „Älteren Wormser Briefsammlung", in dem der Domschüler Manno den Verdacht der Kompilation zurückweist: „me (Mannonem sc.) grauculi more pennis gloriantis alienis litterarum virgulta alibi compilasse, quod si ita esset, non renuerem . . . doctorem meum . . . in nullo dictatus mei alio minus quam in hoc addendo vel mutando exarasse nec usquam alibi pro testimonio Christi confirmo furtive sublegisse." (W. Bulst, Die Ältere Wormser Briefsammlung, S. 68.

[19] „Veniam legentibus praecor, si aut in litteris aut in sillabis grammaticam artem excessero, de qua adplene non sum imbutus". Gregor von Tours, Libri Historiarum X, ed. Crusch (²1951), MGH SS rer. Merov. I. 1, S. 3.

[20] So hat Einhard sich als „in Romana locutione perparum exercitatus" bezeichnet und seine „literarische impudentia" beklagt, vgl. dessen Prolog zur Vita Karoli Magni, ed. Holder-Egger (⁶1911), MGH SS rer. Germ., S. 2.

[21] „Hae siquidem res animum, ne id inciperem, deterruere meum: copia, cuius sum paenitus expers, dicendi . . ." (Liutprand, Antapodosis, I, 1, ed. Becker (³1915), MGH SS rer. Germ., S. 4.

[22] Simon, Archiv für Diplomatik 4, S. 103.

[23] MGH SS 4, S. 377 ff. Vgl. Manitius, Geschichte d. lateinischen Literatur, Bd. 2, S. 207; vgl. auch Kapitel 8 Anm. 69. Zwar werden schon in früheren Zeiten Viten aus formalen Gründen überarbeitet, „doch hat sich erst im 10. Säculum durch die Fülle dieser stilistischen Arbeiten eine solche Übung und Gewandtheit entwickelt, daß die kommende Zeit keine Schwierigkeit mehr hatte, spärliche Nachrichten zu einem langen Lebensbericht auszumalen oder auch schlankweg ein solches Leben zu erfinden", vgl. L. Zoepf, Das Heiligen-Leben im 10. Jahrhundert (= Beiträge zur Kulturgeschichte des Mittelalters und der Renaissance 1), Leipzig–Berlin 1908, S. 12.

und Schönheit der Überarbeitung Gebehards lobte, beklagte er wortreich die darnieder-
liegende Sprache der Urfassung.

Richer verrät uns auch, wo er die Maßstäbe zu finden glaubt: so will er seine Worte
„longe diversissimo orationis scemate disposuisse".[24] Noch deutlicher wird dieser Bezug
auf die Rhetorik im letzten Abschnitt des Prologs, wo er über Stilprinzipien handelt:

> „Satisque lectori fieri arbitror si probabiliter atque dilucide breviterque omnia
> digesserim."[25]

Hier handelt es sich um die wohlbekannte, dem Mittelalter durch zahlreiche Kompen-
dien vertraute Forderung der Rhetorik nach den „virtutes narrationis".[26] Zumindest ver-
bal hat sich Richer damit als ein Anhänger der rhetorischen Geschichtsschreibung bekannt und nicht von ungefähr ist daher auch Sallust, der dem Mittelalter als typischer
Vertreter dieser Gattung galt[27], das große Vorbild Richers geworden. Versuchen wir ein
Fazit. Durch die nähere Betrachtung der von Richer aus dem Arsenal der klassischen und
mittelalterlichen Literatur ausgewählten Topoi gelang es uns, Richers Vorstellungen als
Geschichtsschreiber zu klären. Er fühlt sich als Vertreter einer formbewußten Geschichtsschreibung, die sich mehr als sein Vorgänger Flodoard den Gesetzen der Rhetorik verpflichtet sieht. Auffällig ist das vollständige Fehlen jeglicher Bescheidenheitstopoi
und das ausgesprochene Selbstbewußtsein, das sich auch dadurch äußert, daß Richer
nicht – wie so häufig im Mittelalter – seinen Namen verschweigt und auch nicht um
Nachsicht oder gar Korrektur bittet.[28] Dies und der deutlich erkennbare Stolz auf die
eigene Leistung verbindet ihn mit Autoren späterer Generationen.[29] Das Vorwort des
Richer'schen Prologs gehört denn auch im Sinne der frühen Literaturtheorie des Mittelalters, wie wir sie in den sogenannten „Accessus ad aucotores" finden können[30], ganz eindeutig dem Typ des empfehlenden Prologs, dem „Prologus commendatorius" an.[31]

---

[24] Richer, Prolog (Latouche Bd. 1, S. 4).

[25] Siehe Anm. 24.

[26] Zu den „virtutes narrationis", der Kürze (brevitas), der Klarheit (diluciditas) und der Wahrscheinlich-
keit (probabilitas) vgl. LAUSBERG, Handbuch, §§ 293–334, S. 168 ff. Die Rhetorikkompendien sind ediert
von C. HALM, Rhetores latini minores, Lipsiae 1863.

[27] Bereits der Spätantike (Augustin) galt Sallust als ein „vir dissertissimus" (De Civitate Dei VII, 3). – Einen Überblick zur Entwicklung der Sallustimitatio gibt J. SCHNEIDER, Die Vita Heinrici IV. und Sallust, Berlin (Ost) 1965, S. 34.

[28] Zum Verschweigen des eigenen Namens und der Bitte um Nachsicht oder Korrektur, die dem Be-
scheidenheitspopos zugehören, vgl. SIMON, Archiv für Diplomatik 4, S. 117 ff.

[29] Als besonders herausragendes Beispiel darf Othloh von St. Emmeram gelten (gest. um 1070). –
Spezielle Beispiele zu Historikern bei SIMON, Archiv für Diplomatik 5/6, S. 151.

[30] Zur Bedeutung der „accessus ad auctores" als Quelle literarhistorischer Erkenntnis vgl. P. KLOPSCH,
Einführung in die Dichtungslehre des lateinischen Mittelalters, Darmstadt 1980, S. 48 ff.

[31] Die Unterscheidung des Prologs in „Prologus commendatorius" und „Prologus excusatorius" findet
sich bei einem der bedeutendsten Vertreter der Accessus-Lehre, Konrad von Hirsau (um 1140), in dessen
„Dialogus super auctores" (ed. R. B. HUYGENS, Accessus ad auctores, Bernard d'Utrecht, Conrad d'Hirsau,
Leiden 1970, S. 75).

§ 2. Geschichtsverlauf und Redekunst

In seinem ersten Buch, das sich mit der Geschichte Karls des Einfältigen befaßt, läßt Richer den Reimser Erzbischof Heriveus eine Rede halten. Sie wendet sich an Heinrich von Sachsen und versucht, diesen mit Karl zu versöhnen. Der Reimser Metropolit, und damit letztlich Richer selbst, sieht als Grund der Entfremdung zwischen französischem König und deutschem Fürsten die Überredungskraft des abtrünnigen „dux" und späteren Königs Robert, dem es gelingt, Heinrich für seine Sache zu gewinnen:

> „Nam dux Rotbertus, omnia sitiens regique regnum immaniter invidens, incautum te *suasionibus* illexit. Quid enim *suasorie* digesta non efficit oratio?"[32]

Und gleichsam als Beweis seiner These, daß dem geschickten Redner nichts unmöglich sei, erreicht der Reimser Erzbischof die gewünschte Versöhnung:

> „*Persuasus* itaque per metropolitanum, Heinricus regi deducitur, multoque ambitionis honore ante admittitur, ac ambo in amicitiam federantur."[33]

Dieser Glaube an die Macht des gesprochenen Wortes hat denn auch zu zahlreichen Reden wie in wenigen anderen Geschichtswerken des früheren Mittelalters geführt. Daß dahinter zu einem guten Teil die Praxis der antiken Historiographie stand, verrät die in vielen Reden deutlich erkennbare Sallustimitation.[34] Dennoch vermag das literarische Vorbild allein nicht diese Überzeugung von der umfassenden Macht der Rede zu erklären, wie sie sich bei Richer findet. So werden fast alle entscheidenden politischen Vorgänge, die er in seinem Werk schildert, mit Reden vorbereitet, ja oft erst durch Reden ermöglicht: Mag es sich nun um eine Besetzung des Reimser Erzbistums[35], die Rückkehr Ludwigs IV. von England nach Frankreich[36], die Aussöhnung der verfeindeten Könige Lothar von Frankreich und Otto II.[37] oder um die Wahl Hugo Capets zum König der Franken[38] handeln.

Das Ziel jeder Rede ist dann erreicht, wenn die „persuasio" eingetreten ist. So wählen die Reimser Bürger, „ab rege suasi"[39], den Reimser Mönch Artold zum Erzbischof. Nicht einfach nur Gesandte, sondern bezeichnenderweise „legatos oratores" schickt Hugo der Große nach England, „qui ei (Ludovico Transmarino sc.) a duce aliisque principibus redditum *suadeant.*"[40] Die Aussöhnungsversuche zwischen Hugo Capet und König Lothar führen zu einem guten Ergebnis: „nam et eis (Hugoni et Lothario sc.) efficacissime *persuasum* est.[41]

---

[32] Richer I, 23 (Latouche Bd. 1, S. 58).
[33] Richer I, 24 (Latouche Bd. 1, S. 60).
[34] Die einschlägigen Sallustimitationen bei F. VOGEL, *in*: Acta Seminarii philologici Erlangensis 2 (1881), S. 418 ff.
[35] Richer I, 60 (Latouche Bd. 1, S. 114).
[36] Richer II, 2 f. (Latouche Bd. 1, S. 124 ff.).
[37] Richer III, 78 (Latouche Bd. 2, S. 96 ff.).
[38] Richer IV, 1 (Latouche Bd. 2, S. 158).
[39] Latouche Bd. 1, S. 116.
[40] Latouche Bd. 1, S. 126.
[41] Latouche Bd. 2, S. 114.

Mit diesen, von ihm nahezu stereotyp gebrauchten Begriffen der „suasio", der „persuasio", der „suasoria", der „oratio suasorie habita", des „suadere", und „persuadere" gibt uns Richer selbst einen Hinweis auf die sein Werk tief beeinflussende antike Rhetorik. Nicht nur wird der Begriff der „(per)suasio" durch seinen Bezug auf die Redekunst deutlicher. So hatte Cicero in seiner dem Mittelalter als Lehrbuch dienenden und sicherlich auch Richer bekannten Jugendschrift „De inventione"[42] als die Aufgabe der Redekunst das „dicere apposite ad persuasionem" bezeichnet.[43] Jetzt wird auch verständlich, warum Richer seine großen Reden mit entscheidenen Höhepunkten seiner Geschichtsdarstellung verknüpft und der Rhetorik einen bedeutenden Platz für die politische Praxis zuerkannt hatte. Denn bereits der Antike galt die Rhetorik als ein Teil der „Staatswissenschaft" (civilis scientia), deren Bedeutung für den tatsächlichen Verlauf der Geschichte hervorgehoben wurde:

> „Cum autem res ab nostra memoria propter vetustatem remotas ex litterarum monumentis repetere instituo, multas urbes constitutas, plurima bella restincta, firmissimas societates, sanctissimas amicitias intellego cum animi ratione tum facilius *eloquentia* comparatas."[44]

Diese starke Einschätzung von der Macht der Rede, wie wir sie vor allem bei Cicero im Altertum und dann später im Mittelalter beispielhaft bei Richer finden, mag sich unter anderem dadurch erklären, daß beide Zeitalter in starkem Maße auf die „Wortkunst gegründete Kulturepochen" gewesen sind.[45] Zwar fehlte im Mittelalter die den antiken Rhetorik zugrunde liegende Redepraxis in der Volksversammlung und im Senat, doch boten Synodalverhandlungen, Legationen, Disputationen, Predigten, Beratungen, Ansprachen, der hohe Grad von Mündlichkeit zumal im früheren Mittelalter, reiche Gelegenheit, die theoretischen Rezepte der Alten auch praktisch zu erproben.

Die Rhetorik lediglich als ein überkommenes Lehrfach im System der „septem artes liberales" ohne Bezug zum praktisch-politischen Leben zu begreifen, hieße, ihre Bedeutung beträchtlich zu unterschätzen. Gerbert von Reims, der Lehrer Richers, hat einmal selber ausgesprochen, wie sehr das „studium bene dicendi" für den im Staate tätigen Politiker von Nutzen sein kann:

> „Cumque ratio morum dicendique ratio a philosophia non separentur, cum studium bene vivendi semper coniuncxi studium bene dicendi, quamvis solum bene vivere praestantius sit eo, quod est bene dicere, curisque regiminis absoluto, alter-

---

[42] Zur Bedeutung von Ciceros „De inventione" für das Mittelalter vgl. J. J. Murphy, Rhetoric in the Middle Ages, Berkeley 1974, S. 10 (Rezension von Murphy, *in*: DA 33 (1977), S. 701). – Daß „De inventione" bei den von Richer erwähnten Büchern fehlt, die Gerbert von Reims in seinem Unterricht benutzte (III, 46–47, Latouche Bd. 2, S. 54–56), ist kein Argument gegen die Kenntnis dieser Schrift Ciceros, da auch der von Richer nachweislich benutzte Sallust nicht in dieser Aufzählung figuriert.

[43] De inventione 1, 5, 6.

[44] De inventione 1, 1, 1.

[45] So die glückliche Charakterisierung der Antike als einer auf die „Wortkunst gegründeten Kulturepoche" von H. Rahn im Nachwort zu seiner von ihm besorgten Herausgabe und Übersetzung von M. F. Quintilian, Die Ausbildung des Redners (= Texte zur Forschung Bd. 2 und 3), Darmstadt 1975, Bd. 2, S. 806, Anm. 4.

um satis sit sine altero. At *nobis in re publica occupatis utraque necessaria*. Nam et apposite dicere ad persuadendum et animos furentium suavi oratione ab impetu retinere summa utilitas. Cui rei praeparandę bibliothecam assidue comparo."[46]
Zugleich hat Gerbert die beiden wichtigsten Bereiche der Redekunst genannt. Zum einen das der Beratung dienende „genus deliberativum" mit dem Ziel der „Überredung" („opposite dicere ad persuasionem") und zum anderen das „genus iudiciale", wo es galt, sich vor Gericht, im Prozeß, auf dem Konzil der Angriffe zu erwehren („animos furentium ab impetu retinere"). Vor allem das letztere ist dann für Gerbert in seiner Zeit als Reimser Erzbischof, in der er sich gegen seine Gegner zur Wehr setzen mußte, äußerst wichtig geworden.[47]

§ 3. „Conquestio" und „deliberatio"

Es hieße, den rhetorischen Charakter der Richer'schen Geschichtsschreibung zu unterschätzen, wollte man – wie bisher in der Forschung üblich – allein auf die große Anzahl der Reden bei Richer und ihre jeweils dramaturgisch geschickte Plazierung an Höhepunkten der Erzählung und auf die in den Reden vielfach nachweisbare Sallustimitation verweisen.[48] Die Rhetorik hat vielmehr Form und Inhalt einzelner Reden unmittelbar beeinflußt, wie gleich die erste Rede, die uns Richer überhaupt überliefert hat, deutlich macht.[49]

Es handelt sich um die Geschichte eines uns sonst nicht näher bekannten „mediocris" Namens Ingo.[50] Dieser hatte einen Normannenfürsten, der gefangen worden war und sich zur Annahme des Christentums bereit erklärt hatte, während des vom König selbst vollzogenen Taufritus getötet. Schon hatte der König, der über diese Tat sehr erzürnt war, die Hinrichtung seines Vasallen befohlen, da bot sich Ingo die Chance, das Blatt noch einmal zu seinen Gunsten zu wenden. Denn der König hatte ihm seine Bitte gewährt, sich rechtfertigen zu dürfen. Diese „oratio Ingonis pro se apud regem et principes suasorie habita"[51] ist von Richer selber als „conquestio" bezeichnet worden.[52] Mögen nun auch die äußeren Umstände der Legende entnommen sein – dies die Vermutung des

---

[46] ep. 44 (WEIGLE, S. 73).

[47] „Estque tolerabilior armorum colluctatio quam legum disceptatio. Et quamvis emulis meis *dicendi arte* legumque prolixa interpretatione, quantum mea interest, satisfecerim, . . ." (ep. 194, WEIGLE, S. 236).

[48] Trotz des von der Forschung häufig betonten rhetorischen Charakters des Richer'schen Werkes fehlt eine genauere Untersuchung darüber. Die Abhandlung von R. LATOUCHE, Un imitateur de Salluste au Xe siècle, l'historien Richer, *in*: Annales de l'Université de Grenoble, Bd. 6, 3, 1929, Nachdruck, *in*: ders., Etudes médiévales, Paris 1966, S. 69–81, bringt keine neuen Gesichtspunkte und begeht den Fehler, den Wert Richer'scher Geschichtsschreibung an modernen Maßstäben messen zu wollen.

[49] Latouche Bd. 1, S. 24–30.

[50] Zur Person Ingos vgl. Latouche Bd. 1, S. 24, Anm. 1.

[51] Richer I, 11 (Latouche Bd. 1, S. 26).

[52] „Qua *conquestione* alios ad benevolentiam traxit, alios vero ad lacrimas impulit" (Latouche, Bd. 1, S. 28).

Richer-Editors Latouche[53] –, so stammen Form und Substanz der Rede unmittelbar aus den Anweisungen der Rhetorikbücher für die „Klage". Denn die „conquestio" ist ein Terminus technicus der Rhetorik und bezeichnet den Teil einer Rede, der das Mitleid der Zuhörerschaft gewinnen soll.[54] In diesem Fall wird von Richer der immer wieder variierte, namentlich für diese „conquestio" sich anbietende Grundgedanke der „comparatio"[55] verwendet: das Unrecht als solches (Tötung des Normannen) wird von Ingo nicht bestritten, aber durch das Mittel des Vergleichs entscheidend relativiert: der Nutzen für die Allgemeinheit ist größer als der entstandene Schaden aus der Verletzung eines Rechtsguts (Opposition gegen den König). Denn der Normannenfürst hatte nach Richers Meinung nur aus Furcht („metus causa") um die Taufe gebeten und hätte sich, nach wiedererlangter Freiheit, in sehr grausamer Weise für diese Schmach gerächt.[56] Eher den Charakter einer rhetorischen Schulübung denn die Übernahme von Legendenstoff verraten auch die von Ingo angeführten Wunden, die er im Kampf für den König erlitten haben und als Zeichen seiner Treue zum König verstanden wissen will.[57] Den übermäßigen Gebrauch dieser von der rhetorischen Theorie als „signa" bezeichneten und empfohlenen Technik[58] hatte bereits der römische Satiriker Petronius in seinem „Satyricon" als Zeugnis übersteigerter Deklamationslust der Rhetoren bezeichnet und ihr jede Überzeugungskraft abgesprochen.[59]

Der Schwäche der „argumentatio" steht aber die Stärke der „elocutio", der sprachlichen Gestaltung der Rede, gegenüber. Als besonders wirksam erweisen sich Wiederholungen und die persönliche Wendung des Redners an die Zuhörer.[60] Abgeschlossen wird

---

[53] Vgl. Anm. 50.

[54] „Conquestio est oratio auditorum misericordiam captans" (Cicero, De inventione 1, 55, 106).

[55] Zur Bedeutung der „comparatio" als ein wichtiges Mittel der Argumentationstechnik vgl. Lausberg, Handbuch, § 181 f., S. 100.

[56] „Tirannum captum metus causa baptismum petiisse adverti; eumque postquam dimitteretur, pluribus injuriis vicem redditurum suorumque stragem gravissime ulturum. In quem, quia futurae cladis causa visus est, ferrum converti" (Latouche Bd. 1, S. 28).

[57] „Ecce capitis et pectoris laterisque recentia vulnera. Patent praecedentium temporum cicatrices, dispersique per reliqua corporis membra livores." (Latouche, Bd. 1, S. 28).

[58] Vgl. Lausberg, Handbuch, § 358 ff., S. 195 ff.

[59] „Num alio genere furiarum declamatores inquietantur, qui clamant: ,haec vulnera pro libertate publica excepi; hunc oculum pro vobis impendi: date mihi ducem, qui me ducat ad liberos meos, nam succisi poplites membra non sustinent'; haec ipsa tolerabilia essent si ad eloquentiam ituris viam facerent. Nunc et rerum tumore et sententiarum vanissimo strepitu hoc tantum proficiunt, ut cum in forum venerint, putent se in alium orbem terrarum delatos. Et ideo ego adulescentulos existimo in scholis stultissimos fieri, quia nihil ex his, quae in usu habemus, aut audiunt, aut vident, . . ." (Satyricon 1, 1–3).

[60] Wiederholungen: „. . . nihil mihi fuisse carius *vestra salute. Vester* amor ad hoc me impulit; ob *vestram salutem* in has me miserias praecipitavi." (Latouche, Bd. 1, S. 26). – Wiederholungen, verbunden mit der Wendung an den Zuhörer und in ihrer Wirkung durch die Gleichheit des Satzbaus (Isokolon) unterstützt: „*Cogitet* jam *quisque, an pro* hujusmodi mercede ei militandum sit et *an pro* fide servata tali habendus sit retributione" (Latouche Bd. 1, S. 26).

das Ganze sehr wirkungsvoll durch eine Sentenz, deren Gebrauch für die Rede allgemein und die „conquestio" im besonderen empfohlen war[61] und deren Formulierung Richer den „Disticha Catonis" entlehnt hatte.[62]

Die Vermutung, daß nur die Reden seines Werkes rhetorisch gefärbt seien, für die Richer auf den knappen Bericht seines Vorgängers Flodoard oder gar auf heute nicht mehr feststellbare Legenden angewiesen war, läßt sich nicht aufrechterhalten. Vielmehr verrät auch die „conquestio" des um seine Thronansprüche kämpfenden Karl von Niederlothringen (um 989)[63], also einer Zeit, für die wir bereits die Zeitgenossenschaft Richers annehmen dürfen[64], deutlichen Einfluß der Rhetorik. Daß auch dieses Mal wieder Tränen fließen[65] – bereits bei Ingos Rede war ein Teil der Zuhörerschaft in Tränen ausgebrochen[66] –, darf nicht überraschen, da in den Rhetoriklehrbüchern die „conquestio" schon vor jeher mit Tränen verbunden war.[67] Freilich trocknet nichts schneller als Tränen, wie bereits Cicero wußte[68], und deshalb galt es, sich kurz zu fassen. Die „conquestio" Karls umfaßt nur wenige Zeilen und stützt sich auf einen einzigen, immer wieder variierten Gemeinplatz, der bereits von den antiken Autoren als besonders wirksam für die Klagerede empfohlen wurde. Um das Mitleid der Zuhörer zu gewinnen, sollte man nicht das eigene, sondern das Leid der nächsten Angehörigen, insbesondere der eigenen Kinder wortreich beklagen.[69] Und so beweint auch Karl seine „parvulos", die er, ohne Tränen in den Augen zu haben, gar nicht mehr anschauen kann. Bereits im zartesten Alter („aetate tenerrima") müssen sie Feindschaft erfahren. So ist er denn ein vom Schicksal recht geschlagener Vater, der für seine Kinder eher der Urheber künftigen Leidens denn künftiger Macht und Ehre ist.[70]

---

[61] Zur Bedeutung des Begriffes „sententia" und seiner Aufgabe in der Gerichtsrede vgl. Seneca Maior: „Quae (sententiae sc.) nihil habent cum ipsa controversia („Rechtsfall") implicitum, sed satis apte et alio transferuntur, tanquam quae de fortuna, de crudelitate, de saeculo, de divitiis dicuntur; hoc genus sententiarum supellectilem vocabat (orator Porcio sc.)" (Controversiae I, prologus 23).

[62] Richers Sentenz: „Quorum assiduis doloribus confectus, nihil post tota mala nisi *mortem, malorum finem* exspecto" (Latouche Bd. 1, S. 28) erinnert an das folgende Distichon Catonis: „Fac tibi proponas *mortem* non esse timendam quae bona si non est, *finis* tamen illa *malorum* est." (Disticha Catonis III, 22, ed. M. Boas, Amsterdam 1952, S. 182).

[63] Richer IV, 14 (Latouche Bd. 2, S. 166–168).

[64] Vgl. Kapitel 2: Zur Biographie von Richer.

[65] „Qui (Karolus sc.) lacrimis suffusus" (Richer IV, 14, Latouche Bd. 2, S. 166).

[66] Vgl. Anm. 50.

[67] Vgl. die folgende Anm. 68.

[68] „Quemadmodum dixit rhetor Apollonius ‚lacrima nihil citius arescit.'" (De inventione 1, 56, 109).

[69] „Misericordia commovebitur auditoribus . . . si quid nostris parentibus, liberis, ceteris necessariis casurum sit propter nostras calamitates aperiemus, et simul ostendemus illorum nos sollicitudine et miseria, non nostris incommodis dolere" (Auctor ad Herennium 2, 31, 50).

[70] „Unde nec sine lacrimis parvulos meos aspicere valeo, infelicis germina patris. Quibus potius auctor sum futuri doloris quam honoris" (Latouche, Bd. 2, S. 166).

Neben der „conquestio", die zum „genus iudiciale" gehört, ist auch das „genus deliberativum" bei Richer vertreten. Zwar galt das Hauptinteresse der rhetorischen Fachschriftsteller von jeher der Gerichtsrede, dennoch ist auch die beratende Rede in freilich geringerem Maße von ihnen behandelt worden. Einig war man sich darin, daß in der „utilitas" das Ziel der beratenden Rede liegen müsse.[71] Auch Richer hat sich dieser Meinung angeschlossen, und so finden wir bei seinen Reden, die dem „genus deliberativum" zuzuordnen sind und von ihm meist auch selber als solche durch das Verbum „deliberare" gekennzeichnet sind, immer wieder die Betonung der „utilitas"[72], mitunter in Verbindung mit dem Begriff des „honestum"[73], der den spezifisch Ciceronianischen Einfluß erkennen läßt.[74]

Was wir bereits beim „genus iudiciale" für die „conquestio" feststellen konnten, daß nämlich Inhalt und Form der Rede durch die Rezepte der Rhetoriken unmittelbar beeinflußt wurden, läßt sich auch bei der beratenden Rede nachweisen, besonders eindringlich bei der „oratio Radulfi regis ad cives Remenses pro se suasoria".[75] Vom Gang der Ereignisse her betrachtet, war diese Rede ohnehin äußerst unwahrscheinlich. Denn König Rudolf hatte Reims erst drei Wochen lang belagern müssen, ehe ihm die Bewohner, von der Belagerung erschöpft, die Tore öffneten.[76] Damit war aber einer an und für sich denkbaren Rede des Königs, die dazu dienen sollte, die Stadt für sich und einen neuen, vom König gestützten Erzbischof zu gewinnen, jede Grundlage entzogen. Reims befand sich auf Gnade und Ungnade in der Hand des Königs. Dessen ungeachtet fingiert Richer eine Rede, die ihm die Möglichkeit gibt, mit seiner rhetorischen Darstellungskunst zu brillieren. Als Grundvoraussetzung jeder erfolgreichen Rede galt es, das Wohlwollen des Richters, respektive des Publikums zu gewinnen. Dafür hielten die Rhetoriker sogenannte „Suchformeln" (H. LAUSBERG) bereit. Als einfachstes Mittel bot sich der „locus ab adversariorum persona" an, der darauf abzielte, seinen Gegner durch Appell an die emotionalen Instinkte des Publikums herabzusetzen.[77] So soll von den antiken Autoren gefor-

---

[71] LAUSBERG, Handbuch, § 124 f., S. 123.

[72] (Genus deliberativum:) III, 78: „A consultantibus tandem *deliberatum* est, Ottonem in amiciciam regis vocandum, eo quod ipse vir virtutis . . . et aliarum gentium tiranni subiugari *utiliter* valerent" (Latouche Bd. 2, S. 96); III, 81: „sicut moris ei (Hugoni sc.) erat consulto omnia *deliberare*" (Latouche Bd. 2, S. 102); III, 82: „non praeter fructum *utilis* et honesti consilium a doctis expetitur (Latouche Bd. 2, S. 102); IV, 8: „. . . et omnes (principes sc.) in unum confluant, et uniuscujusque ratio eliminata et in medium prolata suam *utilitatem* accommodet" (Latouche Bd. 2, S. 154); IV, 11: „. . . querendum multa *deliberatione* fuit . . . Ne ergo Karoli amor quemque illiciat, nec odium ducis ab *utilitate* communi quemlibet amoveat" (Latouche Bd. 2, S. 158 u. 162).

[73] Vgl. III, 82: „non praeter fructum *utilis et honesti*" (Latouche Bd. 2, S. 102).

[74] Es war Cicero gewesen, der in „De inventione" in bewußter Abkehr von Aristoteles neben das „utile" auch das „honestum" als Ziel der beratenden Rede gestellt hat. – Das Richer'sche Zitat (III, 82) läßt den Einfluß Ciceros noch erkennen (De inventione 2, 52, 157: „. . . sed propter *fructum* atque *utilitatem*", vgl. auch De inventione 2, 55, 166).

[75] Richer I, 60 (Latouche Bd. 1, S. 114).

[76] „Qui (urbani sc.) multa expugnatione vexati, tercia tandem ebdomada portas victi et supplices aperuere" (Latouche Bd. 1, S. 114).

[77] LAUSBERG, Handbuch, § 276, S. 158.

derte Haß der Zuhörer bei Richer dadurch erzeugt werden, daß der Gegner König Rudolfs, Heribert II. von Vermandois, zum „sevissimo exactore" gestempelt wird, der „täglich" nicht nur Krongut („publica bona"), sondern auch privaten Besitz („privata bona") bedrohe. Allenfalls Verachtung verdiene der Sohn Heriberts, Hugo, der als „infantulus" für die Reimser Kirche ungeeignet sei.[78] Eventuell auftauchenden Skrupeln der Reimser Bevölkerung, die dem jungen Hugo und designierten Erzbischof bereits den Fidelitätseid geschworen hatte, begegnet der König durch den Verweis auf die Notlage („necessitas"), die ein anderes Handeln der Reimser Bevölkerung unmöglich mache[79], auch dies eine von den einschlägigen Handbüchern ausführlich behandelte Situation, in der man gegen seinen Willen durch äußeren Zwang zur Ausführung der Tat veranlaßt wird.[80] Um das Wohlwollen seiner Zuhörer endgültig zu gewinnen, schreckt der König auch nicht vor dem äußersten Akt einer „confessio criminis" zurück:

„Nec vos (cives Remenses sc.) fateor tantum quantum in hoc negotio oberravi."[81]

Dieses in der Rhetorik als „deprecatio"[82] bezeichnete Schuldeingeständnis galt als der „schwächste Grad der Verteidigung, da in ihr sowohl die Unrechtmäßigkeit der Tat als auch die unrechte Absicht des Täters zugegeben wird."[83] So blieb häufig als einziges Mittel das Bekenntnis der Reue übrig, um den Richter milde zu stimmen, ein Mittel, auf das auch König Rudolf nicht verzichten mag:

„Itaque fecisse me paenitet."[84]

Ein Verhalten, das angesichts der oben geschilderten Umstände, Reims in der Hand des Königs, und dessen, was wir über die Selbstdarstellung des königlichen Amtes durch den Monarchen in jener Zeit wissen[85], äußerst unglaubwürdig wirken muß und einmal mehr den Geist rhetorischer Stilübung verrät. Abgeschlossen wird die königliche Rede durch ein „argumentum ab effectis"[86] („Considerate etiam, quanto secundarum rerum successu

---

[78] „Et non solum publica exterius, at hic privata bona intrinsecus a sevissimo exactore Heriberto cotidie imminuuntur. Unde et vobis consulendum arbitror ut pastorem vobis commodum conibentia communi eligatis, cum ille tiranni filius adhuc infantulus vobis idoneus non sit . . ." (Latouche Bd. 1, S. 114).

[79] „Nec dedecoris quicquam in vos redundabit, cum militari violentia victos et captos alia sequi *necessitas* vos adurgeat" (Latouche, Bd. 1, S. 114).

[80] Cicero: „Necessitudo autem infertur, cum vi quadam reus id, quod fecerit, fecisse defenditur." (De inventione 2, 32, 98).

[81] Latouche, Bd. 1, S. 114.

[82] LAUSBERG, Handbuch, § 192, S. 104 f.

[83] Vgl. Anm. 82.

[84] Latouche Bd. 1, S. 114.

[85] Die Steigerung des Herrschermythos, wie er uns im Licht der „Staatssymbolik" entgegentritt, untersuchte P. E. SCHRAMM, Der König von Frankreich, 2 Bde., Weimar 1939, Nachdruck mit Ergänzungen Darmstadt 1960, sowie in zahlreichen weiteren Untersuchungen, gesammelt *in*: ders., Kaiser, Könige und Päpste, Gesammelte Aufsätze zur Geschichte des Mittelalters, Bd. 2, 3. Abschnitt: Die Krönung im 9. und 10. Jahrhundert, Stuttgart 1968, S. 140 ff.; sowie ders., Kaiser, Könige und Päpste, Bd. 4, 1, Zur Geschichte einzelner Länder, Frankreich, S. 284 ff.

[86] Zu Begriff und Bedeutung des „argumentum ab effectis" vgl. LAUSBERG, Handbuch, § 381, S. 210.

provehi possitis, si bono pastore regamini"), dessen grundsätzlich „futurischer Gehalt"
(H. LAUSBERG) von Richer durch geschickte, antithetische Kontrastierung mit der Vergangenheit („Reducite in mentem quanta vos calamitas affecerit") gestärkt wird.

§ 4. Rhetorica ecclesiastica

Im Anschluß an seine Berichterstattung über die Synode von St-Basle-de-Verzy
(17.–21. Juni 991) verweist Richer den Teil seiner Leserschaft an den Konzilsbericht
Gerberts von Reims, der Genaueres wissen will über die auf dem Konzil zitierten und
dort bekräftigten Canones, über die Benachrichtigung des Papstes und über die einzelnen
Gründe, welche die Absetzung Arnulfs von Reims stützten:

> „. . . legat librum domni et incomparabilis viri Gerberti, hujus Arnulfi in episcopa-
> tu successoris, qui omnia haec digesta continens mira eloquentiae suavitate tulliano
> eloquio comparatur."[87]

Damit ist das entscheidende Stichwort „Cicero" gefallen. Und es ist für Richer und seine
Vorliebe für die Rhetorik bezeichnend wie es andererseits für das Mittelalter typisch ist,
daß man mit Cicero vor allem den Rhetoriker meinte und nicht, wie im modernen Verständnis häufig, den Philosophen oder Staatsmann.[88] Richer sieht die Berechtigung seines Vergleiches zwischen dem antiken Autor und dem mittelalterlichen Scholaster darin
begründet, daß der Konzilsbericht von Gerbert voller Rhetorik stecke:

> „Objectionibus, namque et responsionibus, conquestionibus atque orationibus, in-
> vectivis conjecturisque et diffinitionibus (liber Gerberti sc.) repletus, luculentissime
> ac rationabiliter proponit, assumit atque concludit."[89]

Daraus zieht Richer die Folgerung: „Qui (liber sc.) non solum sinodalibus causis, sed status rhetoricae cognoscentibus utillimus habetur."[90]

Ein Schluß, der überraschen muß, war man doch bisher daran gewohnt, die Gerbert'-
schen Aufzeichnungen als das zu nehmen, was sie durch ihre Überschrift zu sein schienen:
Konzilsakten[91] und keinesfalls ein (Lehr-)Buch der rhetorischen Status-Lehre für Anfän-
ger („Liber . . . cognoscentibus utillimus habetur."). Aber schon eine genaue Lektüre des
Vorworts von Gerbert hätte zeigen können, daß es ihm nicht nur, wie bei seiner Persönlichkeit auch nicht anders zu erwarten[92], um eine aktenmäßige Erfassung des Konzilsge-

---

[87] Richer IV, 73 (Latouche Bd. 2, S. 264–266).

[88] Dies zeigt die Textgeschichte von Ciceros Werken, allgemein dazu K. BÜCHNER, Überlieferungsgeschichte der lateinischen Literatur des Altertums, *in*: H. HUNGER und andere, Geschichte der Textüberlieferung der antiken und mittelalterlichen Literatur, Bd. 1, Zürich 1961, S. 381–384.

[89] Richer IV, 73 (Latouche Bd. 2, S. 266).

[90] Vgl. Anm. 87.

[91] „*Acta* concilii Remensis ad sanctum Basolum", MGH SS 3, S. 658 ff.

[92] Daß Gerbert als „Humanist" verstanden werden muß, fordern J. LEFLON, Gerbert, Humanisme et
Chrétienté au Xᶜ siècle, Abbaye St. Wandrille 1946 und A. FLICHE, Un Précurseur le moine Gerbert, quelques aspects de l'humanisme médiéval, Paris 1943. – Die Klassizität seines Stils betonen E. AUERBACH, Li-

schehens ging, sondern daß er ausdrücklich literarische Ansprüche an sein Buch stellte, es als ein Stück Literatur ansah und sich auch den Gesetzen der Rhetorik unterwarf.[93]

Dennoch ist nicht ohne tieferen Grund von Richer gerade die Rhetorik und speziell die rhetorische Status-Lehre in einen besonderen Zusammenhang mit Rechtsfällen gerückt worden, die auf Synoden behandelt werden („causis sinodalibus"). Man hat darauf hingewiesen, in welch enger und mitunter auch antagonistischer Beziehung Rechtswissenschaft und Rhetorik bereits in römischer Zeit zueinander standen.[94] Diese Bindung hat sich im früheren Mittelalter eher verstärkt[95], bot die Rhetorik als Lehrfach im System der „septem artes liberales" doch die Chance, juristisches Wissen wenigstens partiell zu bewahren und, was genau so wichtig erscheint, juristisches Denken zu schulen.[96] Daß die Bedeutung der Rhetorik dabei nicht auf weltliches Recht beschränkt blieb, konnte

---

teratursprache und Publikum in der lateinischen Spätantike, Bern 1958, S. 124 ff. und WEIGLE, Die Briefsammlung Gerberts, S. 7.

[93] So will Gerbert, wie er im Prolog seiner Konzilsakten bekennt, sich kurz zu fassen: „. . . summarum quidem genera causarum . . . exposita breviter attingam" (MGH SS 3, S. 658) – also die übliche Orientierung am Stilideal der „brevitas", das uns bereits bei Richer (siehe Anm. 26) begegnet war. Es fehlt auch nicht der Bescheidenheitstopos: die Bitte um Nachsicht bei Fehlern: „Peto autem ab huius sacri conventus prelatis, si quid minus grave vel parum comptum expressero, non suae iniuriae sed meae ascribi ignorantiae" (ebd.). Die rhetorischen Ausschmückungen („amplificationes, digressiones") der auf dem Konzil gehaltenen Reden will er zurückdrängen: „ne odio quarundam personarum potissimumque Arnulfi proditoris moveri videar, quasi ex eius legitima depositione Remense episcopium legitime sortitus videri appetam" (S. 658). Eine bewußte literarische Stilisierung wird von Gerbert nicht nur zugegeben, sondern gefordert, wenn er meint, man müsse dafür sorgen, daß bei den Äußerungen der Konzilsteilnehmer Pathos und rednerische Würde rhetorischer Art entsprechend gestaltet werden: „. . . in quibusdam autem sententiarum gravitas et eloquii dignitas dicendi genere conformentur" (ebd.).

[94] J. STROUX, Römische Rechtswissenschaft und Rhetorik, Potsdam 1949.

[95] Über den Zusammenhang zwischen Rhetorik und Jurisprudenz im Mittelalter vgl. H. ZIMMERMANN, Römische und kanonistische Rechtskenntnis und Rechtsschulung im frühen Mittelalter, in: SSCI Bd. 19, Spoleto 1972, S. 780 ff.

[96] Einen Einblick in den Themenbereich, der vom klösterlichen Rechtsunterricht zur Zeit Gerberts und Richers behandelt wurde, gewährt eine Stelle aus den um 1000 entstandenen Boethius-Interpretationen Notkers von St. Gallen. Sie macht deutlich, daß man im Mittelalter sehr wohl in der Lage war, die antike rhetorisch-juristische Literatur zur Lösung strittiger Probleme der täglichen Rechtspraxis einzusetzen. So ermöglichte erst der unter anderen auch von Cicero ausführlich behandelte ‚Status legalis' (über ihn vgl. Anm. 102) die juristische Analyse eines Streitfalles, dessen Entscheidung allein nach dem Wortlaut des germanischen Stammesrechtes („secundum legem Alamannorum") zu einem wenig befriedigenden Ergebnis geführt hätte; vgl. zu diesem Fall K. KROESCHELL, Deutsche Rechtsgeschichte 1 (= rororo Studium: Rechtswissenschaften Bd. 8), Reinbek 1972, Nr. 23, S. 102–103. – In diesem Zusammenhang sei auch noch an die von Petrarca erzählte Anekdote erinnert, wie sein Vater alle Werke Ciceros und einiger anderer verbrannte, da er, Petrarca, nicht genügend in der Jurisprudenz fortschritt: „Ich weinte bei diesem Anblick, als wenn ich selbst in jenen Flammen brennen sollte. Als mein Vater diesem meinen Schmerz sah, nahm er plötzlich zwei Bücher aus dem Feuer, das sie beinahe schon ergriffen hatte – es war Vergil und die *Rhetorik Ciceros* –, reichte sie mir lächelnd und sagte, möge dir der eine ein Labsal der Seele sein, zu dem man nicht allzuoft seine Zuflucht nehmen sollte, der andere aber ein *Hilfsmittel* zur *Erlernung* des *Rechts*" (zitiert nach T. ZIELINSKI, Cicero im Wandel der Jahrhunderte, Darmstadt ⁵1967, S. 139).

A. Lang am Beispiel des kanonistischen Prozeßrechtes im 12. Jahrhundert nachweisen.[97] Auch die von Gerbert und Richer überlieferten Konzilsberichte zeigen, wie stark die einzelne Synode von der Rhetorik geprägt wurde. Die Mündlichkeit des Verfahrens bot dem rhetorisch begabten Kirchenmann die Chance, als Ankläger oder Verteidiger auftreten zu können. So wurde nach dem Zeugnis des Reimer Scholasters Bischof Arnulf von Orléans seiner Klugheit und Redekraft wegen zum „custos ordinum ac omnium gerendorum interpres" bestimmt[98] – Tugenden, die man auch den sehr eifrigen Verteidigern („acerrimi defensores") des angeklagten Erzbischofs Arnulf von Reims nachsagte.[99] Rhetorisches Geschick galt es namentlich in den verschiedenen, von der jeweiligen Prozeßsituation geforderten Redearten zu beweisen.[100]

Dies alles würde aber nicht ausreichen, um von einer „rhetorica ecclesiastica" sprechen zu können. Entscheidend ist vielmehr, daß der Einfluß der Rhetorik auch in die Auslegung des kirchlichen Gesetzes eindringt. Es kann hier nicht der Ort sein, eine ausführliche Darstellung der Status-Lehre zu geben[101], vielmehr sollen an dieser Stelle nur einige kurze Hinweise genügen, soweit sie zum besseren Verständnis unumgänglich sind. Innerhalb der Status-Lehre ist namentlich der „status legalis" für die Gesetzesinterpretation wichtig geworden. Wie bereits sein Name andeutet, handelt es sich um den Fall, in dem das Gesetz und seine Auslegung zwischen den Parteien umstritten war. Hinsichtlich der verschiedenen, im Prozeß vertretenen Parteien unterschied man zwischen der „scriptum"-Partei, den Verfechtern einer engen, wörtlichen Gesetzesauslegung („interpretatio ex scripto"), und der „voluntas"-Partei, die sich auf den im Gesetzestext nicht unmittelbar zum Ausdruck kommenden Willen des Gesetzgebers berief („interpretatio ex voluntate").[102] Beiden Prozeßparteien gab die Status-Lehre breit ausgearbeitete Argumentationsschemata an die Hand, die den jeweiligen Standpunkt stützen sollten, und wie das Zeugnis Ciceros lehrt, auch in der Rechtspraxis verwendet wurden.[103]

---

[97] A. Lang, Rhetorische Einflüsse auf die Einflüsse auf die Behandlung des Prozesses in der Kanonistik des 12. Jahrhunderts, in: Festschrift E. Eichmann, hg. v. M. Grabmann u. K. Hofmann, Paderborn 1940, S. 69–80.

[98] Gerbert, Acta conc. Rem., MGH SS 3, S. 660; auch Richer (IV, 52) berichtet: „Ordinandi vero facultas ac magisterium interpretandi Arnulfo . . . credita est, eo quod ipse inter Galliarum episcopos eloquii virtute et efficatia dicendi florebat" (Latouche Bd. 2, S. 234).

[99] „Sed aderant acerrimi defensores, scientia et eloquentia insignes, . . ." (Gerbert, Acta conc. Rem., MGH SS 3, S. 666).

[100] Zu den verschiedenen Redearten vgl. die Aufzählung von Richer (Anm. 89).

[101] Eine knappe, aber sehr übersichtliche Darstellung der Status-Lehre bietet Stroux, Römische Rechtswissenschaft, S. 32 ff. Ausführlich informiert Lausberg, Handbuch, §§ 139–254, S. 85–122.

[102] Hinsichtlich der Art der Konfliktsituation unterschied die rhetorische Theorie die folgenden Fälle: 1) der Gesetzestext ist mehrdeutig und entzieht sich einer einzigen Interpretation („ambiguitas"); 2) der Gesetzestext ist unvollständig und bedarf einer sinngemäßen Ergänzung („syllogismus, ratiocinatio"); 3) Gesetzestext und Wille des Gesetzgebers stimmen nicht überein („scriptum et voluntas"); 4) zwei oder mehr Gesetze widersprechen einander („leges contrariae").

[103] Beispiele bei Stroux, Römische Rechtswissenschaft, S. 42 ff.

War nun spätestens mit dem Untergang der Antike auch die forensische Tätigkeit eines Rhetors undenkbar geworden, so bot doch das frühmittelalterliche Kirchenrecht und seine praktische Anwendung auf Synode und Konzil eine neuerliche Einflußmöglichkeit für die Rhetorik.[104] Wie bereits in römischer Zeit wurde dieser Prozeß entscheidend durch die mangelnde Systematik und die damit verbundene Unübersichtlichkeit des Rechtsgebietes gefördert.[105] Dieser Mängel wurde man sich besonders dann bewußt, wenn es darum ging, einzelne Rechtssätze unter übergeordneten thematischen Gesichtspunken zu vereinen. So hat denn Abbo von Fleury, der Zeitgenosse und Antipode Gerberts, bezeichnenderweise in seiner um die Jahre 991 bis 993 entstandenen „Collectio canonum" die Widersprüchlichkeit einzelner Rechtssätze sehr klar formuliert:

> „Potestate enim multa mutata sunt pro communi utilitate ecclesiarum, quae nemo reprehendit fidelium. Et quid mirum? Cum nonnumquam inveniantur canones sibi contradicentes et quod in altero concilio praecipitur, in altero prohibetur."[106]

Um zu einer Auflösung dieser Widersprüche zu kommen, wurden namentlich in der Scholastik zahlreiche Lösungsversuche erarbeitet. Diese sind in der Forschung oft behandelt, dennoch ist ihr häufig rhetorischer Ursprung nicht klar genug erkannt worden.[107] Besonders deutlich wird dieser rhetorische Hintergrund bei dem Begriff der „aequitas", dessen häufige Erwähnung in den mittelalterlichen Quellen[108] seine Bedeutung für das damalige Rechtsleben erkennen läßt, und der als „aequitas canonica" auch Eingang in

---

[104] Ausdrücklich auf die Rhetoriker und ihre Rezepte berief sich Abbo von Fleury. Einen Abt namens Bernerius, dem man schwere Pflichtversäumnis und sogar Verbrechen vorgeworfen hatte und der auf seine Rehabilitierung vor einem Kirchengericht hoffte, warnte Abbo schriftlich: „Nec te juvat illa, quae est apud rhetores translatio criminis, aut transmutatum nomen facti, quando scelus quod in prostibulo perpetratum est cum uxore alicujus aliter vir, aliter reus nominat; alter enim de adulterio queritur, alter non adulterium, sed quod fecit in prostibulo, licuisse fatetur. Neutrum tamen firmas vires defensionis suggerit, maxime tibi qui incentor factus es vitiorum . . . (PL 139, Sp. 432). – In diesem Zusammenhang sei auch daran erinnert, daß Abbo in seiner „Collectio canonum" Ciceros bekanntes Rhetoriklehrbuch „De inventione" heranzog, um den Unterschied von „lex" und „consuetudo" zu bestimmen, vgl. Coll. can. IX, PL 139, Sp. 482.

[105] Was STROUX für die römische Zeit feststellte, daß „das rhetorische System eine bis ins einzelne durchgebaute Theorie und Terminologie mit sich brachte, während die theoretische Behandlung der juristischen Kunst zu der Zeit in einem unfertigen Zwischenstadium war" (Römische Rechtswissenschaft, S. 25) gilt ebenso für das Kirchenrecht des früheren Mittelalters wie die Stroux'sche Formulierung von der „Personengemeinschaft in Vertreter beider Disziplinen" (ebd. S. 25), da die Rhetorik ein wichtiges Lehrfach der vom Kleriker zu durchlaufenden „septem artes liberales" bildete.

[106] Migne PL 139, SP. 481. Zu Abbos Rechtsauffassung vgl. H. M. KLINKENBERG, Die Theorie der Veränderbarkeit des Rechtes im frühen und hohen Mittelalter, in: Miscellanea medievalia 6, Berlin 1969, S. 170 f.

[107] So wird beispielsweise der von FUHRMANN, Pseudoisidorische Fälschungen Bd. 1, S. 91 erwähnte, auf den zeitlichen Unterschied abhebende Verfahrensgrundsatz „cuius antiquior et potior extat auctoritas" bereits von Quintilian bei seiner Darstellung des Status „Leges contrariae" (siehe Anm. 102) behandelt: „Solet tractari et utra (lex sc.) sit antiquior" (De institutione oratoria VII, 7, 87) und findet sich ähnlich bereits bei Cicero: „utra lex posterius lata sit; nam postrema quaque gravissima est" (De inventione 2, 49, 145).

[108] „Aequitas, ein im Mittelalter ermüdend oft wiederholter Begriff" (FUHRMANN, Pseudoisidorische Fälschungen Bd. 1, S. 87).

das kirchliche Rechtsdenken gefunden hat.[109] Die Einführung dieses Rechtsgrundsatzes bereits in römischer Zeit ist von der Rhetorik mitbeeinflußt worden.[110] Er eröffnete die Möglichkeit, bei umstrittener Gesetzesauslegung unter Berufung auf die „aequitas" von einer streng formalistischen, am Wortlaut des Gesetzes orientierten Interpretation abrücken zu können und auf die „voluntas" des Gesetzgebers zu verweisen, die, und das ist das entscheidende Argument, vom jeweiligen Einzelfall abhängt:

> „... non simplex voluntas scriptoris, quae in omne tempus et in omne factum idem valeat, sed ex quodam facto aut eventu *ad tempus* interpretanda dicitur ... Sententia inducetur sicut in *eiusmodi re et tempore* hoc voluisse doceatur."[111]

Das bedeutet aber letztlich, daß die im „scriptum" formulierte Norm des Gesetzes durch die Historizität des Einzelfalls („factum") aufgehoben sein kann und die „voluntas" jedesmal von neuem bestimmt werden muß.[112]

Genau dies hatte Abbo von Fleury im Sinn, als er im Zusammenhang der von uns bereits zitierten Stelle über den Widerspruch der Canones handelte und diesen „historisch" erklärte:

> „Non omnis inventio necessitatem comitatur, ut alio modo fieri impossibile sit, quod aliquis utiliter invenit ... Unde considerandus est *terrarum situs, qualitas temporum, infirmitas hominum* et aliae necessitates quae solent mutare regulas diversarum provinciarum. "[113]

Abbo ist in jener Zeit nicht der einzige gewesen, der die Widersprüchlichkeit von Rechtssätzen kannte. Auch Gerbert von Reims wußte, dies zeigen seine Konzilsakten, zumindest um die Unterschiedlichkeit der Dekrete und Canones. So hatte, wie Bischof Arnulf in seiner großen Rede den Konzilsteilnehmern zu berichten wußte, Papst Gregor der Große die Anklage und Absetzung eines Bischofs durch seine Kleriker für gut befunden, obwohl doch das Dekret des Papstes Damasus dieses nur für den Fall der hier nicht vorliegenden Häresie erlaubt habe. Daher empfahl Arnulf dem Konzil: „In hac itaque decre-

---

[109] Ausführliche Literaturangaben mit kurzer Charakterisierung der Forschung bei FUHRMANN, Pseudoisidorische Fälschungen Bd. 1, S. 87 Anm. 82; ferner H. SIEMS, Billigkeit, *in*: Reallexikon der Germanischen Altertumskunde, Berlin–New York ²1976, S. 607–612, mit reicher Literatur.

[110] Das Verdienst durch die Untersuchung des Begriffes „aequitas" den Einfluß der Rhetorik auf die Jurisprudenz näher geklärt zu haben, gebührt, J. STROUX, Römische Rechtswissenschaft und Rhetorik, Potsdam 1949, erstmalig veröffentlicht unter dem Titel „Summum ius – summa iniuria", Festschrift P. Speiser-Sarasin zum 80. Geburtstag, Basel 1926, S. 115 ff., wenngleich seine Studie neben Zustimmung auch heftige Ablehnung erfahren hat. Vgl. dazu G. KISCH, Erasmus und die Jurisprudenz seiner Zeit (= Basler Studien zur Rechtswissenschaft Heft 56), Basel 1960, S. 3 ff.; doch auch die von juristischen Positionen aus argumentierende und eine zu den Stroux'schen Thesen eher kritische Grundhaltung einnehmende Untersuchung von G. ELSENER, Zur Deutung von „Summum ius – summa iniuria", *in*: „Summum ius – summa iniuria", Ringvorlesung der Tübinger Juristenfakultät, Tübingen 1973, S. 1–23 mag die Bedeutung der Rhetoren auf die Jurisprudenz nicht völlig ausschließen (S. 20 ebd.).

[111] Cicero, De inventione 2, 42, 123 (vgl. STROUX, Römische Rechtswissenschaft, S. 36, Anm. 52).

[112] In ähnlichem Sinn FUHRMANN, Pseudoisidorische Fälschungen, Bd. 1, S. 89: „Ein Handeln im Geiste der Aequitas konnte schon darin bestehen, überkommene Rechtstexte oder besser: Texte normativen Charakters umzuformen."

[113] PL 139, Sp. 481.

torum vel canonum varietate hoc observandum est, ut causarum eventus finem accipiant iuxta aequitatem."[114] Das heißt, die „aequitas" wird deshalb als Richtschnur für das Prozeßverfahren empfohlen, da durch die jeweils unterschiedliche Stellungnahme zweier Päpste eine Situation entstanden war, die eine eindeutige Entscheidung nicht mehr zuließ und aus rhetorischer Sicht dem „status" der „leges contrariae" entsprach.[115]

§ 5. Exkurs: Bemerkungen zum Verhältnis zwischen Rhetorik und Geschichtsschreibung[116]

Wann immer von „rhetorischer Geschichtsschreibung" gesprochen wird, so geschieht dies unter einem negativen Vorzeichen.[117] Dahinter steht die häufig unbewußt bleibende und „expressis verbis" so gar nicht ausgesprochene Forderung, daß der Geschichtsschreiber nur Wahres zu berichten habe. Daß dies kein Anspruch erst der Neuzeit ist, zeigt das Beispiel Isidors von Sevilla (gest. 636), der die Geschichte als „res verae quae factae sunt" bestimmt hatte.[118] Aber auch der spanische Bischof seinerseits ist einer Tradition verpflichtet, deren Ursprünge bis zu Cicero reichen. Obwohl seine schriftstellerischen Interessen vor allem auf philosophischem und literarischem Gebiet lagen, und wir daher keine eigentliche Theorie der Geschichte von ihm erwarten dürfen[119], hat sich Cicero wiederholt zu Fragen der Geschichtsschreibung geäußert[120], am ausführlichsten in seinem Buch „Über den Redner", wo er versucht, die Geschichtsschreibung auf das Prinzip der Wahrheit festzulegen:

„Nam quis nescit primam esse historiae legem, ne quid falsi dicere audeat.
Deinde, ne quid veri non audeat."[121]

Mit diesen Worten ist seine Einstellung zur Geschichte und Geschichtsschreibung jedoch noch nicht hinreichend genau umschrieben. Als mindestens ebenso wichtig erachte-

---

[114] MGH SS 3, S. 674.

[115] Zum Status „leges contrariae" vgl. Anm. 102.

[116] Sie erheben keinesfalls den Anspruch auf Vollständigkeit sondern versuchen nur auf die Bedeutung dieses Themas für die Praxis der Geschichtsschreibung hinzuweisen. Zum Problem der Abgrenzung von Dichtung und Geschichtsschreibung, das erst in der Renaissance virulent werden sollte, vgl. K. Heitmann, Das Verhältnis von Dichtung und Geschichtsschreibung in älterer Theorie, *in*: AKG 52 (1970) S, 244–279.

[117] Beispielhaft für diese Auffassung steht B. Croce (gest. 1952), der in seiner „Theorie und Geschichte der Historiographie" die rhetorische Geschichtsschreibung in seinen „Zyklus der irrigen Formen der Geschichte" aufnahm, vgl. B. Croce, Theorie und Geschichte der Historiographie, *in*: ders., Gesammelte philosophische Schriften, hg. v. H. Feist, Reihe 1, Bd. 4, Tübingen 1930, S. 28 ff.

[118] Isidor, Etymologiae I, XLIV, 5 (vgl. auch Anm. 17).

[119] Daß wir eine eigentliche Theorie der Geschichte erst in der Neuzeit erwarten dürfen, darauf verweist L. Boehm, Der wissenschaftstheoretische Ort der ‚historia‘ im frühen Mittelalter, *in*: Speculum historiale, Festschrift J. Spörl, München 1965, S. 663.

[120] Zu Cicero und seiner Auffassung der Geschichte vgl. M. Rambaud, Cicéron et l'histoire romaine (= Collection d'études latines Bd. 27), Paris 1953; A. D. Leemann, Orationis ratio, Bd. 1, Amsterdam 1963, S. 91 ff.

[121] Cicero, De oratore 2, 15, 62.

te Cicero die literarische Bewältigung der historischen Stoffmasse. Erst dies macht in seinen Augen den wahren Historiker aus. So scheidet er ausdrücklich den „narrator" vom „exornator". Während sich der „Erzähler" darauf beschränkt, „ohne irgendwelche Ausschmückungen" seiner Chronistenpflicht zu genügen, was Cicero als Zeichen einer noch gering entwickelten Kulturstufe ansieht, zeichnen sich die „exornatores" durch die „Verschiedenheit der Farben, durch die Anordnung der Worte und durch die leichte und gleichmäßige Behandlung der Rede" aus.[122] Dieses Ideal sieht Cicero vor allem in der griechischen Historiographie verwirklicht, die durch die Personengemeinschaft von Rhetorikern und Geschichtsschreibern gekennzeichnet ist.[123] Diese Einbeziehung der Rhetorik, der Gedanke Ciceros, daß wirkliche Historiographie nur eine rhetorisch geprägte sein könne, führt zu wichtigen Konsequenzen. Die traditionelle Absicht der Geschichte, die Erinnerung an längst Vergangenes wachzuhalten, tritt in den Hintergrund. Statt der Belehrung erwartet man Unterhaltung, das „docere" wird zugunsten des „delectare" verdrängt.[124] Damit gerät aber auch der von Cicero noch in „De legibus" postulierte Grundsatz der Verschiedenheit der Gattungen von schöner Literatur und Geschichtsschreibung in Gefahr, aufgelöst zu werden.[125] Denn allenfalls die Thematik vermag dann noch einen Unterschied zwischen den Literaturzweigen zu begründen. Das Ziel, das in der Unterhaltung des Lesers liegt, und der Weg, es zu erreichen, sind dieselben. Daß dieser Weg nur über die Rhetorik führt, daran hat Cicero ebenfalls keinen Zweifel gelassen. Bereits seine Beschreibung des echten Historikers als eines „exornators" verweist auf den rhetorischen Hintergrund. Aber diese Verbindung von Geschichte und Rhetorik hat eine weitaus wichtigere Folge für das von Cicero geforderte Prinzip der historischen Wahrheit. Im „Brutus" wird es seiner kategorischen Absolutheit, wie sie noch in „De oratore" zu spüren war, entkleidet und entscheidend relativiert:

„Quidem concessum est rhetoribus ementiri in historiis, ut aliquid dicere possint argutius"[126]

Das Beispiel *Quintilians* zeigt, wie in der Folgezeit an diesen von Cicero entwickelten Gedanken festgehalten wurde. Die wirklich hochstehende Geschichtsschreibung ist auch nach der Auffassung Quintilians durch den Gebrauch rhetorischer Formen geprägt, während die geschichtliche Glaubwürdigkeit („fides") kein geeignetes Kriterium zur Beurtei-

---

[122] „Hanc similitudinem scribendi multi secuti sunt, qui *sine ullis ornamentis* monumenta solum temporum, hominum, locorum gestarumque rerum reliquerunt; itaque qualis apud Graecos Pherecydes, Hellanicus, Acusilas fuit aliique permulti, talis noster Cato et Pictor et Piso, qui neque tenent, quibus rebus *ornetur oratio*. . . . Paulum se erexit et addidit historiae maiorem sonum vocis vir optimus, Crassi familiaris, Antipater; ceteri non *exornatores* rerum, sed tantum modo *narratores* fuerunt. ‚Est', inquit Catulus, ‚ut dicis; sed iste ipse Coelius neque distinxit historiam varietate colorum neque verborum collocatione et tractu orationis leni et aequabili perpoit illud opus" (Cicero, De oratore 2, 12, 53–54).

[123] „apud Graecos autem eloquentissimi homines, remoti a causis forensibus, cum ad ceteras res inlustres tum ad historiam scribendam maxime se applicaverunt" (Cicero, De oratore 2, 13, 55).

[124] „‚Atqui, Catule', inquit Antonius, ‚non ego utilitatem aliquam ad dicendum aucupans horum libros et nonnullos alios, sed *delectationis* causa, cum est otium, legere soleo . . . Cum eis, ut dixi, *oblecto*, qui res gestas aut orationes scripserunt" (Cicero, De oratore 2, 14, 59 u. 2, 14, 61).

[125] „alias in historia leges observandas, alias in poemate" (Cicero, De legibus I, 1, 5).

[126] Cicero, Brutus 11, 42.

lung historiographischer Güte darstellt.[127] Was sich bereits bei Cicero angedeutet hatte, die Verwischung traditioneller Gattungsgegensätze zwischen Geschichte und Dichtung[128], ist nun bei Quintilian erreicht: auch dem Historiker wird eine „licentia poetica" zugestanden.[129] Was Cicero am griechischen Beispiel beobachten konnte und für die römische Geschichtsschreibung forderte, die Identität von Rhetoriker und Geschichtsschreiber, sollte das Mittelalter weitgehend verwirklichen. Denn innerhalb des Bildungssystems der „sieben freien Künste" fand die Geschichte vor allem bei der Rhetorik Aufnahme.[130] Diese enge Beziehung zwischen Geschichte und Rhetorik in der Schule fußte auf antiker Tradition und wurde sachlich dadurch gerechtfertigt, daß der Historie die Aufgabe zufiel, den Redner mit den entsprechenden Exempla aus der Vergangenheit zu versorgen.[131] Als überaus folgenreich für die Geschichtsschreibung sollten sich dabei die praktischen Übungen der Rhetorik im Rahmen des Unterrichts erweisen.[132] Denn diese lebten, wie der Bericht Richers über das seinem Lehrer Gerbert durchgeführte Unterrichtsprogramm zeigt, auch in der Praxis des Mittelalters weiter:

> „Cur (Gerbertus sc.) eis (discipulis sc.) sophistam adhibuerit. – Qua instructis (discipulis sc.) sophistam adhibuit; apud quem in *controversiis* exercerentur ac sic ex arte agerent ut praeter artem agere viderentur, quod oratoris maximum videtur."[133]

Vor diesem bildungsgeschichtlichen Hintergrund wird verständlich, warum so viele Reden Richers den Geist rhetorischer Schulübungen verraten. Mit einiger Sicherheit läßt sich sagen, um welche Art von Deklamationen es sich gehandelt haben mag. Der Ausdruck „controversiis" und die von Richer an anderen Stellen gebrauchten Worte „suasoria"[134] verweisen auf die gleichnamigen Werke Senecas des Älteren (gest. um 40)[135], die

---

[127] „(Historia sc.) est enim *proxima poetis* et quodam modo carmen solutum est et scribitur ad narrandum, non ad probandum, totumque opus non ad actum rei pugnamque praesentem, sed ad memoriam posteritatis et ingenii famam componitur: ideoque et *verbis remotioribus* et *liberioribus figuris* narrandi taedium evitat. Itaque, ut dixi, neque illa Sallustiana brevitas . . . neque illa Livi lactae ubertas satis docebit eum, *qui non speciem expositionis, sed fidem quaerit*. (Quintilian, De institutione oratoria, X, 1, 31–32).

[128] „alias in historia leges observandas, alias in poemate. Quippe cum in illa ad veritatem cuncta referantur, in hoc ad delectationem pleraque; *quamquam et apud Herodotum patrem historiae et apud Theopompum sunt* innumerabiles fabulae" (Cicero, De legibus, I, 1, 5).

[129] „nam Graecis historiis plerumque poeticae similis licentia est" (Quintilian, De inst. orat., II, 4, 19).

[130] Zur Bedeutung der „artes liberales" für die Geschichte innerhalb des mittelalterlichen Bildungssystems vgl. H. WOLTER, Geschichtliche Bildung im Rahmen der artes liberales, *in*: J. KOCH (Hg.), Artes liberales, Köln 1959, S. 50 ff.

[131] „Est et alius ex historiis usus et is quidem maximus, sed non ad praesentem pertinens locum, ex cognitione rerum exemplorumque, quibus in primis instructus esse debet orator, nec omnia testimonia expectet a litigatore, sed pleraque ex vetustate diligenter sibi cognita sumat, hoc potentiora, quod ea sola criminibus odii et gratia vacant" (Quintilian, De institutione oratoria X, 1, 34).

[132] Zu diesen „declamationes" und ihrer Bedeutung sowie ihrer Thematik vgl. LAUSBERG, Handbuch, §§ 145–150, S. 547–549.

[133] Latouche Bd. 2, S. 56; vgl. „De inventione" (1, 6, 8): „oratori . . . maximum ex arte dicere".

[134] Vgl. die auf S. 97 f. unserer Arbeit genannten Beispiele.

[135] Controverses et Suasoires, ed. H. BORNECQUE, Paris 1932.

uns Art und Bedeutung dieser Deklamationsübungen innerhalb des Rhetorikunterrichts verdeutlichen. Der Reimser Domscholaster kannte Seneca nachweislich[136] und mag ihn daher auch in seinem Unterricht benutzt haben.[137]

---

[136] Vgl. WEIGLE, Die Briefsammlung Gerberts, S. 58, Anm. 5.

[137] Weitere Belege für das Fortleben von „suasoriae" und „controversiae" bei RICHÉ, Ecole et enseignement, S. 255 f.

10. Schluß

Wir werden uns am Ende unserer Untersuchung zu fragen haben, ob die eingangs zitierte pessimistische Einschätzung, was den historischen Aussagewert Richers anlangt[1], weiterhin gilt. Man wird K. F. WERNER zustimmen müssen, daß Richer „kein Historiker für die ‚Fakten' war".[2] Zur genauen Rekonstruktion des historischen Ablaufs eignet sich sein Werk nur sehr bedingt. Man wird es daher allenfalls zur Ergänzung heranziehen, solange andere und zumeist zuverlässigere Quellen existieren. Dies ist um so bedauerlicher, da die Quellen für das 10. Jahrhundert nur sehr spärlich fließen. Gerne sei auch zugestanden, daß man Aussagen Richers über die „Institutionen" seiner Zeit mit besonderer Behutsamkeit begegnen sollte.[3] Berücksichtigt man jedoch dieses methodische Prinzip, dann läßt sich auch aus Richers Werk manch Interessantes über eine so bedeutende mittelalterliche „Institution" wie die Kirche erfahren. Wir lernen bei Richer eine „ecclesia" kennen, die von der Reform nicht unberührt geblieben ist. Daß er sich, entgegen seiner im Prolog geäußerten Absicht, nur Profangeschichte schreiben zu wollen, auch ausführlich mit der monastischen Erneuerung befaßte, sollte nicht überraschen. Das hängt sowohl mit der Herkunft Richers aus dem Kloster zusammen als auch damit, daß wir uns noch in jener frühen Phase der Kirchenreform befinden, deren Ursprünge ja im monastischen Bereich zu suchen sind. So werden wir bei Richer eine Kritik an der königlichen Investiturpraxis von Bischöfen vergeblich suchen. Statt dessen steht die Wiederbelebung alter, längst vergessener „consuetudines" im Mittelpunkt des Richer'schen Interesses. Die überaus große Ausführlichkeit, mit der sich Richer dieses Themas angenommen hat, vermittelt uns einen Eindruck von der Wichtigkeit, welche die „consuetudines" für die Menschen jener Zeit bessessen haben müssen, und hinter denen sich eben mehr verbarg als eine Regelung zur rechten Lebensführung. Immer wieder kam Richer dabei dezidiert auf das Engagement des Reimser Metropoliten zu sprechen. Er wies insbesondere auf dessen Verdienste bei der Erlangung eines Papstprivilegs für das Kloster St-Remi hin. Diese Eigentümlichkeit Richers gewinnt vor dem Hintergrund der gerade in Frankreich damals einsetzenden klösterlichen Emanzipationsbewegung seinen besonderen Akzent und verdeutlicht den konservativen Grundzug der von Richer geschilderten Reform, die sich nach der Ansicht unseres Historikers am besten unter episkopaler Leitung und Kontrolle vollziehen sollte.

Richer hat es als überzeugter Anhänger der Capetinger und Gerberts nicht unterlassen, die Synode von St-Basle-de-Verzy zu schildern, auf der es zur Verurteilung des Amtsvorgängers von Gerbert, des Reimser Erzbischofs Arnulf gekommen war. Konnten

---

[1] Vgl. Einleitung, S. 1.

[2] Vgl. S. 1 mit Anm. 1.

[3] Vgl. Anm. 2.

wir zuvor einen Blick auf die Mißstände innerhalb der Kirche werfen, so lernen wir jetzt eine Auseinandersetzung zwischen „Staat" und Kirche, zwischen monarchischer und kirchlicher Spitze kennen. Die Art und Weise, wie der Konflikt gelöst wurde, von dem uns Richer in enger Anlehnung an seine Vorlage, den Konzils„akten" Gerberts, berichtet hat, hebt die Synode von St-Basle über ihre engere historische Bedeutung als einem wichtigen Ereignis der französischen Kirchen- und Königsgeschichte hinaus und verleiht ihr, denkt man an die Zukunft, paradigmatische Bedeutung. Denn die Verurteilung Arnulfs als „reus maiestatis" war das Ergebnis eines konsequent durchgeführten Lehnsprozesses gegen einen kirchlichen Würdenträger. Daß der französische König zu diesem relativ umständlichen Verfahren greifen mußte und den beschuldigten Erzbischof nicht etwa einfach absetzte, ist sicher Ausdruck seiner im Vergleich zu seinem deutschen Kollegen schwachen politischen Position. Zugleich macht der Prozeß aber deutlich, welche Chancen zur Stärkung der Königsherrschaft gerade über die Kirche ein konsequent genutztes Lehnswesen bot.[4] Daß freilich auch der umgekehrte Fall denkbar war, daß nämlich mächtige Vasallen das Lehnsrecht zu ihren Gunsten interpretieren konnten, dafür bietet gerade Richer anschauliche Beispiele. So hat sich der vasallitische Pflichtenkanon weitgehend auf das „consilium dare" beschränkt; es gibt nur eine sehr extensiv interpretierte Pflicht zum „auxilium", während umgekehrt der Lehnsherr gehalten ist, vor jeder größeren diplomatischen oder militärischen Aktion das „consilium" seiner Getreuen einzuholen. Als Anhänger der Capetinger hat es Richer ausgezeichnet verstanden, diese Auffassung mit ausgeprägten Rechten des Vasallen und weitgehenden Pflichten des Lehnsherrn im Sinne seiner Sympathiewerbung für die Robertiner zu nutzen. Den Widerstand, den die Capetinger ihren karolingischen Rivalen leisteten, wobei sie vor offener Gewalt nicht zurückschreckten, weiß Richer fast immer juristisch zu begründen: der capetingische Widerstand bezieht seine Legitimation aus der Pflichtverletzung der karolingischen Könige, die es versäumen, das „consilium" ihres größten und wichtigsten Verbündeten, des robertinischen „dux Francorum" einzuholen.

Schließlich muß noch auf den vermutlich eher als Vorwurf denn als Feststellung gemeinten Hinweis eingegangen werden, daß Richer „für die Denkweise seiner Zeit nicht repräsentativ" gewesen sei.[5] Dies scheint nur auf den ersten Blick ein schweres Hindernis für eine Arbeit zu sein, der es vor allem um die „Denkweise" geht. Denn gerade diejenige Geisteshaltung, die in dem Sinne „neu" ist, daß sie sich vom bislang Gewohnten unterscheidet, verdient unser besonderes Interesse. Mit Sicherheit läßt sich eine neue Einstellung Richers auf dem Gebiet der Medizin feststellen. Wenn die „medicina" bei Richer auch noch nicht offiziell in den Kreis der „artes liberales" eingedrungen ist, so hat sie sich doch von der Heilkunde zur Heilkunst fortentwickelt. Sie ist zur Wissenschaft („scientia") geworden, zu der weniger die Erfahrung als vor allem das eifrig betriebene Studium medizinischer Fachschriftsteller führt. Krankheiten werden nicht mehr als das unerklärbare Schicksal Gottes hingenommen, sondern als Funktionsstörungen des menschlichen

---

[4] Vgl. M. Minninger, Von Clermont zum Wormser Konkordat (VI. Exkurse: 2. Mittelalterliche Lehnsprozesse gegen Prälaten und das Verbot der Klerikerkommendation), Köln–Wien 1978, S. 238–254; zur Synode von St-Basle-de-Verzy ebd. S. 243.

[5] K. F. Werner (wie Anm. 2).

Organismus gedeutet. Als Anzeichen dafür, daß die Medizin, wie schon in der Antike, in den Kreis der Wissenschaften zurückgekehrt ist, konnten wir eine Anekdote heranziehen, die uns Richer selbst erzählt hat. Um festzustellen, wer nun von seinen beiden heftig miteinander konkurrierenden Hofärzten die größeren Kenntnisse in der „ars medicinae" besaß, ließ König Ludwig IV. eine „disputatio" zwischen den beiden Medizinern veranstalten. Genau dieselbe Methode hatte Otto II. eingeschlagen, um einen Streit zweier sich befehdender „Philosophen zu schlichten. Auch er ließ eine „disputatio" zwischen Gerbert von Reims und Ohtrich von Magdeburg abhalten, um die wahre „scientia" zu ergründen. Und es gehört zweifellos zu Richers Verdienst, daß er die Neuartigkeit und Wichtigkeit dieses Streitgesprächs begriffen und ihm daher so breiten Raum in seinem Werk eingeräumt hat. Natürlich erscheint uns Heutigen der philosophische Inhalt eher dürftig und so manche Äußerungen sind nicht frei von logischem Widerspruch, was freilich weniger etwas über die Kenntnisse von Ohtrich und Gerbert als vielmehr über das bescheidene Wissen Richers aussagt. Aber darum geht es ja gar nicht! Wichtig und in die Zukunft weisend ist die neue Auffassung von der „disputatio", die sich vom Lehrer-Schüler-Dialog der karolingischen Zeit zu einem Streitgespräch mit deutlich scholastischen Zügen gewandelt hat. Was das Streitgespräch zwischen Gerbert und Ohtrich mit den dann ab der Mitte des elften Jahrhunderts verstärkt einsetzenden „disputationes"verbindet[6], sind die formalen Übereinstimmungen: so ist der antagonistische Charakter hervorzuheben: man versucht den Gegner mundtot zu machen; das Verstummen des Gegners im hitzigen Kampf der Worte ist das Zeichen seiner Niederlage; ferner muß auf die große Publizität der „disputatio" hingewiesen werden, die vor großem Publikum, vor dem Tribunal der „sapientes" stattzufinden hat. Beide Momente unterstreichen damit die Wichtigkeit der Rhetorik, die auch im elften Jahrhundert trotz des unbestreitbaren Vormarsches der Dialektik noch nichts von ihrer Bedeutung verloren hat, denn nicht das Thema als solches steht im Mittelpunkt, sondern seine rhetorisch geschickte Erörterung in der Auseinandersetzung mit dem Disputationsgegner. Den Ausgangspunkt des Streites zwischen Gerbert und Ohtrich bildete die Frage nach dem rechten Verhältnis zweier Einzelwissenschaften zueinander und damit nach der richtigen Einteilung der Philosophie. Daß dieses Thema nicht etwa nur eine Fabelei Richers gewesen ist, sondern die Zeitgenossen damals wirklich berührt hat, dafür ist ein anderer Autor aus der zweiten Hälfte des zehnten Jahrhunderts unser Zeuge, der italienische Gelehrte Gunzo von Novara.[7] In seinem Brief an die Reichenauer Mönche beschäftigte er sich ebenfalls mit philosophischen Einteilungsproblemen. So fragt er sich, warum Boethius im Gegensatz zu Martianus Capella an die erste Stelle des Quadriviums die Arithmetik gestellt habe.[8]

---

[6] Vgl. A. CANTIN, Sur quelques aspects des disputes publiques au XIe siècle, in: Etudes de civilisation médiévale (XIe–XIIe siècles), Mélanges offerts à Edmond-René Labande par ses amis, ses collègues, ses élèves, Poitiers 1974, S. 89–104.

[7] Zu Gunzo vgl. die Einleitung von K. MANITIUS (ed.): Gunzo, epistola ad Augienses, MGH Quellen zur Geistesgeschichte des Mittelalters Bd. 2, Weimar 1958, S. 4 ff.; vgl. ferner H. ZIMMERMANN, Gatterer über Gunzo, in: Storiografia e Storia, Studi in onore di E. Duprè Theseider, Rom 1974, S. 913–926.

[8] „Debuit tamen saltem ordo inquiri, cur a Boetio in primo loco quadruvii liberalium disciplinarum hec (arithmetica sc.) posita sit, a Martiano autem secundo" (Epistola Gunzonis, XIII, ed. Manitius, S. 47).

Nur dumme Menschen, so sagt in diesem Zusammenhang Gunzo ausdrücklich, halten eine Beschäftigung mit solchen Fragen für nicht notwendig und nutzlos. Vielleicht, so vermutet Gunzo, hat sich über dieses Problem deshalb noch keiner Gedanken gemacht, weil er den Unterschied zwischen den beiden Philosophen für einen reinen Zufall hält, oder weil er glaubt, Martianus Capella habe in den „artes" nichts Gutes zustandegebracht. Nach seinem, Gunzos Urteil muß aber einer, der beiden Einteilungen anhängt, entweder verrückt („insanus") oder ungebildet („illitteratus") sein.[9] Das heißt: wie schon bei Richer erweist sich nach Gunzos Meinung die „sapientia" gerade dadurch, daß man vorhandene Widersprüche erkennt und diese ausspricht und untersucht. Dazu gehört aber auch, daß man bereit ist, für seine Meinung in der Öffentlichkeit („palam") einzustehen und sich dem Gegner zu stellen, also eine Haltung zu zeigen, wie sie die beiden Kontrahenten Gerbert und Ohtrich an den Tag legten, und sie Gunzo bei seinem Gegner, einem uns nicht näher bekannten St. Gallener Mönch, vermißte, der sich aus der schützenden Anonymität der Klostergemeinschaft nicht hervorwagte. Während sich in Richers Werk, was Kultur und geistiges Leben anlangt, doch so manch Neues, in die Zukunft Weisendes zu erkennen gibt, ist sein Werk durch die Rhetorik gleichzeitig mit der Antike verbunden. Schon immer hat man, zumeist mit pejorativem Nebensinn, vom rhetorischen Charakter des Richer'schen Werkes gesprochen. Aber Rhetorik bedeutet bei Richer eben mehr als nur literarischer Aufputz („ornatus"), als nur die Lehre vom rechten Schmuck der Rede. Rhetorik bei Richer heißt, daß dieser Historiker in ganz besonderer Weise an die Macht des gesprochenen Wortes glaubt. So finden sich denn in seinem Geschichtswerk nicht nur besonders viele Reden, die zumeist den Typus der Beratungs- oder Gerichtsrede zugehören. Vielmehr hängt nach Richers Ansicht der Erfolg des „Politikers" ganz entscheidend von dessen rhetorischer Effizienz ab. Hat einmal eine Rede keinen Erfolg, so liegt dies nach der Meinung Richers weniger an der zu vertretenden Sache als vielmehr daran, daß die erstrebte Überredung („persuasio") der Zuhörer wegen mangelnder rhetorischer Fähigkeiten des Redners nicht eingetreten ist. Wie unmittelbar verpflichtet sich Richer den antiken rhetorischen Rezepten fühlte, konnte die Analyse einzelner Reden aufzeigen. So übernimmt Richer die von den Alten empfohlenen Argumentationstechniken.

Aber die Rhetorik erweist ihre Gestaltungskraft über die einzelne Rede hinaus nicht zuletzt dadurch, daß sie auf die kompositionelle Gestaltung des Geschichtswerks einen großen Einfluß ausgeübt hat. Richer versteht es, den normalen Erzählfluß immer wieder durch den Einschub von Anekdoten und Exkursen aufzulockern. Das heißt, daß er sich von der Rhetorik immer besonders empfohlenen „Digressio"-Technik bedient. Ebenso gehört auch die „Descriptio", die umfangreiche literarische Beschreibung, zu einem von ihm häufig eingesetzten Gestaltungsmittel.

---

[9] „In hac quoque ut in aliis multa egent inquisitione, que stulti quasi inutilia et non necessaria contempnunt. Debuit tamen saltem ordo inquiri, cur a Boetio in primo loco quadruvii liberalium disciplinarum hec posita sit, a Martiano autem secundo. Ideo forsitan nullus requirit, quia aut casu hoc factum putat, aut Martianum in artibus nil boni contulisse existimat. Meo tamen iudicio utriusque divisionis estimator aut insanus aut illiteratus habetur" (Epistola Gunzonis, XIII, ed. Manitius, S. 47).

Die Ausrichtung an rhetorischen Rezepten bringt es mit sich, daß sich der Zweck des Geschichtswerkes ändert. Richer will nicht nur über die Vergangenheit informieren, sondern vor allem in ästhetisch ansprechender Weise von ihr erzählen. Wir haben versucht, für diese von vielen modernen Kritikern heftig getadelte Einstellung Verständnis zu wecken, indem wir sie nicht als historisches Unvermögen des Autors, sondern als bewußten literarischen Formwillen deuteten, dessen Wurzeln in der Antike liegen. Nichts vermag die Tatsache, daß für das Mittelalter Geschichtsschreibung und Poesie keinen Gegensatz bedeutet haben, besser zu illustrieren, als die Einordnung Lukans als „poeta et historiographus".[10] Richer hat diese Einschätzung geteil[11] und dies mag ein Symbol für seine von der Rhetorik bewirkte Verschmelzung von Dichtung und Geschichtsschreibung sein.

Daß Clio gleichermaßen die Muse für den Historiker wie für den Dichter ist[12], muß nicht unbedingt als ein Nachteil empfunden werden. Noch heute mag gelten, daß historische und literarische Qualität sich nicht ausschließen. Freilich sei im Falle Richers gerne zugestanden, daß ihn seine dichterische Freiheit dazu verleitet hat, häufiger vom Pfad der historischen Wahrheit abzuweichen. Und so werden wir bei vielen Vorgängen mangels anderer Quellen niemals in Erfahrung bringen, ob es sich in Wirklichkeit so abgespielt hat, wie es uns Richer berichtet. Ist nun Karl von Niederlothringen wirklich in Tränen ausgebrochen, als er vom Ausschluß seiner Thronansprüche erfuhr?[13] Aber die Frage, ob sich tatsächlich etwas auch so abgespielt habe, wie es uns erzählt wird, ist gar nicht so wichtig! Darauf hat uns ein anderer, ungleich berühmterer Zeitgenosse von Richer aufmerksam gemacht, Bischof Adalbero von Laon.[14] Als der König Robert II. von Frankreich, fromm wie er war, den Bischof darauf hinwies, daß man erlaubterweise nur die Wahrheit sagen dürfe[15], versicherte ihm Adalbero, dies auch getan zu haben. Und er rief ihm zu: „Und wenn es sich nicht so abgespielt hat, so wisse, daß es sich doch so abgespielt haben könnte!"[16]

---

[10] Vgl. von Moos, „Poeta" und „Historicus" im Mittelalter, passim.

[11] Vgl. Kapitel 3.

[12] Identifizierung Clios mit dem Dichter bei dem im Mittelalter hochgeschätzten und auch Richer (III, 4) bekannten Juvenal (Satiren VII, 7). Zum Problem allgemein vgl. E. R. Curtius, Die Musen im Mittelalter: Erster Teil bis 1100, in: Zs. für roman. Philologie Bd. 59 (1939), S. 129–188).

[13] Vgl. Kapitel 9 § 3.

[14] Vgl. R. T. Coolidge, Adalbéron, Bishop of Laon (= Studies in medieval and Renaissance history Bd. 2), Lincoln, University of Nebraska Press, 1965.

[15] „Quod non est verum, non est fas dicere verum" (Adalbéron de Laon, Poême au Roi Robert, Vers 350, ed. Carozzi, S. 28.

[16] „En dixi verum, scis non excedere verum; Nenia nulla meum nec fabula mulcet amorem. Non sic gesta scias, sed cuncta geri potuisse" (Adalbéron de Laon, Poême au Roi Robert, Vers 352–354, ed. Carozzi, S. 28).

11. Abkürzungsverzeichnis

Akad.	Akademie
AKG	Archiv für Kulturgeschichte
Anm.	Anmerkung
bayr.	bayerisch
Bd., Bde	Band, Bände
BEHE	Bibliothèque de l'Ecole des Hautes-Etudes
cap.	capitulum
conc.	concilium
CSEL	Corpus Scriptorum Ecclesiasticorum Latinorum
d.	der, die, das
DA	Deutsches Archiv
ders.	derselbe
Diss.	Dissertation
ebd.	ebenda
ed.	edidit
ep.	epistula
Ergbd.	Ergänzungsband
europ.	europäisch
f.	folgende Seite
ff.	folgende Seiten
hg.	herausgegeben
Hg.	Herausgeber
hist.	historisch
HRG	Handwörterbuch zur Deutschen Rechtsgeschichte
HZ	Historische Zeitschrift
iur.	iuristisch
MGH	Monumenta Germaniae Historica
SS	Scriptores
SS rer. Germ.	Scriptores rerum Germanicarum in usum scholarum separatim editi
SS rer. Germ. n. s.	Scriptores rerum Germanicarum nova series
Font. iur. Germ.	Fontes iuris Germanici antiqui in usum scholarum separatim editi
MIÖG	Mitteilungen des Instituts für österreichische Geschichtsforschung
NA	Neues Archiv
PL	Migne, Patrologiae cursus completus, Series latina
QFIAB	Quellen und Forschungen aus italienischen Archiven und Bibliotheken
RBPH	Revue belge de Philologie et d'Histoire
Rem.	Remensis

roman.	romanisch
S.	Seite
sc.	scilicet
Sp.	Spalte
SSCI	Settimane di studio del centro italiano sull'alto medioevo, Spoleto
v.	von
vgl.	vergleiche
VuF	Vorträge und Forschungen, herausgegeben vom Konstanzer Arbeitskreis für mittelalterliche Geschichte, Sigmaringen
WaG	Die Welt als Geschichte
Wiss.	Wissenschaft(en)
z.	zum, zur
ZKG	Zeitschrift für Kirchengeschichte
ZRG	Zeitschrift für Rechtsgeschichte
GA	Germanistische Abteilung
KA	Kanonistische Abteilung
Zs.	Zeitschrift

12. Quellen- und Literaturverzeichnis

A. Quellen

ABBO von Fleury: Apologeticus ad Hugonem et Rodbertum reges Francorum, PL 139, Sp. 461–472
ders.: Canones, PL 139, Sp. 471–508
ADALBÉRON de Laon: Poême au Roi Robert, ed. C. Carozzi, (= Les Classiques de l'Histoire de France au Moyen Age Bd. 32), Paris 1979
AIMOIN von Fleury: Vita Abbonis, PL 139, Sp. 387–414
ANNALES Fuldenses: ed. F. Kurze (1891), MGH SS rer. Germ.
AUGUSTIN: De civitate Dei, ed. B. Dombart – A. Kalb, Leipzig 1928–29

BÖHMER, J. F. – ZIMMERMANN, H.: Regesta Imperii 2,5: Papstregesten 911–1024, Wien–Köln–Graz 1969
BOETHIUS: The Theological Tractates, ed. H. F. Stewart – E. K. Rand, London 1918
ders.: The Consolation of Philosophie, ed. H. F. Stewart – E. K. Rand, London 1918
ders.: In Isagogen Porphyrii Commenta, ed. S. Brandt (= CSEL Bd. 48), Wien 1906

CASSIODOR: Institutiones, ed. R. A. B. Mynors, Oxford 1937
CICERO: Brutus, ed. E. Malcovati, Leipzig 1965
ders.: De legibus, ed. K. Ziegler, Heidelberg^2 1963
ders.: De inventione, ed. E. Stroebel, Stuttgart 1965
ders.: Ad C. Herennium de ratione dicendi, ed. F. Marx – W. Trillitsch, Leipzig 1964
ders.: Orator, ed. P. Reis, Stuttgart 1963
LA CHANSON DE ROLAND: übersetzt v. H. W. Klein, Klassische Texte des roman. Mittelalters, München 1963
CONSTANTIN: Vita Adalberonis II. Mettensis episcopi, ed. G. H. Pertz (1841), MGH SS 4, S. 658–672
CONSUETUDINES MONASTICAE: ed. B. Albers, Bd. 5, Monte Cassino 1912
CORPUS CONSUETUDINUM MONASTICARUM: ed. K. Hallinger, Bd. 1, Siegburg 1963

DISTICHA CATONIS: ed. M. Boas, Amsterdam 1952

EINHARD: Vita Karoli Magni, ed. O. Holder-Egger (^{6}1911), MGH SS rer. Germ.

FLODOARD: Annales, ed. P. Lauer (= Collection de textes pour servir à l'étude et à l'enseignement), Paris 1905
ders.: Historia Remensis ecclesiae, ed. Ioh. Heller-G. Waitz (1881), MGH SS 13, S. 409–599

GERBERT von Reims: Acta concilii Causeiensis, ed. G. H. Pertz (1839), MGH SS 3, S. 691–693
ders.: Acta concilii Mosomensis, ed. G. H. Pertz (1839), MGH SS 3, S. 690 f.
ders.: Acta concilli Remensis ad sanctum Basolum, ed. G. H. Pertz (1839), MGH SS 3, S. 658–686
ders.: Die Briefsammlung Gerberts von Reims, ed. F. Weigle (1966), MGH Die Briefe der Deutschen Kaiserzeit, Bd. 2
Die GOLDENE BULLE Karls IV. vom Jahr 1356, ed. W. Fritz (1972), MGH Font. iur. Germ. Bd. 11
GREGOR von Tours: Libri Historiarum X, ed. B. Crusch (^{2}1951), MGH SS rer. Merov. I. 1
GUNZO von Novara: Epistola ad Augienses, ed. K. Manitius (1958), MGH Quellen zur Geistesgeschichte des Mittelalters Bd. 2

HELGAUD de Fleury: Vie de Robert Le Pieux, Epitoma vitae regis Rotberti Pii, ed. R.-H. Bautier – G. La-
bory (= Sources d'Histoire Médiévale Bd. 1), Paris 1965
HINCMAR von Reims: De ordine palatii, ed. T. Gross-R. Schieffer (1980), MGH Font. iur. Germ. Bd. 3
HUGO von Flavigny: Chronicon, ed. G. H. Pertz (1848), MGH SS 8, S. 285–502

ISIDOR von Sevilla: Etymologiarum sive originum Libri XX, ed. W. M. Lindsay, 2 Bde., Oxford 1957

KONRAD von Hirsau: Dialogus super auctores, ed. R. B. C. Huygens, Accesusus ad auctores, Bernard d'U-
trecht, Conrad d'Hirsau, Leiden 1970

LIUTPRAND: Antapodosis, ed. J. Becker (³1915), MGH SS rer. Germ.

NOTKER BALBULUS: Gesta Karoli Magni, ed. H. Haefele (1959), MGH SS rer. Germ. n. s. Bd. 12

OTTO von Freising: Historia sive Chronica de duabus civitatibus, ed. A. Hofmeister (1912), MGH SS rer.
Germ.

PETRUS DAMIANI: Opusculum XLII, De fide Deo obstricta non fallenda, PL 145, Sp. 667–674
PLATO LATINUS IV: Timaeus a Calcidio translatus commentarioque instructus, ed. H. Waszink, Leiden
1962

QUINTILIAN: Die Ausbildung des Redners, ed. H. Rahn, 2 Bde., Darmstadt 1975

RECUEIL des actes de Louis IV., roi de France (936–954), ed. P. Lauer, Paris 1914
REMIGIUS von Auxerre: Commentum in Martianum Capellam, ed. C. E. Lutz, 2 Bde., Leiden 1965
RICHER: Histoire de France (888–995) (= Les Classiques de l'Histoire de France au Moyen Age, Bd. 12 u.
17) 2 Bde., Paris 1930/37, unveränderter Nachdruck, Paris 1967/1963
ders.: Richeri Historiarum Libri IIII, ed. G. H. Pertz (1839) MGH SS 3, S. 561–657
ders.: Richeri Historiarum Libri IIII, ed. G. Waitz (1877) MGH SS rer. Germ.

SENECA MAIOR: Controverses et Suasoires, ed. H. Bornecque, 2 Bde., Paris 1932

THANGMAR: Vita Bernwardi episcopi Hildesheimensis, ed. G. H. Pertz (1841), MGH SS 4, S. 754–782

VERGIL: P. Vergili Maronis Opera, ed. F. A. Hirtzel, Oxford 1900

WIPO: Gesta Chuonradi, ed. H. Bresslau (³1915), MGH SS rer. Germ.

DIE ÄLTERE WORMSER BRIEFSAMMLUNG: ed. W. Bulst (1949), MGH Die Briefe der Deutschen Kaiserzeit,
Bd. 3

B. Literatur

ANTON, H. H.: Fürstenspiegel und Herrscherethos in der Karolingerzeit (= Bonner Historische Forschungen Bd. 32), Bonn 1968
ders.: Der König und die Reichskonzilien im westgotischen Spanien, in: Hist. Jahrbuch Bd. 92 (1972), S.
257–281
ARIÈS, P.: Geschichte des Todes, München–Wien 1980
ARNOLD, K.: Johannes Trithemius und Bamberg in: Bericht des historischen Vereins Bamberg Bd. 107
(1971), S. 162–189
ders.: Johannes Trithemius (1462–1516) (= Quellen und Forschungen zur Geschichte des Bistums und
Hochstifts Würzburg Bd. 22), Würzburg 1971
AUERBACH, E.: Literatursprache und Publikum in der lateinischen Spätantike, Bern 1958
BAADER, G.: Die Anfänge der medizinischen Ausbildung im Abendland bis 1100, in: SSCI Bd. 19, Spoleto
1972, S. 669–718

ders.: Mittelalterliche Medizin in bayr. Klöstern, *in*: Sudhoffs Archiv 57 (1973), S. 275–296

BANDMANN, G.: Mittelalterliche Architektur als Bedeutungsträger, Berlin ⁵1978

BAUR, L.: Dominicus Gundissalinus, De Divisione philosophiae (= Beiträge zur Geschichte der Philosophie des Mittelalters Bd. 4, 2–3), Münster 1903

BECKER, A.: Form und Materie. Bermerkungen zu Fulberts von Chartres ‚De forma fidelitatis‘ im Lehnsrecht des Mittelalters und der frühen Neuzeit, *in*: Hist. Jahrbuch 102 (1982), S. 325–361

BEUMANN, H.: Der Schriftsteller und seine Kritiker im frühen Mittelalter, *in*: Studium Generale 3 (1950), S. 497–511

ders.: Widukind von Korvei. Untersuchungen zur Geschichtsschreibung und Ideengeschichte des 10. Jahrhunderts. Weimar 1950

ders.: Topos und Gedankengefüge bei Einhard, *in*: AKG 33 (1951), S. 337–350

ders.: Die Historiographie des Mittelalters als Quelle für die Ideengeschichte des Königtums *in*: HZ 180 (1955), S. 449–488

ders.: Zur Entwicklung transpersonaler Staatsvorstellungen, *in*: Das Königtum. Seine geistigen und rechtlichen Grundlagen, VuF Bd. 3, Lindau–Konstanz 1956, S. 185–224

ders.: Ideengeschichtliche Studien zu Einhard und anderen Geschichtsschreibern des frühen Mittelalters, Darmstadt 1962

ders.: Wissenschaft vom Mittelalter, Köln–Wien 1972

BEZZOLA, G. A.: Das Ottonische Kaisertum in der französischen Geschichtsschreibung des 10. und beginnenden 11. Jahrhunderts (= Veröffentlichungen des Instituts für österreichische Geschichtsforschung Bd. 18), Köln–Graz 1956

BISCHOFF, B.: Eine verschollene Einteilung der Wissenschaften, *in*: ders., Mittelalterliche Studien, Bd. 1, Stuttgart 1966, S. 273–288

BOEHM, L.: Der wissenschaftstheoretische Ort der ‚historia‘ im frühen Mittelalter, *in*: Speculum historiale. Festschrift J. Spörl, Freiburg/Brsg. 1965, S. 663–693

BORNSCHEUER, L: Miseriae regum, Untersuchungen zum Krisen- und Todesgedanken in den herrschaftstheologischen Vorstellungen der ottonisch-salischen Zeit, Berlin 1968

BRESSLAU, H.: Bamberger Studien, *in*: NA 21 (1896), S. 141–234

BRINKMANN, H.: Zu Wesen und Form mittelalterlicher Dichtung, Halle a. d. Saale, 1928

BRUNHÖLZL, F.: Geschichte der lateinischen Literatur des Mittelalters Bd. 1, München 1975

BRUNNER, K.: Der fränkische Fürstentitel im neunten und zehnten Jahrhundert, *in*: H. Wolfram (Hg.), Intitulatio II (= MIÖG Ergbd. 24), Wien–Köln–Graz 1973, S. 179–340

BÜCHNER, K.: Überlieferungsgeschichte der lateinischen Literatur des Altertums, *in*: H. Hunger und andere, Geschichte der Textüberlieferung der antiken und mittelalterlichen Literatur, Bd. 1, Zürich 1961, S. 381–384

BÜDINGER, M.: Über Gerberts wissenschaftliche und politische Stellung, Kassel 1851

BÜTTNER, H.: Verfassungsgeschichte und lothringische Klosterreform, *in*: Festschrift f. G. Kallen, Aus Mittelalter und Neuzeit, Bonn 1957, S. 17–27

BUMKE, J.: Studien zum Ritterbegriff im 12. und 13. Jahrhundert, Heidelberg ²1977

CANTIN, A.: Sur quelques aspects des disputes publiques au XIᵉ siècle, *in*: Etudes de civilisation médiévale (XIᵉ-XIIᵉ siècles), Mélanges offerts à Edmond-René Labande par ses amis, ses collègues, ses élèves, Poitiers 1974, S. 89–104

CAROZZI, C.: Le dernier des Carolingiens: de l'histoire au mythe, *in*: Le Moyen Age 82, 1976, S. 453–576

CLASSEN, P.: Die Verträge von Verdun und von Coulaines 843 als politische Grundlagen des westfränkischen Reiches, *in*: HZ 196 (1963), S. 1–35

CLAUDE, D.: Geschichte der Westgoten, Stuttgart 1970

ders.: Adel, König und Kirche im Westgotenreich, VuF Sonderbd. 8, Sigmaringen 1971

ders.: Königs- und Untertaneneid im Westgotenreich, *in*: Historische Forschungen f. Walter Schlesinger, hg. v. H. Beumann, Köln–Wien, 1974, S. 360 ff.

COOLIDGE, R. T.: Adalbéron, Bishop of Laon (= Studies in medieval and Renaissance history Bd. 2), Lincoln, University of Nebraska Press 1965

COUSIN, P.: Abbon de Fleury-sur-Loire. Un savant, un pasteur, un martyr à la fin du Xe siècle, Paris 1954

CROCE, B.: Theorie und Geschichte der Historiographie, *in*: B. Croce, Gesammelte philosphische Schriften, hg. v. H. Feist, Reihe 1, Bd. 4, Tübingen 1930

CURTIUS, E. R.: Europäische Literatur und lateinisches Mittelalter, Bern ⁸1973

ders.: Die Musen im Mittelalter: Erster Teil bis 1100, *in*: Zs. für roman. Philologie Bd. 59 (1939), S. 129–188

DENGLER-SCHREIBER, K.: Scriptorium und Bibliothek des Klosters Michelsberg in Bamberg (= Studien zur Bibliotheksgeschichte Bd. 2), Graz 1979

DIEPGEN, P.: Geschichte der Medizin, Bd. 1, Berlin 1949

DHONDT, J.: Sept femmes et un trio de rois, *in*: Contributions à l'Histoire économique et sociale Bd. 3 (1964–65), S. 35–70.

DUBY, G.: Histoire des Mentalités, *in*: L'Histoire et ses Méthodes, ed. C. Samaran, Paris 1961, S. 947–965

ders.: Die drei Ordnungen. Das Weltbild des Feudalismus. Frankfurt 1981

DUFT, J.: Notker der Arzt, St. Gallen 1972

EHLERS, J.: Karolingische Tradition und frühes Nationalbewußtsein in Frankreich, *in*: Francia 4, 1976, S. 213–235

ders.: Die ‚Historia Francorum Senonensis‘ und der Aufstieg des Hauses Capet, *in*: Journal of medieval History 4, 1978, S. 1–26

EICHENGRÜN, F.: Gerbert (Silvester II.) als Persönlichkeit, Leipzig–Berlin 1928

ELSENER, G.: Zur Deutung von „Summum ius –summa iniuria", *in*: „Summum ius – summa iniuria", Ringvorlesung der Tübinger Juristenfakultät, Tübingen 1973, S. 1–23

FABER, K. G.: Theorie der Geschichtswissenschaft, München ⁵1982

FARAL, E.: Les arts poétiques du XIIe et XIIIe siècle, Paris 1928

FISCHER, H.: Die königliche Bibliothek in Bamberg und ihre Handschriften, *in*: Zentralblatt für das Bibliothekswesen 24 (1907), S. 364–393

FLECKENSTEIN, J.: Die Bildungsreform Karls des Großen als Verwirklichung der Norma rectitudinis, Bigge-Ruhr 1953

FLICHE, A.: Un précurseur, le moine Gerbert, quelques aspects de l'humanisme médiéval, Paris 1943

FOERSTEMANN, E.: Altdeutsches Namensbuch, Bd. 1, Bonn ²1900

FRITZE, W. H.: Papst und Frankenkönig. Studien zu den päpstlich-fränkischen Rechtsbeziehungen 754–824, VuF Sonderbd. Sigmaringen 1973

FUHRMANN, H.: Einfluß und Verbreitung der Pseudoisidorischen Fälschungen, 3 Bde., Stuttgart 1972–74

GANSHOF, F. L.: Was ist das Lehnswesen? Darmstadt ⁵1977

GIESE, W.: „Genus" und „Virtus". Studien zum Geschichtswerk des Richer von St. Remi. Diss. Augsburg 1971

ders.: Zur Bautätigkeit von Bischöfen und Äbten des 10. bis 12. Jahrhunderts, *in*: DA 38 (1982), S. 388–438

GLAUCHE, G.: Schullektüre im Mittelalter, Entstehung und Wandlungen des Lektürekanons bis 1200 nach den Quellen dargestellt (= Münchner Beiträge zur Mediaevistik und Renaissance-Forschung Bd. 5), München 1970 ders.: Die Rolle der Schulautoren im Unterricht von 800–1100, *in*: SSCI Bd. 19, Spoleto 1972,, S. 623–624

GRABMANN, M.: Geschichte der scholastischen Methode, Bd. 1, Nachdruck Graz 1957

HADWICH, R.: Die rechtssymbolische Bedeutung von Hut und Krone. Diss. iur. Mainz 1951

HAINER, C.: Das epische Element bei den Geschichtsschreibern des frühen Mittelalters, Diss. Giessen 1914

HALLINGER, K.: Gorze-Cluny, 2 Bde., Rom 1950/51

HANNIG, J.: Consensus Fidelium. Frühfeudale Interpretationen des Verhältnisses von Königtum und Adel am Beispiel des Frankenreiches (= Monographien zur Geschichte des Mittelalters Bd. 27), Stuttgart 1982

HAMANN-MAC LEAN, R.: Die Reimser Denkmale des französischen Königtums im 12. Jahrhundert. Saint-Remi als Grabkirche im frühen und hohen Mittelalter, *in*: Beiträge zur Bildung der französischen Nation im Früh- und Hochmittelalter. Nationes Bd. 4, hg. von H. Beumann, Sigmaringen 1983, S. 93–259

HAUCK, K.: Rituelle Speisegemeinschaft im Mittelalter, *in*: Studium Generale 3 (1950), S. 611–621

HEITMANN, K.: Das Verhältnis von Dichtung und Geschichtsschreibung in älterer Theorie, *in*: AKG 52 (1970), S. 244–279

HLAWITSCHKA, E. (Hg.): Königswahl und Thronfolge in ottonisch-frühdeutscher Zeit (= Wege d. Forschung Bd. 178), Darmstadt 1971

ders.: Nachfolgeprojekte aus der Spätzeit Kaiser Karls III., *in*: DA 34 (1978), S. 19–50

JACOBS, H.: Zum Thronfolgerecht der Ottonen, *in*: Hlawitschka, E. (Hg.), Königswahl und Thronfolge in ottonisch-frühdeutscher Zeit, S. 509–528

JACOBSEN, P.: Flodoard von Reims. Sein Leben und seine Dichtung „De triumphis Christi" (= Mittellateinische Studien und Texte Bd. 10), Leiden–Köln 1978

ders.: Der Titel „princeps" und „domnus" bei Flodoard von Reims, *in*: Mittellateinisches Jahrbuch 13 (1978), S. 50–72

JEDIN, H.: Zur Widmungsepistel der „Historica ecclesiastica" Hugos von Fleury, *in*: Speculum historiale. Festschrift J. Spörl, Freiburg–München 1965, S. 559–566

JOHRENDT, J.: ‚Milites‘ und ‚Militia‘ im 11. Jahrhundert, Untersuchungen zur Frühgeschichte des Rittertums in Frankreich und Deutschland, Erlangen–Nürnberg 1971

KELLER, H.: Militia. Vasallität und frühes Rittertum im Spiegel oberitalienischer miles-Belege des 10. und 11. Jahrhunderts, *in*: QFIAB 62 (1982), S. 59–118

ders.: Zur Struktur der Königsherrschaft im karolingischen und nachkarolingischen Italien. Der „consiliarius" in den ital. Königsdiplomen des 9. und 10. Jahrhunderts, in: QFIAB 47 (1967), S. 123–223

KELLNER, O.: Das Majestätsverbrechen im deutschen Reich bis zur Mitte des 14. Jahrhunderts. Diss. Halle a. d. Saale 1911

KIENAST, W.: Untertaneneid und Treuevorbehalt, Weimar 1952

ders.: Der Herzogstitel in Frankreich und Deutschland, München–Wien 1968

KIRN, P.: Aus der Frühzeit des Nationalgefühls. Studien zur deutschen und französischen Geschichte sowie zu den Nationalitätenkämpfen auf den britischen Inseln, Leipzig 1943

KISCH, G.: Erasmus und die Jurisprudenz seiner Zeit (= Basler Studien zur Rechtswissenschaft, Heft 56, Basel 1960

KLINKENBERG, H. M.: Die Theorie der Veränderbarkeit des Rechtes im frühen und hohen Mittelalter, *in*: Miscellanea medievalia 6, Berlin 1969, S. 157–188

KLOOCKE, U.: Joseph Bédiers Theorie über den Ursprung der Chansons de geste und die daran anschließende Diskussion zwischen 1908 und 1968, Göppingen 1972

KLOPSCH, P.: Einführung in die Dichtungslehre des lateinischen Mittelalters, Darmstadt 1980

KÖHLER, O.: Das Bild des geistlichen Fürsten in den Viten des 10. und 11. Jahrhunderts, Berlin 1935

Korn, J. E.: Adler und Doppeladler. Ein Zeichen im Wandel der Geschichte, Diss. Göttingen 1969. Vorabdruck *in*: Der Herold, Neue Folge 5, Heft 6/7 (1964) – Heft 9 (1968)

Krakauer, S.: Geschichte von den letzten Dingen, Frankfurt 1973

Kroeschell, K.: Deutsche Rechtsgeschichte 1 (= rororo Studium: Rechtswissenschaften Bd. 8), Reinbek 1972

Kristeller, P. O.: Studies in Renaissance Thought and Letters, Rom 1956

ders.: Das moderne System der Künste, *in*: ders.: Humanismus und Renaissance, Bd. 2, München 1976, S. 164–206

Krüger, K. H.: Die Königsgrabkirchen der Franken (= Münster'sche Mittelalterschriften Bd. 4), München 1971

Kusternig, A.: Erzählende Quellen des Mittelalters. Wien–Köln 1982

Lang, A.: Rhetorische Einflüsse auf die Behandlung des Prozesses in der Kanonistik des 12. Jahrhunderts, *in*: Festschrift E. Eichmann, hg. v. M. Grabmann und K. Hofmann, Paderborn 1940, S. 69–80

Latouche, R.: Un imitateur de Salluste au Xe siècle, l'historien Richer, *in*: Annales de l'Université de Grenoble VI, n. 3, 1929; Nachdruck: R. Latouche, Études médiévales, Paris 1966, S. 69–81

Lattin, H. P.: The Letters of Gerbert with his papal privileges as Silvester II., New York, 1961

Lausberg, H.: Handbuch der literarischen Rhetorik, München 1960

Leclerq, J.: Wissenschaft und Gottverlangen, zur Mönchstheologie des Mittelalters, Düsseldorf 1963

Leemann, A. D.: Orationis ratio, Bd. 1, Amsterdam 1963

Leflon, J.: Gerbert, Humanisme et Chrétienté au Xe siècle, Abbaye St. Wandrille 1946

Lehmann-Brockhaus, O.: Die Kunst des 10. Jahrhunderts im Lichte der Schriftquellen, Berlin 1935

Lehmann, P.: Autographe und Originale namhafter lateinischer Schriftsteller des Mittelalters, *in*: Zs. d. Deutschen Vereins für Buchwesen und Schrifttum III (1920), S. 6–10

ders.: Erforschung des Mittelalters, Ausgewählte Abhandlungen und Aufsätze Bd. 1, Stuttgart 1959

ders.: Merkwürdigkeiten des Abtes Johannes Trithemius, *in*: Bayr. Akad. d. Wiss., Philologisch-hist. Klasse, Sitzungsberichte Jahrgang 1961, Heft 1

Leitschuh, F.: Katalog der Handschriften der königlichen Bibliothek zu Bamberg Bd. 1,2, 1897

Lemarignier, J. F.: Structures monastiques et structures politiques dans la France de la fin du Xe et des debuts du XIe siècle, *in*: SSCI Bd. 4, Spoleto 1957, S. 357–400

Lesne, E.: Les Livres, „Scriptoria" et Bibliothèques du commencement du VIIIe à la fin du XIe siècle (= Histoire de la propriété ecclésiastique en France Bd. 4) Lille 1938

ders.: Les écoles de la fin du VIIIe siècle à la fin du XIe siècle (= Histoire de la propriété ecclésiastique en France Bd. 5), Lille 1940

Lichtenthaeler, C.: Geschichte d. Medizin, Köln 1975

Lieberwirth, R.: Crimen laesae maiestatis, *in*: HRG Bd. 1, Berlin 1971, Sp. 648–650

Lindgren, U.: Gerbert von Aurillac und das Quadrivium, Wiesbaden 1976

Löwe, H.: Geschichtsschreibung der ausgehenden Karolingerzeit, *in*: DA 23 (1967), S. 1–30

ders.: Das Karlsbuch Notkers von St-Gallen und sein zeitgeschichtlicher Hintergrund, *in*: Schweizerische Zs. f. Geschichte 20 (1970), S. 269–302

ders.: Von Cassiodor zu Dante. Berlin–New York 1973

Lot, F.: Gormond et Isembart, *in*: Romania 27, 1898, S. 1–54

ders.: Les derniers Carolingiens – Lothaire, Louis V, Charles de Lorraine (954–991) (= BEHE 87), Paris 1891

ders.: Études sur le règne de Hugues Capet et la fin du Xe siècle (= BEHE 147), Paris 1903

Lugge, M.: „Gallia" und „Francia" im Mittelalter. Untersuchungen über den Zusammenhang zwischen geographisch-historischer Terminologie und politischem Denken vom 6.–15. Jahrhundert (= Bonner Historische Forschungen 15), Bonn 1960

LUTZ, C. E.: Schoolmasters of the Tenth Century, Hamden/Connect. 1977

VAN LUYN, P.: Les ‚milites‘ dans la France du XIe siècle, *in*: Le Moyen Age 77 (1971), S. 5–51 und 193–238

McKEON, R.: Rhetoric in the Middle Ages, Speculum 1 (1926), S. 1–32

MACKINNEY, L. C.: Tenth Century Medicine as seen in the Historia of Richer of Rheims, *in*: Bulletin of the Institute of History of Medicine, Johns Hopkins University, 2 (1934), S. 347–375

ders.: Early medieval medicine with special reference to France, Baltimore 1937

MANITIUS, M.: Geschichte der lateinischen Literatur des Mittelalters, Bd. 2, München 1923

MARROU, H.-I.: Über die historische Erkenntnis, übersetzt aus dem Französischen von C. Beumann, Freiburg–München 1973

MAY, G.: Zu den Anklagebeschränkungen, insbesondere wegen Infamie, in den Capitula Angilramni, *in*: ZKG 72 (1964), S. 106–112

MEYER, O.: Bamberg und das Buch, Bamberg ²1966

MEYER-STEINEGG, Th. – SUDHOFF, K.: Geschichte der Medizin im Überblick, Jena ⁴1950

MINNINGER, M.: Von Clermont zum Wormser Konkordat, Köln–Wien 1978

MISCH, G.: Geschichte der Autobiographie, Bd. 2, Frankfurt 1955

MISONNE, D.: Gérard de Brogne à Saint-Remi de Reims, *in*: Revue Bénédictine 70 (1960), S. 167–176

MITTEIS, H.: Lehnrecht und Staatsgewalt. Untersuchungen zur mittelalterlichen Verfassungsgeschichte, Darmstadt ²1958

MOHR, W.: Die lothringische Frage unter Otto II. und Lothar, *in*: RBPH 35 (1957), S. 705–725

ders.: Geschichte des Herzogtums Groß-Lothringen (900–1048), Saarbrücken 1974

VON MOOS, P.: „Poeta“ und „Historicus“ im Mittelalter. Zum Mimesis-Problem am Beispiel einiger Urteile über Lucan, *in*: Beiträge zur Geschichte der deutschen Literatur und Sprache 98 (1976), S. 93–130

MORDEK, H.: Kirchenrecht und Reform in Frankreich (= Beiträge zur Geschichte und Quellenkunde d. Mittelalters Bd. 1), Berlin–New York 1975

ders.: Kirchenrechtliche Autoritäten im Frühmittelalter, *in*: Recht und Schrift, VuF Bd. 23, Sigmaringen 1977, S. 237–255

MORLET, M.-T.: Les noms de personne sur le territoire de l’ancienne Gaule du VIe au XIIe siècle, Bd. 1, Paris 1968

MÜLLER, K. F.: Geschichte der antiken Ethnographie und ethnologischen Theoriebildung, Bd. 2, Wiesbaden 1980

MURPHY, J. J.: Rhetoric in the Middle Ages, Berkeley 1974

NEUREUTHER, H. P.: Zur Theorie der Anekdote, *in*: Jahrbuch des Freien Deutschen Hochstifts, Tübingen 1973, S. 458–479

NITSCHKE, A.: Beobachtungen zur normannischen Erziehung im 11. Jahrhundert, *in*: AKG 43 (1961), S. 265–298

OEXLE, G. O.: Die ‚Wirklichkeit‘ und das ‚Wissen‘. Ein Blick auf das sozialgeschichtliche Œuvre von Georges Duby, *in*: HZ 232 (1981), S. 61–91

PICAVET, F.: Gerbert, un pape philosophe d’après l’histoire et d’après la légende, Paris 1897

PLANTELLE, H.: Le problème du Scandale. Les nouvelles modes masculines aux XIe et XIIe siècles, *in*: RBPH 54 (1976), S. 1071–1075

POIRIER-COUTANSAIS, F.: Les Abbayes bénédictines du Diocèse de Reims (= Gallia Monastica Bd. 1), Paris 1974

PRANTL, C.: Geschichte der Logik, Leipzig 1861

RAMBAUD, M.: Cicéron et l’histoire romaine, Paris 1953

REULING, U.: Die Kur in Deutschland und Frankreich (= Veröffentlichungen des Max-Planck-Instituts für Geschichte Bd. 64), Göttingen 1979

RICHÉ, P.: Les écoles et l'enseignement dans l'occident chrétien de la fin du Ve siècle au milieu du XIe siècle, Paris 1979

RUF, P.: Mittelalterliche Bibliothekskataloge Deutschlands und der Schweiz, hg. v. d. Bayr. Akad. d. Wiss., Bd. 3,3: Bistum Bamberg, München 1939

RYCHNER, J.: La Chanson de geste. Essai sur l'Art epique des Jongleurs, Genf–Lille 1955

SCHALLER, H. M.: Rezension zu R. Sprandel, Mentalitäten und Systeme, in: DA 30 (1974), S. 237

SCHIER, B.: Der Hut als Spiegel der sozialen Stellung und seelische Haltung seines Trägers, in: Zs. f. Volkskunde 50 (1950), S. 261–270

SCHIPPERGES, H.: Zur Bedeutung von „physica" und zur Rolle des „physicus" in der abendländischen Wissenschaftsgeschichte, in: Sudhoffs Archiv 60 (1976), S. 76–92

SCHLESINGER, W.: Die Entstehung der Nationen, in: H. Beumann, W. Schröder (Hg.): Aspekte der Nationenbildung im Mittelalter. Nationes Bd. 1, Sigmaringen 1978, S. 53

SCHLOCKWERDER, K. T.: Das Konzil zu St. Basle, ein Beitrag zur Lebensgeschichte Gerberts von Aurillac, in: Jahrbuch des Pädagogiums des Klosters Unser Lieben Frauen in Magdeburg Neue Folge 70, 1906, S. 1–34

SCHMID, K.: Die Thronfolge Ottos des Großen, in: ZRG GA 81 (1964), S. 80–183

ders.: Liutbert von Mainz und Liutwart von Vercelli im Winter 879/80 in Italien, in: Festschrift C. Bauer, Berlin 1974, S. 41–60

SCHMINCK, C. U.: „Crimen laesae maiestatis", Diss. jur. Frankfurt 1971

SCHMITZ, G.: Das Konzil von Trosly (909). Überlieferung und Quellen, in: DA 33 (1977), S. 341–434

SCHNEIDER, G.: Erzbischof Fulco von Reims (883–900) und das Frankenreich, München 1973

SCHNEIDER, J.: Die Vita Heinrici IV. und Sallust (= Deutsche Akad. d. Wiss., Berlin, Schriften d. Sektion f. Altertumswiss. Bd. 49), Berlin (Ost) 1965

SCHNEIDER, R.: Brüdergemeinde und Schwurfreundschaft, Lübeck 1964

SCHNEIDMÜLLER, B.: Karolingische Tradition und frühes französisches Königtum (= Frankfurter Historische Abhandlungen Bd. 22), Wiesbaden 1979

ders.: Französisches Sonderbewußtsein in der politisch-geographischen Terminologie des 10. Jahrhunderts, in: Beiträge zur Bildung der französischen Nation im Früh- und Hochmittelalter. Nationes Bd. 4, hg. v. H. Beumann, Sigmaringen 1983, S. 49–81

SCHRAMM, P. E.: Kaiser, Könige und Päpste. Gesammelte Aufsätze zur Geschichte des Mittelalters, Bd. 2 und 3, Stuttgart 1968

ders.: Kaiser, Rom und Renovatio. Studien zur Geschichte des römischen Erneuerungsgedankens vom Ende des karolingischen Reiches bis zum Investiturstreit, 2 Bde., Leipzig/Berlin 1929; Nachdruck Darmstadt ³1975

SCHRÖDER, I.: Die westfränkischen Synoden von 888–987 und ihre Überlieferung, München 1980

SCHWÖBEL, H.: Synode und König im Westgotenreich, Grundlagen und Formen ihrer Beziehung, Köln–Wien 1982

SEMMLER, J.: Zur Überlieferung der monastischen Gesetzgebung Ludwigs des Frommen, in: DA 16 (1960), S. 304–387

ders.: Die Beschlüsse des Aachener Konzils vom Jahre 816, in: ZKG 74 (1963), S. 15–82

SIEMS, H.: Billigkeit in: Reallexikon der Germanischen Altertumskunde, Berlin–New York ²1976, S. 607–612

SIMON, G.: Untersuchungen zur Topik der Widmungsbriefe mittelalterlicher Geschichtsschreiber bis zum Ende des 12. Jahrhunderts, in: Archiv für Diplomatik 4 (1958), S. 52–119 u. 5–6 (1959–60), S. 73–153

SPRANDEL, R.: Mentalitäten und Systeme, Neue Zugänge zur mittelalterlichen Geschichte, Stuttgart 1972
STROUX, J.: Römische Rechtswissenschaft und Rhetorik, Potsdam 1949
STRUVE, T.: Die Ausfahrt Roberts von Flandern, *in*: Zs. f. deutsche Philologie 89 (1970), S. 395–404

TELLENBACH, G.: Die Unteilbarkeit des Reiches, *in*: HZ 163 (1941), S. 20–43
ders.: Über Herzogskronen und Herzogshüte im Mittelalter, *in*: DA 5 (1942), S. 55–71
ders.: Mentalität, *in*: Festschrift C. Bauer, Berlin 1974, S. 11-31
TRAUBE, L.: Paläographische Forschungen 4. Teil, *in*: Abhandlungen d. Königlich Bayr. Akad. d. Wiss., 3.
    (Hist.) Klasse, Bd. 24, München 1904–06

ULLMANN, W.: Schranken der Königsgewalt im Mittelalter, *in*: Hist. Jahrbuch 91 (1971), S. 1–21
ders.: The Church and the law in the Earlier Middle Ages, London 1961
ders.: Principles of Government and Politics in the Middle Ages, London 1961

VOGEL, F.: Quaestionum Sallustianarum pars altera, *in*: Acta Seminarii philologici Erlangensis 2 (1881)
    418 ff.

WAITZ, G.: Deutsche Verfassungsgeschichte, Bd. 2, Kiel ³1882; Bd. 3, Kiel ²1883; Bd. 4, Kiel ²1885
WATTENBACH, W. – HOLTZMANN, R.: Deutschlands Geschichtsquellen im Mittelalter. Die Zeit der Sachsen
    und Salier, Teil I: Das Zeitalter des Ottonischen Staates (900–1050), Neuausgabe besorgt von Franz-
    Josef Schmale, Darmstadt 1967
WATTENBACH, W. – LEVISION, W.: Deutschlands Geschichtsquellen im Mittelalter. Vorzeit und Karolinger
    5, S. 496–645: Die Karolinger vom Vertrag von Verdun bis zum Herrschaftsantritt der Herrscher aus
    dem sächsischen Hause. Das westfränkische Reich, bearbeitet von H. Löwe, Weimar 1973
WEISBACH, W.: Religiöse Reform und mittelalterliche Kunst, Einsiedeln 1945
WENSKUS, R.: Stammesbildung und Verfassung, Das Werden der frühmittelalterlichen gentes, Köln–Wien
    ²1969
WERNER, K. F.: Die literarischen Vorbilder des Aimon von Fleury und die Entstehung seiner Gesta Franco-
    rum, *in*: Medium Aevum Vivum, Festschrift f. W. Bulst, hg. v. H. R. Jauss u. D. Schaller, Heidelberg
    1960, S. 69–103
ders.: Untersuchungen zur Frühzeit des französischen Fürstentums (9.–10. Jahrhundert), *in*: WaG 18
    (1958), S. 256–289; 19 (1959), S. 146–193; 10 (1960), S. 87–119
ders.: Rezension zu G. A. Bezzola, Das ottonische Kaisertum in der französischen Geschichtsschreibung des
    10. und beginnenden 11. Jahrhunderts, Köln–Graz 1956, *in*: HZ 190 (1960), S. 576–579
ders.: Westfranken-Frankreich unter den Spätkarolingern und frühen Kapetingern (888–1060), *in*: Hand-
    buch der Europäischen Geschichte, hg. v. T. Schieder, Bd. 1: Europa im Wandel von der Antike zum
    Mittelalter, hg. v. T. Schieffer, Stuttgart 1976, Neudruck: K. F. Werner, Vom Frankenreich zur Entfal-
    tung Deutschlands und Frankreichs, Sigmaringen 1984, S. 225–277
VAN WINTER, J. M.: „Uxorem de militari ordine sibi imparem", *in*: Miscellanea Medievalia in memoriam F.
    Niermeyer, Groningen 1967, S. 113–124
WOLTER, H.: Geschichtliche Bildung im Rahmen der artes liberales, *in*: J. Koch (Hg.), Artes liberales, Köln
    1959, S. 50–83
WULZ, W.: Der spätstaufische Geschichtsschreiber Burchard von Ursberg. Persönlichkeit und historisches
    Weltbild (Schriften zur südwestdeutschen Landesgeschichte Bd. 18), Stuttgart 1982

ZIELINSKI, T.: Cicero im Wandel der Jahrhunderte, Darmstadt ⁵1967
ZIMMERMANN, H.: Ottonische Studien I: Frankreich und Reims in der Politik der Ottonenzeit, *in*: FS zur
    Jahrtausendfeier der Kaiserkrönung Ottos des Großen, Graz–Köln 1962/63 (= MIÖG Ergbd. 20), S.
    122–146

ders.: Abt Leo an König Hugo Capet. Ein Beitrag zum Kirchengeschichte des 10. Jahrhunderts, *in*: Festschrift K. Pivec (= Innsbrucker Beiträge zur Kulturwissenschaft 12), Innsbruck 1966, S. 327–343

ders.: Römische und kanonische Rechtskenntnis und Rechtsschulung im frühen Mittelalter, *in*: SSCI Bd. 19, Spoleto 1972, S. 767–794

ders.: Gatterer über Gunzo, *in*: Storiografia e Storia, Studi in onore di E. Duprè Theseider, Rom 1974, S. 913–926

ders.: Der Canossagang von 1077, Wirkungen und Wirklichkeit, Wiesbaden 1975

Zoepf, L.: Das Heiligenleben im 10. Jahrhundert (= Beiträge zur Kulturgeschichte des Mittelalters und der Renaissance Heft 1) Leipzig–Berlin 1908

Register der Orts- und Personennamen

Das Register enthält die im Text vorkommenden Orts- und Personennamen. Nach Möglichkeit wurde bei Personen die Regierungszeit oder das Todesdatum angegeben. Von einer Berücksichtigung der Stichworte „Gerbert", „Richer", „Reims" und „St-Remi" wurde abgesehen. Hochgestellte Ziffern beziehen sich auf die entsprechenden Nummern der jeweiligen Anmerkungen.

Folgende Abkürzungen wurden verwendet: B. = Bischof, Eb. = Erzbischof, f(f). = folgende(n) Seite(n), Gf. = Graf, Hzg. = Herzog, Kg. = König, Ks. = Kaiser, v. Chr. = vor Christus

Orosius, christlicher Schriftsteller (5. Jahrhundert) 21, 58

Othloh von St. Emmeram, Schriftsteller († um 1070) 80[8], 92[78], 96[29]

Otto I., Kg. und Ks. (936–973) 23[42], 47, 84

Otto II., Kg. und Ks. (973–983) 40[23], 44 ff., 45[54–56], 72[83], 84 f., 84[32], 91[73], 92, 115

Otto III., Kg. und Ks. (983–1002) 36 f., 36[30], 37[40], 84

Otto, B. von Freising (1138–1158) 30[91]

Paulus Diaconus, langobardischer Geschichtsschreiber († 799) 58

Persius, römischer Satiriker († 62) 26

Petrarca, Francesco, Humanist († 1374) 105[96]

Petronius, römischer Schriftsteller († 66) 100

Petrus Damiani, Kirchenreformer († 1072) 66, 66[43]

Plato, griechischer Philosoph († 347 v. Chr.) 86, 90, 90[66]

Pompeius, römischer Feldherr und Staatsmann († 48 v. Chr.) 26

Porphyrius, griechischer Philosoph (2. Hälfte des 3. Jahrhunderts) 21, 86 f., 87[51], 89

Quintilian, Marcus Fabius, römischer Schriftsteller († um 100) 107[107], 110 f.

Rather, B. von Verona (931–968) und Lüttich (953–954) 90[69]

Ravenna 7, 21, 79, 83[28], 84 f., 90 f., 92[78]

Remigius von Auxerre, Gelehrter († 908) 15, 89[61]

Remigius, B. von Reims († 533?) 14, 15[24]

Remigius, Mönch in Trier (um 990) 17[45], 33[13]

Robert I., Kg. von Frankreich (922–923) 14, 23[42], 25[52], 41, 41[27], 41[30], 50 f., 82, 82[22], 97

Robert II., Kg. von Frankreich (996–1031) 33[8], 34 ff., 36[37], 57, 60[64], 62[13], 94[12], 117

Rodulfus Glaber, Geschichtsschreiber († 1045/47) 64

Rom 35, 40[25], 63, 69

Romulf von Sens, Abt 17[46]

Rothild, Tochter Karls des Kahlen, Äbtissin von Chelles († 928) 50[4]

Rudolf, Kg. von Frankreich (923–936) 30, 41, 41[29], 49, 102 f.

Rudolf, Abt von St-Remi-de-Reims († 983) 63

Rudolf, Vater von Richer 12 f.

Ruotger, Mönch im Kloster Michelsberg bei Bamberg 8[16]

Ruotger, Mönch von St. Pantaleon (Köln), Verfasser der Vita Brunonis 64[23]

Salerno, Ort und Erzbistum in Italien (Kampanien) 79 f., 80[9]

Sallust, römischer Historiker († 34 v. Chr.) 17, 17[43], 19, 19[6], 28, 58, 94, 96 f., 96[27], 98[42]

Seguin, Eb. von Sens (977–999) 71, 71[73], 75[103]

Seneca der Ältere (Seneca Maior), römischer Schriftsteller († 40) 101[61], 111 f.

Silvester II., Papst (999–1003) 8

Sisenand, westgotischer Kg. (631–636) 75 f.

Soissons, Ort in Frankreich (Aisne) 25[50], 41, 41[27], 56[32], 82 f.

Spanien 74 f., 75[106]

Statius, römischer Dichter († 96) 26

St-Basle-de-Verzy, Kloster südöstlich von Reims 13, 33, 33[12], 35, 68, 70 f., 71[74], 73–76, 76[111], 78, 82[19], 104, 113 f.

St. Gallen 67[47], 116

St-Gérald, Kloster in Aurillac 36

St-Nicaise-de-Reims, Reimser Kloster 13

St-Thierry, Kloster nördlich von Reims 13

Sulpicius Severus, christlicher Schriftsteller († nach 400) 95

Susanne, Gemahlin Roberts II. von Frankreich († 1003) 36

Terenz, lateinischer Komödiendichter († 159 v. Chr.) 26

Tertullian, Kirchenvater († 230) 81[14]

Tetmarus, Mainzer Kleriker (um 990) 17[44]

Theophanu, Gemahlin Ottos II. († 991) 33[10]

Thietmar, B. von Merseburg (1009–1018) 20[12], 83[27]

Thin-le-Moutier, Ort (westlich von Mézières) in Frankreich 14

Tilpin, Eb. von Reims (753–800) 14

Toledo 75[103]